LA VIE EST BELLE,
JE ME TUE À VOUS LE DIRE!

DU MÊME AUTEUR

Il est où, Ferdinand ?, Michel Lafon, 2008.

PATRICK CHESNAIS

LA VIE EST BELLE, JE ME TUE À VOUS LE DIRE !

l'Archipel

Notre catalogue est consultable à l'adresse suivante :
www.editionsarchipel.com

Éditions de l'Archipel
34, rue des Bourdonnais
75001 Paris

ISBN 978-2-8098-2784-2

Merci infiniment à Josiane Stoléru et encore et encore pour son attention et son aide si précieuse.

IML

C'est un long bâtiment en briques rouges bordé sur sa droite par la Seine, quai de la Rapée.

Ce bâtiment est très visible, et même très nettement visible vu de la rive gauche. Le voyageur qui se rend gare de Lyon le longe jusqu'au square Touraine où, bloqué par un feu rouge interminable, il a tout loisir d'examiner l'arrière de l'endroit.

On y entre de l'autre côté, par le pont d'Austerlitz.

On traverse un petit jardin famélique, on pousse la porte : un grand couloir blanc devant soi…

Un peu plus loin sur la droite, on vous accueille. La dame, plutôt bienveillante, vous précède en murmurant « C'est par ici » ou « Je vous accompagne » ou « Si vous voulez me suivre ». Au fond à gauche, elle pousse la porte, on pénètre dans une petite salle où il est exposé, derrière une vitre. Le but est de le reconnaître. Je le reconnais. Je reconnais mon fils Ferdinand. La première fois, c'était à sa naissance… et puis là, tu vois.

Il est calme, apaisé, il dort. Les parfums ne font plus frissonner sa narine, comme dit le poète. Il dort. On entend son copain d'enfance, son ami historique, Jonathan, donner des grands coups de poing dans les murs du vénérable institut, hurlant entre deux sanglots : « Mon pote ! Mon pote ! Putain de bordel de merde ! » Indifférent dorénavant, Ferdinand qu'on a rafistolé, nettoyé, est présentable. Il est tranquille, serein, beau.

Il a un trou rouge au côté droit.

Le blues

Ça commence mal. Il y a le spleen. Pourquoi tant de spleen ? Parce que cette semaine, je n'ai aucune activité majeure – comme j'en avais la semaine dernière, comme j'en aurai la semaine prochaine. Les plateaux de cinéma ou de théâtre sont des divertissements grandioses à notre humaine condition.

Citons Pascal : « Le divertissement est une pratique d'esquive, il s'agit de ne plus penser à quelque chose qui nous afflige, de nous détourner d'une réalité affligeante. Rien n'est plus insupportable à l'homme que d'être dans un plein repos, sans passions, sans applications, il sent alors son néant, le chagrin, le dépit, le désespoir. » (Je la fais plus courte mais ça démarre fort.)

Voilà : la caméra, la scène me distraient, me divertissent au sens de Pascal. Le ronronnement délicat de la caméra numérique qu'on prépare, le rire de ma partenaire, l'angoisse du preneur de son (« Ah, y a un frottement »), la mystérieuse plénitude ressentie quand une prise est réussie, la satisfaction d'avoir surpris (moi le premier) et surtout l'explosion de rire de huit cents personnes suspendues à vos lèvres, sont un évitement des tentations dépressives qui nous hantent.

La villa du trésor

La villa du Trésor est une grosse bâtisse en pierre à la fois massive et élégante, rue principale de Veules-les-Roses, à deux pas de la mer. La Veules, le plus petit fleuve de France, coule dans son jardin, derrière, jardin secret.

L'enfance, les culottes bouffantes, les rires, les cris, les cousins, les chambres en haut. Les caves en bas où on allait chercher le cidre, en assurant le fantôme qui immanquablement s'y trouvait et nous guettait, plein de mauvaises intentions, qu'il était le plus gentil des fantômes, qu'on l'aimait vraiment beaucoup, et une fois l'escalier noir remonté, soulagés, on l'insultait, cette espèce de connard de fantôme, compromettant du même coup la prochaine descente dans les entrailles sombres de la villa du Trésor et son habitant maléfique.

Veules-les-Roses : Charles Trenet et sa voiture décapotable garée devant la villa. Aznavour dînant avec ses musiciens au restaurant voisin : Les Galets, le couple d'homosexuels se tenant par la main et créant le scandale. La rue principale, l'hiver, battue par les vents, les ampoules jaunes derrière les rideaux et les rares habitants croisés, avec ma mère, qui me complimentaient sur mon physique mais regrettaient parfois ma timidité. Le casino. Le Madison. Les falaises.

L'hôtel des Tourelles, que ma grand-mère dirigeait de main de maître, devenu par la suite une colonie de vacances, puis à nouveau un hôtel. L'Estacade, un jour de mai. Une naïade aux cheveux courts, le corps gaulé et le sourire ravageur, s'amusait à plonger, droite et provocatrice dans l'eau verte, quelque quatre, cinq mètres au-dessous.

Quatorze ans, très troublé par le spectacle, je me dis que plus tard je me marierais avec une fille comme elle.

Chez moi

On va me changer la télé. Je suis anxieux. Vaguement inquiet, en tout cas perturbé. La veille, j'avais regardé jusque tard ma vieille télé, pas si vieille, déjà plate, comme pour lui dire que voilà… j'avais beaucoup de mal à me séparer d'elle. « La preuve, j'ai veillé devant ton écran beaucoup plus tard que de coutume, beaucoup plus tard. Je t'ai éteinte avec une étrange impression de trahison. »

Pourtant, son image faseillante qui se stabilisait au bout d'une bonne demi-heure, et puis la Coupe du monde de foot qui approchait, tout m'incitait à changer, à faire un choix drastique, à entrer dans une nouvelle génération technologique. J'y étais encouragé, poussé, acculé.

Comment se comporterait la nouvelle ? Avant même qu'elle soit là – elle devrait être en route, rendez-vous était pris à 11 heures, il était moins dix – je me méfiais. Je considérais l'irruption de ce nouveau modèle comme un passage en force ou le prix à payer au progrès.

J'étais sombre. Comment seront les types qui vont l'installer ? Est-ce que le nouveau maniement ne sera pas trop complexe ? Allaient-ils bien me l'expliquer ? Bien la connecter avec la box ? Relier le lecteur DVD ? Fixer l'appareil à la bonne hauteur ? D'abord, tout ça allait-il être compatible avec le bras ? Pas bien, j'étais pas bien. Vite, qu'on en finisse ! Qu'on démonte l'ancienne, qu'on l'emporte ! Une dernière fois, je l'allume, regarde sa vieille image claudicante, comme un dernier salut, un signe d'adieu, un ultime tête-à-tête. Je m'assois. Elle me fixe. Combien d'heures, de mois, d'années, avons-nous passé comme ça, dans ce face-à-face rituel et maintenant final ? « Comme tu m'as vu sauter, glapir, hurler, rire, soupirer, gémir, pleurer, dormir devant le flot de la comédie humaine que tu déversais sur mes pupilles sidérées ! Les discours lénifiants, les cadavres ensanglantés, les buts libérateurs, les chants désespérés, les grimaces, les enfants sur les plages, les protestations, les enjolivures, les histoires sublimes, les récits lamentables, la marche du monde que, inlassablement, sans jamais rechigner, tu me servais à la plus petite sollicitation de mon pouce crispé. »

Ils sont bienveillants, doux, patients, les deux garçons de Planète Technologie. Ils te déposent même avec délicatesse sur le canapé, face contre terre, en attendant de t'embarquer. Ne pourrait-on l'installer dans une autre pièce, ou en faire profiter un proche, ou la caser chez la femme de ménage ?

Je contemple sa face arrière, je pense qu'elle a un beau cul. Cette image saugrenue me vient et je la regrette aussitôt, mais trop tard. Je l'ai même prononcée. Ça en dit long sur notre degré d'intimité.

La nouvelle est un peu rétive mais, après quelques réglages, on y arrive. Je me méfie d'elle, je trouve d'ailleurs que l'image n'est pas à la hauteur de ce que je pouvais espérer, au prix que ça coûte. Et puis, elle me fait mal aux yeux !

Je l'éteins. Je suis déçu, inquiet. Je lui en veux. Je la trouve arrogante.

Je vais lire un bouquin dans ma chambre.

Mais il va bien falloir trouver un compromis. Nous sommes condamnés à nous entendre.

J'y retourne. Je la scrute.

Je regarde l'écran éteint.

Les garçons sont partis avec la vieille sous le bras. Qui semblait tellement fragile. Je les ai remerciés, il va bien falloir que je m'y fasse.

À quelle sauce va-t-elle me manger ? Jusqu'à quand ? Que va-t-elle me raconter, la petite nouvelle ? Combien de morts, de buts, de merveilles, d'abominations, d'enfants sur les plages, notre humaine condition magnifique et désespérée ?

J'allume.

Il va bien falloir que je m'y fasse.

Biarritz

La stagiaire est en retard à l'aéroport. Je suis à Biarritz. J'y viens pour l'avant-première d'un film que j'aime beaucoup : *Moi et le Che.* Atypique, comme on dit. Un pari fou mais parfaitement réussi. J'aime bien ce film. Est-ce parce que je m'y exprime avec une liberté et une précision qu'il m'est jubilatoire de montrer ? Pas seulement. C'est réussi. Ça marche, c'est clivant, emportant, déroutant. Il y a du souffle, de la folie, une liberté extrême.

« Ce que j'ai envie d'écrire, je l'écris. Ce que j'ai envie de tourner, je le filme. » J'ai envie de dire.

Pari extrêmement risqué mais ça s'affirme, ça s'accomplit.

La stagiaire me conduit dans une chambre d'hôte, située dans une grande maison étrange et lugubre, sorte de manoir de Norman Bates. Où immédiatement je me sens mal. J'installe malgré tout mes affaires, je vais déjeuner en bord de mer. Puis, en revenant, je m'arrête à un hôtel que j'aime bien, le Plaza, j'y prends une chambre. J'ai déjà séjourné dans cet hôtel, juste après la mort de Ferdinand. J'aime bien cet hôtel. On s'y sent bien. Même quand on a mal.

Prétextant une amie que je dois rencontrer, je récupère non sans mal mon sac de voyage. (Je ne retrouve plus le château hanté, personne ne connaît cette adresse.)

Ils sont charmants les gens, à Biarritz. Ils me félicitent, blaguent, me demandent des éclaircissements sur mes films, compatissent, m'encouragent, m'admirent, m'accompagnent dans cette légère détresse.

Je tente de m'installer dans la chambre 103. La carte pour ouvrir ne marche pas. J'ai oublié chez Norman mon chargeur, je n'ai plus de batterie, j'ai du mal à respirer. La bouffe ce midi était dégueulasse. Je suis fatigué. J'en ai marre.

Donc, je vais me baigner. L'eau est froide. Du coup, j'enchaîne par une marche/jogging : moitié marche rapide, moitié jogging. Je me défonce, je m'esquinte, je me sens mieux. Il me semble que, curieusement, je suis moins essoufflé.

Je décide d'aller me reposer, dans cette chambre Art déco que j'aime vraiment beaucoup. J'y arrive pas.

Je regarde le palmarès de Cannes. Ils vont se lever, remercier. Cérémonial aux déclarations usées jusqu'à la corde, mais on ne s'en lasse pas. Et puis Cate Blanchett est très jolie.

Vincent Glenn, le directeur, m'accueille à l'entrée de son cinéma. Il est le fils de Pierre-William Glenn, un chef op' majeur du cinéma français. On discute sur un banc, sur le trottoir. Les gens s'agglutinent, me posent des questions, il y a du monde. Je présente le film, deux mots, et puis on va dîner. J'ai envie de boire un coup mais je me méfie du vin, l'établissement est modeste. Je me méfie. Non, ça va, il est bon. La bouffe est modeste mais très bonne aussi. J'ai envie de discuter, de boire des coups. Glenn me raconte son passé de militant d'extrême gauche, me dit qu'il s'est présenté aux dernières législatives contre La France insoumise et qu'il a été battu.

Je ne sais pas pourquoi, je parle de mon frère mort il y a un an.

Personne ne s'y attendait. Il est mort.

Je parle de ses débuts à Rouen, du chef de bande qu'il était, de son passage en prison pour braquage, de sa volonté de s'en sortir avec un tel acharnement, qu'il a fini directeur d'IBM pour tout le Pacifique : un roman, ou un film, comme on veut, Jean Valjean donc.

Je ne veux pas trop boire, je veux garder la tête froide pour le débat.

Le débat. Les gens ont beaucoup aimé, en majorité, sauf « mes deux copines » : deux vieilles dames avec qui je plaisantais, assis sur le banc, dehors. Ça leur a pas plu, même si elles m'ont trouvé, disent-elles, extraordinaire. Je débats, je rebondis, je plaisante, j'improvise, j'essaie de créer un lien, ça marche. La discussion continue sur le trottoir, les gens analysent, me racontent ce qu'ils ont vu, comment le film les a « traversés », ce sont eux qui me racontent l'histoire que je connais trop, que j'ai trop jouée. Je m'y suis trop englouti. Mais le public découvre le film tout neuf. Le film vit enfin, le public s'en est emparé.

On me propose de boire un verre dans un bar, j'esquive : « On m'attend à l'hôtel. »

Je vide une bière devant la télé. C'est quoi, cette journée ? Est-ce que j'ai aidé le film ? Je sais que la baignade et le sport ont été utiles, et puis j'aime cette chambre, je traîne, je rêvasse, je respire moins mal, ça ne me démange plus, j'ai la gorge irritée malgré tout, pourquoi cette surveillance quasi obsessionnelle ? Je m'allonge, tout cela est-il vain, à quoi tout ça sert ?

J'aime les gens dans ces moments d'échange. Après, tout est fini, ma bière est sirotée, demain est un autre jour, peut-être pire.

L'île de Ré

J'ai toujours du mal avec l'île de Ré. Pourtant la maison est belle, enfin il me semble. Je l'ai fait construire, l'architecte était très créatif, le jardin assez grand, il y a des chambres, des terrasses, des patios. C'est fait avec goût, envie et imagination, mais on a toujours une impression de bordel. Les deux-trois premiers jours, je flippe. Est-ce la maison ou l'île, je ne sais pas. Puis je m'habitue, je m'ennuie, assez souvent. L'idée c'est de se fabriquer une bonne santé, sorte d'investissement de forme pour la saison parisienne qui va suivre et qui va être rude.

Je m'arrange toujours pour que le séjour d'été soit entrecoupé d'essayages, de lectures publiques, de festivals ou d'interviews. La perspective d'aligner trente jours de vacances de suite à Ré m'inquiète. Je les saucissonne, avec un spectacle à Nice, une interview à BFM, un petit séjour au festival d'Avignon, et puis surtout un petit voyage traditionnel d'une bonne dizaine de jours. En famille. Rome, New York, Sardaigne, Crète, Maroc, etc. J'espère surtout ne pas tourner pendant cette période où toutes les aventures sont possibles. La maison de Ré souffre. L'iode, le vent, le sel, l'air la mettent à rude épreuve. Un peu comme moi. Est-ce l'air, l'iode, la population qui m'indisposent ? Je ne sais pas, toujours pas.

Je lis dans le journal, celui que j'écris tous les jours quand je suis à Ré, que je suis très heureux quand je rentre à Paris, et même que je jubile lorsque la date du retour se rapproche. Sauf l'année dernière, où je stipule que, pour la première fois, un séjour prolongé dans la maison de Ré m'a fait du bien, et que j'envisage la suite des escales à venir avec délectation. M'y attachent vingt-trois ans de jeux, de famille, d'événements, de joies, de drames, de soirées, de week-ends, de rencontres, de vicissitudes (le chauffe-eau qui chauffe plus, le jardin qui foire, le frigo américain qui coule, l'électricité qui disjoncte, le plombier qui est malade, etc.).

C'est une seconde vie parallèle, ici, parfois un peu euphorique, très souvent désenchantée, en tout cas à remettre en perspective. Pourquoi ne pas changer ? Pourquoi pas le Sud ? La vraie chaleur, les cigales, le vin blanc bu torse nu à 1 heure du matin sous les tonnelles ? Mais la maison de Ré me retient, et puis c'est aussi la maison de Ferdinand, ce petit monument au fond du jardin l'atteste. Sa chambre immaculée, habitée seulement par sa sœur, parfois, par Jonathan, son ami historique, le souvenir des dix-huit vélos sous les fenêtres (les copains-copines) à l'époque de leur splendeur adolescente, en font un endroit traversé par les bonheurs de la jeunesse triomphante et puis le chagrin.

Difficile à brader.

Je m'y sens mal et bien : une sorte de chute mais aussi l'excitation, la paresse, les corvées, et la création quand même, les scénarios à lire, les textes à apprendre, ce livre à écrire et puis le temps qui passe, ici beaucoup plus vite, les mondanités un peu reines auxquelles j'essaie, et j'y arrive, d'échapper. Les tables malgré tout joyeuses et partagées, les soirées avec des célébrités, et avec les nombreux amis des enfants, les mères, les cousines, les copains de toujours, les passants, en font un lieu qui kidnappe les émotions et les années qui passent.

Que faire ? J'aime cette maison et parfois la déteste. Je m'y sens drôle, bizarre, déconnecté mais aussi entreprenant et optimiste et puis méfiant et fatigué.

Vite, vite, du soleil, du jazz, des fleurs dans le jardin, du vin blanc sur la pelouse.

Ré, 3 juin

À l'île de Ré, je n'y arrive pas ou peu. Changer les ampoules défaillantes devient un défi, je ne suis capable que de me baigner, faire du sport, picorer par-ci par-là la lecture des trois ou quatre bouquins que j'ai apportés. Je tourne en rond, pourtant l'avenir immédiat va être chargé, et demande un investissement, une préparation : le tour des plateaux télé et radio pour *Moi et le Che.* Il faut que je m'exerce à pitcher, faire court, éveiller la curiosité et peut-être donner l'envie d'aller voir ce film auquel je crois.

Il y a aussi le tournage que je commence bientôt : *Damien s'engage.* Apprendre le texte, peut-être modifier certains passages et, oui, m'immerger dans les séquences et ce bouquin que je suis en train d'écrire… Voilà, je l'écris. Peu.

Le temps passe vite, ici. Parfois il pleut. Il faut aller chercher du bois, allumer le feu. Le temps file, j'ai envie de lâcher prise, de rien foutre. Le soir, je suis crevé : le grand air, les bains de mer, j'introspecte : pas très brillant… Cette île de Ré parfois me flagelle, m'abîme. Est-ce pour mieux ressusciter ?

Et puis le calendrier de la Coupe du monde en Russie qu'il faut approfondir pour s'organiser : soixante-quatre matches, du boulot.

Ré, 5 juin

Plat. À plat. Le moindre effort me coûte, je vais dans la chambre de Ferdinand, je mate sa photo, puis je vais allumer une bougie devant le petit monument, je mets le jazz, un peu de soleil, le jardin maintenant resplendit, ça va.

Ré, un autre jour

Ça va mieux. Mais la période est « de décompression ». La fatigue, cette compagne de l'hiver, est invitée à céder la place. Elle s'accroche, la bougresse, le moindre recoin, la plus petite branche qui dépasse, elle l'agrippe dans une espèce de baroud d'honneur, elle veut, quoi qu'il arrive, laisser son empreinte.

Récapitulons. Un spectacle burlesque, l'un des triomphes de la rentrée et peut-être de la saison : *Tant qu'il y a de l'amour*, le boulevard à son point d'incandescence, son apogée… « Quelle énergie ! »… « Vous devez être épuisé », c'est ce qu'on me dit et me répète tous les soirs dans ma loge, ou à la sortie du spectacle, avant toute autre considération ou compliment.

La journée, tournage de *L'Empereur de Paris*, avec Vincent Cassel, à une heure trente de Paris, lever à 6 heures, retour en moto-taxi pour 19 heures au théâtre.

Puis *Tu te souviendras de moi*, créé à Antibes, pièce canadienne décoiffante, sur un type vieillissant qui perd ses repères, on rit et on pleure, avec ma fille Émilie. Reprise à Paris, à la rentrée. Débriefing dans quelques chapitres.

Tournage de *Mon bébé*, de Lisa Azuelos, avec Sandrine Kiberlain, et puis de *Ma mère est folle,* de Diane Kurys, avec Fanny Ardant. J'adore ces actrices et j'aime ces femmes.

Les interviews, mon association, les projets, les rencontres, les parrainages, les rhinites, les étagères à repeindre, les enfants à paternaliser, les médecins, le vin, les autres, l'air pourri parisien qu'on respire, le voisin qui reçoit, l'automne, l'hiver, le printemps, en pleine effervescence. La fatigue guette là, tapie dans l'ombre. Peu à peu, elle s'installe, en catimini. On ne s'en rend pas compte au premier coup d'œil. Elle nous prend la main, elle nous interdit certaines choses, elle nous encourage à d'autres, elle lorgne du côté du burn-out, son grand frère, dont elle prépare l'éventuelle entrée en scène.

Poésie

En 2013, on me demanda, pour glorifier la cérémonie de mariage d'un couple de Parisiens que je connais bien, de l'île de Ré, de dire des poèmes d'amour, de célébration du couple et de l'éternelle histoire… dans le petit théâtre de verdure, en bordure de la mer, devant les mariés et la noce, au complet.

Je dis les plus beaux vers d'Aragon, d'Apollinaire, de Baudelaire, de Nerval, de Hugo sur le sentiment amoureux. Je suis traversé par l'émotion, il me semble que je dis bien, l'assemblée est sous le charme, je termine avec presque des sanglots dans la voix la fin du célèbre poème de Marceline Desbordes-Valmore : *« Respires-en sur moi l'odorant souvenir. »*

Salve d'applaudissements nourris…

Puis le marié s'avance vers moi, le pouce dressé triomphalement, et me dit : « Nickel. »

Petits événements parfois triomphaux qui m'indiquaient le chemin bien que je ne m'en rendisse pas compte

Ma première expérience comme spectateur au théâtre, ce fut avec l'école, *Les Fourberies de Scapin*, sur la scène du Ciné-France, à Rouen, consacrée aux matinées scolaires.

À sept ans, je me suis donc lancé dans une libre adaptation de la pièce que j'appelais *Le Valet fourbe*, ma cousine Jocelyne étant réquisitionnée pour l'occasion pour jouer Géronte. Quant à moi, je m'étais réservé le rôle de Scapin, la fameuse scène du sac, bien sûr. (Je jouerais le rôle bien plus tard, sous la direction de Jacques Weber.) Après un certain nombre de répétitions âpres, concentrées mais fructueuses, le jour de la représentation arrive, une fête de famille. Ma cousine, qui était tout à fait coopérative et disponible pour les répétitions, refuse catégoriquement de s'exhiber devant tous ces parents réunis, ce qui engendra chez moi une telle déception que je lui administrai une volée de coups de poing et de pied. Il s'ensuivit une condamnation à rester dans ma chambre.

Ma première expérience théâtrale fut donc cause d'une punition. C'était une première fois.

Avec tout ça, l'idée d'être acteur plus tard ne m'effleura même pas.

Plus tard, j'ai eu un théâtre dans ma chambre, avec un rideau coulissant, une rampe éclairante, de petits spots et un lino à damiers qui servait de plancher de scène. Ça avait été bricolé par mon père bricoleur. Les loges et la coulisse étaient la cuisine, et un placard au fond de la scène permettait quelques effets d'apparition. Au programme, *Onésime Grosbois aux sports d'hiver* ou des séances de cinéma/théâtre : une « cinette » (appareil de projection qui concrétisait toutes mes envies de cinéma, dont je rêvais et que j'avais reçu pour Noël) projetait un court extrait d'un film de John Ford, par exemple l'attaque de la diligence, au terme duquel apparaissait devant l'écran un Zorro en chair et en os, interprété par moi-même et qui allait régler l'affaire. Le programme était affiché sur un panneau à l'entrée de ma chambre, ainsi que le prix à payer. J'étais à la fois le metteur en scène, le projectionniste, l'acteur, le décorateur, l'ouvreur et le producteur.

Mais je ne voulais toujours pas être acteur plus tard.

J'avais neuf ans en colonie de vacances, j'étais très amoureux d'une beauté de quatorze ans. Je devins le roi de la fête après une soirée théâtrale, où j'avais remarquablement bricolé un sketch, l'histoire d'un type qui voulait qu'on lui raccourcisse son pantalon et se retrouvait en culotte courte, vous voyez le style. J'ai fait un tel tabac ce soir-là que les conversations dans les couloirs et les dortoirs ne parlaient que de ça, me semblait-il. De petit garçon un peu réservé, j'accédais au statut de star. Le lendemain, l'engouement et le respect n'étant pas retombés comme je le craignais, je commençai à discerner dans le geste théâtral un moyen intéressant de me distinguer aux yeux de mes contemporains et surtout de ma contemporaine de quatorze ans. Mais je ne voulais toujours pas être acteur plus tard.

Au Conservatoire

« Veuillez appeler M. Patrick Chesnais. »

Je suis là depuis dix minutes, en coulisse où l'appariteur m'a demandé d'attendre. Obéissant, j'entre donc sur scène.

« Monsieur Patrick Chesnais, le jury vous a décerné un premier prix de comédie. »

La salle est debout, applaudit à tout rompre, les flashes crépitent, les caméras braquent, les bravos claquent. Ça scande, ça hurle. Étourdi, je salue maladroitement. J'aperçois mes parents, au fond, à gauche. Mon père qui sourit de toute sa magnifique denture en or et argent. (Déporté résistant, mon père avait été malmené par la Gestapo et y avait laissé beaucoup de ses véritables dents.)

À cette époque, le concours du Conservatoire avec obtention de prix, accessits, etc., était un événement parisien annuel, du même type que les Césars, les Molières, voire le festival de Cannes. Chaque année, le Tout-Paris journalistique, médiatique et artistique se précipitait au concours du Conservatoire, rendez-vous culturel incontournable du mois de juin.

Ma photo en première page du *Figaro.*

Interview au journal télévisé le soir.

Depuis, le ghetto s'est substitué au show biz, la bienséance à la cohue. Les lumières se sont éteintes, tout est rentré dans l'ordre. Plus de concours, plus de gagnants ni de perdants, puisqu'on sait très bien que ce métier n'est pas une compétition...

Plus de médias. Un public de spécialistes. Tout n'est plus que confidence, entre-soi mais aussi tentative, réflexion. Un autre monde.

Mes classes au Conservatoire

Au Conservatoire, j'étais identifié comme un élève subversif. J'essayais pourtant d'entrer dans les codes enseignés, d'être très attentif et à l'écoute de ce que me disaient les professeurs, enfin de me glisser au maximum dans le moule.

Malgré cela, on parlait toujours de ma singularité, de mon modernisme, de mon décalage. J'étais considéré comme une forte tête, celui qui n'avait rien à faire dans cette vénérable institution, gardienne de la tradition et dont je tentais de faire exploser les codes et les conventions. Je n'avais rien à en tirer et rien à lui apporter. Dans *Le Monde,* Poirot-Delpech écrivit même sur moi que je ferais la grande carrière que je méritais si je continuais à me révolter contre les directives qu'on me donnait au Conservatoire. Bref, j'étais un subversif, un séditieux, un mec qui exagérait, qu'il faudrait mettre au pas, enfin le contraire de ce que je m'efforçais d'être : obéissant, à l'écoute, essayant par tous les moyens de séduire mes professeurs et de me rapprocher comme je le pouvais de ce qui semblait être la ligne directrice et conventionnelle d'un certain type de jeu. On aimait bien les originaux à condition qu'ils restent dans le cadre. Je passais mon temps à essayer de me corriger pour être un « bon élève ». Là, je compris que la vraie subversion, c'était ça : on ne décide pas de devenir subversif, on l'est. Je l'étais malgré mes efforts pour rentrer dans le rang.

À l'époque est sorti le film de Lindsay Anderson, *If...*, qui obtint la Palme d'or à Cannes. Le héros de l'histoire, interprété par Malcolm McDowell, était un élève brillant dans un collège anglais très traditionnel et, malgré ses excellents résultats (en tête dans toutes les matières), il était régulièrement sanctionné et puni, et battu. (À l'époque, il y avait encore des châtiments corporels.) Il demandait pourquoi, on lui répondait « Vous ne nous plaisez pas. Vous avez une façon de marcher, de vous passer la main dans les cheveux, une façon de vous asseoir, qui ne nous plaisent pas, qui ne nous conviennent pas. »

Je m'identifiai tellement au héros que j'ai vu le film trois fois, aux alentours de 68. J'étais comme Malcolm McDowell, subversif sans le savoir et surtout sans le vouloir.

Au cimetière

La tombe est chargée, sauvage, habitée. J'y dépose toutes les semaines – plutôt le dimanche – depuis cent quarante mois un bouquet ou une plante, et, tous les 13 du mois, jour de ton départ. Et à Noël un sapin, des guirlandes, des œufs en chocolat à Pâques, du muguet le 1er Mai, et ainsi de suite.

Parfois je t'écris un message que je mets dans une petite boîte où s'amoncellent d'autres courts récits qui te parlent de l'air du temps, de toi, de nous, petite boîte que régulièrement on pique. Un collectionneur d'écrits post-mortem ? Un admirateur à l'affût de petites traces laissées par moi ? Un type sidéré par cette littérature tombale ? Mais je remets une petite boîte et je continue de déposer des mots à ton adresse, qu'on me piquera probablement.

En avril, il y a de très beaux cerisiers japonais, hélas éphémères. Comme toi.

Petit poème lu par ta voisine Fabienne devant ton cercueil :

J'habite dans ta rue, l'immeuble voisin de ton allée,
de ta maison. J'aime me mettre à ma fenêtre et
faire des bulles de savon, un reste d'enfance
qui s'accroche.

De temps en temps, le vent les poussait vers ton allée et
je me disais que tu les voyais peut-être passer et que ça
te faisait peut-être sourire, toi l'homme-enfant.

Ce vendredi-là, j'étais perdue, je me suis mise à ma fenêtre et j'ai fait des bulles de savon, longtemps... Elles étaient belles, tellement légères et transparentes et pourtant si colorées que ça en faisait presque mal aux yeux. C'est tellement beau, et riche, et joyeux, léger et profond à la fois, et tellement éphémère, une bulle de savon. Comme toi...

Ce vendredi-là, le vent les a toutes poussées vers ton allée, vers ta maison. J'aime à croire que tu les a vues et qu'elles t'ont fait sourire...

Je continuerai à faire des bulles de savon, et je sais que les gens souriront en les voyant, car chacune portera ton nom : Ferdinand.

Du lierre grimpe sur le caveau d'à côté, sauvage je vous dis. Je fais régulièrement le tour de tes petits voisins, eux aussi amputés trop tôt de la vie.

Adrien, douze ans. « Tu détiens la flamme des champions de la vie. Maman. »

Jérôme neuf ans. « Ce qui va le plus me manquer, c'est ma famille. »

Timothée, vingt ans comme toi, qui lui a décidé que tout devait s'arrêter ce jour-là.

Je fais mon petit tour, remets en place un pot tombé, de la terre répandue.

Je suis un habitué, douze ans déjà que je prends les chemins balisés, bordés de pierres et de marbres... du cimetière Montparnasse, où je croise Ionesco et César, que je salue en passant. J'ai mes habitudes, mes manies, mes besoins. J'allume des bougies, j'enlève les fleurs fanées, je nettoie, je mets de la musique : du blues, du rock, parfois du rap. Quelques fois je m'échappe, je vais visiter Delphine Seyrig ou Marcel Bozzuffi ou Jean Stoléru.

Puis je reviens, je te parle, je t'explique ce qui se passe, je te raconte ou je me raconte.

Dernièrement, d'autres pensionnaires se sont installés :

Justine Dupont, ta voisine immédiate, victime des attentats du 13 Novembre, ou, un peu plus loin, un couple rassemblé assassiné au Bataclan.

Je fais ma ronde, tout est en place, rien ne cloche ou plutôt tout déconne, toutes ces vies fugitives que je vais visiter sous la pluie, au soleil, sous le vent, mon petit tour, ces suicidés, ces assassinés, ces petits que la maladie a emportés, et ces accidentés, toi et ta petite bande, je mets du blues, je touche ta photo de beau jeune homme éternel, toi tu ne seras jamais vieux, je te murmure des trucs, puis je repars.

Je laisse Justine, un petit coup d'œil en passant à César et Ionesco, je jette les fleurs fanées.

À la semaine prochaine.

On est formidables

Pierre Bellemare est mort. Je me souviens qu'à l'âge de dix ans, avec mon père, bravant l'hiver et la nuit, on allait porter des couvertures, du lait et des pâtes place de l'Hôtel-de-Ville à Rouen, pour les réfugiés hongrois, après leur soulèvement contre l'occupant russe, exhortés par les « Vous êtes formidables ! » de Pierre Bellemare sur Europe numéro 1. On était dans une grande fête collective et solidaire. Je me souviens de mon geste citoyen, sauveur et déterminé, et de mon contentement, et d'avoir demandé « si on pouvait encore faire quelque chose pour ces malheureux Hongrois, papa ? ».

Bonnes séquences

Une semaine de bonnes séquences.

Samedi 16 juin.

Dernière de *Ramsès II* aux Bouffes-Parisiens, avec Berléand, Elmosnino, Buyle, l'une des meilleures pièces de Sébastien Thiéry, un trio d'acteurs à leur niveau maximum. Le talent de Sébastien Thiéry. Après la représentation, on discute sur le trottoir. Son humour déferle, presque permanent, sans aucune pause, toujours, tout le temps, comme si s'arrêter le menaçait de je ne sais quel danger insoupçonné.

Verre de dernière. Bonne soirée, les acteurs sont heureux et talentueux. Tout va bien.

Lundi je retrouve Berléand à Antibes, avec Jugnot, Alévêque, Berling, Boujenah, Zabou, De Groodt, Fromager, pour une soirée où tous ensemble nous rendons hommage à Pierre Desproges, soirée constituée et articulée par Daniel Benoin. Chaque mot, chaque virgule, chaque silence porte le public à l'incandescence du rire.

Desproges, sa folie, sa souffrance, son œuvre.

Après, dîner chez Mamo, incontournable de la région. Mamo qui affiche ses trophées à l'entrée, où les photos de célébrités se chevauchent, s'entassent, s'éparpillent, DiCaprio, Hallyday, Chirac, De Niro, etc.

Zabou me raconte ses malheurs. Alévêque a du charme. J'appuie trop sur le vin blanc.

Mardi

Reçu par Sébastien Cauet dans son émission sur Virgin Radio. Je suis l'idiot utile. Ce type a du talent.

Son émission est un capharnaüm, volontairement inaudible, d'où surnage de temps à autre une vanne ou une pensée du roi de la piste. Le roi est gentil, charmant, doué. Il embarque son émission dans un tollé généralisé fait de rires, de clameurs, de bruits qui s'enchevêtrent dans un magma presque informel. Mais curieusement, on s'y sent bien.

Mercredi

Lever à 7 heures pour aller à l'émission de Pascal Praud, « L'Heure des pros », sur CNews. Pendant une heure et demie, Praud est comme chez lui. Dans son salon. Avec ses potes. Il déconne, s'emporte, se scandalise, s'enthousiasme, flatte, dénigre, accuse. Les invités sont de qualité, on refait le monde, on n'est pas toujours d'accord sur la façon dont il devrait être, sur la copie définitive. Ce Praud sait si bien où sont les caméras qu'il les a définitivement gommées, puis oubliées. On est dans son salon, je vous dis. Sa bande de potes de droite et sa bande de potes de gauche, tout le monde est bien, il suscite le bordel pour pouvoir le fustiger, y mettre le holà, siffler la fin de la récréation. Il prend le public par la main, il est le public. Il prend du plaisir. Ça se voit. Praud aime le plaisir.

Rouen, île Lacroix

L'amiral von Lewandowski en culottes courtes, pas content du tout.

Sa voix : « Que ceux qui ne sont pas d'accord avancent d'un pas. »

Nous sommes au QG de « la 1re scouts marins de Rouen », sur l'île Lacroix. Je suis second de la patrouille des Marsouins. L'idée était de faire du bateau, des jeux nautiques, de nous mesurer aux valeurs « Scouts de France », faites de droiture, de courage, de grandeur d'âme, de partage et de « fort qui protège le faible ». Jusqu'ici, nous avions plutôt défilé au pas avec les paras ou les fusiliers-marins, avec qui l'amiral, notre chef de troupe, avait encore des accointances. Ces marches quasi militaires étaient destinées à assurer le prestige de la « 1re scouts marins de Rouen », puisqu'on avait notre photo dans le journal. Ma mère, identifiant ma bouille étonnée, était plutôt satisfaite. Sauf que nous, on en avait marre des défilés.

La rumeur grondait. La mutinerie menaçait. Les meneurs, les forts en gueule, vitupéraient, scandaient leur désaccord devant les décisions de l'amiral. Ça gueulait, hystérisait, grondait. Toutes les patrouilles présentes, les Dauphins, les Albatros, les Cachalots, les Mouettes et mes Marsouins, gesticulaient, assurant que ça allait changer, que ça devait changer. Et la quarantaine de petits scouts marins que nous étions assuraient qu'ils allaient en parler aux instances et qu'on allait voir ce qu'on allait voir. Je suivais mollement. Je ne me sentais pas leader de ces revendications. Était-ce parce que ma mère était contente de voir ma photo dans le journal ?

Néanmoins j'étais solidaire. Et puis j'étais impressionné, presque admiratif ou même envieux de tous ces révolutionnaires en culottes courtes, apostrophant, déterminés, rageurs et vengeurs.

L'amiral avait réuni tout ce joli monde, puisqu'il avait eu vent de ces jérémiades.

Et l'amiral n'était pas content, l'amiral tonitruait, l'amiral terrorisait. Nous étions tous au garde-à-vous, les Marsouins, les Dauphins, les Cachalots, les Mouettes, les Albatros. Le drapeau « Scouts de France » claquait légèrement sur son mat.

« Que ceux qui ne sont pas d'accord avancent d'un pas. » J'avançai donc d'un pas immédiatement, sans hésitation. Je ne perçus aucun mouvement venant de ma gauche ni de ma droite. Que le vide. Je me dis que mon pas devait être trop grand, que je m'étais trop avancé, que je voulais peut-être trop prouver mon rejet de cette allégeance coupable aux militaires. Un rapide coup d'œil me fit comprendre que personne, chez les Marsouins, n'avait bougé.

Je regardai les autres patrouilles. Personne parmi les Dauphins, les Albatros, les Mouettes, les Cachalots n'avait avancé d'un pas. Je me dis : *Ils vont le faire, je me suis trop précipité.*

Ils ne le firent pas. Rien. Je m'entendis penser : *Putain !* Puis, tout de suite après : *J'apprends. Là, je suis en train d'apprendre.*

L'amiral me fixait. Le drapeau claquait. Le temps semblait suspendu, comme on dit dans les romans à deux balles.

La sanction ne s'est pas fait attendre. Un peu plus tard, j'ai été dégradé et mes insignes de second de patrouille arrachés, lors d'une cérémonie martiale où les patrouilles assistèrent muettes et au garde-à-vous à ma déchéance.

Un grand moment de solitude, comme on dit dans les romans à deux balles.

Mais ce jour-là t'as appris, me dis-je en mon for intérieur.

T'apprends.

Tu l'as

L'après-midi dans ma chambre d'hôtel, je m'étais habillé. Chemise impec, belle veste. Je me disais : *je vais sortir ce soir, faut s'habiller.*

C'était mon geste prémonitoire.

Le soir je jouais *Joe Egg* de Peter Nichols au théâtre d'Annecy, en tournée. Nous étions reçus avec une certaine condescendance par le bras droit du directeur Alain Françon qui nous accueillait parce que, j'imagine, nous faisions partie d'un cahier des charges (le public est divers) et au centre d'une programmation très « théâtre public », il était bien obligé de prévoir un ou deux programmes de divertissement issus du « théâtre privé ».

« Bien obligé, s'il ne tenait qu'à moi, peux pas faire autrement. »

L'extrême amusement teinté de mépris « vaut mieux en rire qu'en pleurer » de l'accueil ne nous a pas empêchés de dérouler une excellente représentation, aidés en cela par des spectateurs très réactifs, fins et partageurs.

Quand, à ma sortie de scène, à la fin du spectacle, ma partenaire me dit : « Tu l'as, tu l'as ! », je pense qu'elle fait allusion à la valise avec laquelle je dois sortir du plateau et que la veille j'avais oubliée. « Bien sûr, je l'ai. Pas deux fois quand même ! — Mais non, le César, tu as le César. »

Au même instant, j'entends mon autre partenaire entrer sur scène et faire une annonce informant le public que j'avais obtenu le César.

L'excellente représentation et l'obtention du César, qui jouit toujours d'un prestige inégalé, nous valent une *standing ovation* avec bravos, scandage de pieds et de mains, pendant de très longues minutes qui n'en finissent pas, et qui redoublent le rire fabriqué et condescendant du sous-directeur – « Et en plus, un César, non mais vous vous rendez compte ».

À la cérémonie, le metteur en scène Michel Deville était venu chercher l'objet à ma place, en susurrant très vite et en marchant « Merci pour lui ».

Ces instants… Ces bons instants dont on se souvient.

La mer

Inexorablement, sans avoir l'air d'y toucher, comme la mer, ma jeunesse se retire et laisse sur le sable là-haut, près des dunes, les rires, les potes, les matches, les concours, les fièvres du samedi soir, les conversations disputées, les corps, le passé.

Par petites vagues minuscules, rien de spectaculaire, elle se retire discrètement, doucement, elle ne veut rien brusquer, elle prend ses précautions, presque immobile.

Parfois, si le temps gronde, des vagues grossies peuvent donner l'impression de monter, d'inverser le cours, on se dit ça remonte mais non c'est un leurre, espoir vite effacé, ça descend, ça descend toujours. D'ailleurs on peut vérifier, tracer une ligne sur le sable et constater que, par petites touches imperceptibles, c'est aspiré vers le lointain, l'horizon, l'infini.

D'ailleurs je vérifie, tous les jours, je vérifie, ma tension, mon cholestérol, ma foulée, mon sprint, ma résistance à l'alcool, ma mémoire, mes urines, et pourquoi pas mes érections.

Inexorablement ça se retire, le temps compte double, chaque moment doit trouver son sens, sa justification, vite, vite, il faut agir, jouer, parler, créer, aimer, savourer, donner avant que l'essoufflement qui nous menace ne prenne sa place définitive.

L'anniversaire

Aujourd'hui 15 mai, mon fils a quinze ans. On va aller avec sa mère et ses deux (demi-)sœurs fêter ça chez un très bon italien.

Je suis allé en repérage, en ai sélectionné quatre et retenu un. J'ai fait les choses sérieusement (trop), j'ai agi en vrai pro de l'événementiel.

Victor est beau, intelligent, drôle. Bon en danse, bon en foot, premier en classe. Il voudrait peut-être être danseur (classique) mais c'est dur, astrophysicien mais il y a beaucoup de maths, sinon « si ça marche pas, je ferai acteur ».

Comme disait son grand frère Ferdinand, plus là pour tellement se marrer avec lui, à qui on posait la question de ce qu'il voulait faire plus tard : « Acteur ou quelque chose comme ça. » Victor aime les fêtes, les réunions de famille ou de copains, il aime quand « il se passe quelque chose », il aime les restaus chinois, indiens ou italiens. Il joue du violon, il chante. Il n'a pas la télé chez lui, ni de jeux vidéo. Il est délégué de sa classe, puis délégué du collège. Il a été élu haut la main, après avoir écrit, répété, et prononcé un discours électoral brillant, rassurant, fédérateur et réformateur. « Plus tard, je ferai peut-être de la politique. Peut-être Sciences Po. » Il se trouve trop petit.

Renseignements pris, il sera grand. Il aime le théâtre, le jazz, les musées, les stades et le Futuroscope. Il aime ses parents, les bains de mer, la lecture. Quand il est en forme, il aime raconter drôlatiquement. Sinon, il ne dit rien mais n'en pense pas moins. Il se confond en remerciements appuyés et répétés quand on lui offre une montre, une BD, un Carambar. Il aime bien les pages du *Parisien* sur le PSG. Il aime le PSG et Mbappé. Il remarque tout, rien ne lui échappe, il est dans la lune, il est complexe, il est enfantin, il est responsable, il est têtu, il aime bien gagner, il déteste perdre. Tout petit, lors d'un un, deux, trois, soleil ! improvisé dans un couloir de mon appartement rue de Bellechasse, il avait été vu en mouvement, et renvoyé au « poulailler ». S'en est suivi une crise mémorable et, les jours d'après, il ne voulait absolument plus arpenter ou traverser ce couloir qui représentait le territoire de sa défaite. Il aime découvrir les pays, les plages, les endroits, il peut être sauvage, il est social, il va être qui ? Il est déjà quelqu'un, il est bien parti.

Enfoirés

C'est facile les Enfoirés quand on est acteur, d'abord on chante, ou on essaie, avec trois ou quatre ou sept autres chanteurs, des vrais ceux-là, on peut même faire semblant, personne ne s'en aperçoit.

Il y a des prompteurs, l'important c'est d'avoir le feeling, donc faire l'acteur, ça me va. À l'exception d'une chanson que j'ai chantée en duo avec Thomas Dutronc, « La Java bleue », où là, on a répété et travaillé et c'était du sérieux. Tranquille, vingt mille personnes chauffées à blanc, jamais eu aussi peu le trac. Je ne suis pas chanteur, j'ai tous les droits, même celui de me planter.

Zazie me dit : « C'est gros kif, non ? », je cherche quelque chose à répondre, j'hésite, ne me vient que : « Oui, c'est kiffant. »

Je danse, je lis les prompteurs, je bouge, je m'égosille, je gesticule, je tape des mains, je suis au-dessus des gens qui, à mes pieds, m'idolâtrent, je suis le roi du monde.

Kiffant.

The King

« T'as été héroïque. »

Je tournais *Héros* où je partageais l'affiche avec Michaël Youn, j'étais une star du rock, à mi-chemin entre Elvis et Johnny, que Michaël Youn kidnappait, et c'était un huis clos décalé, fou, défoncé, film d'auteur à fond qui se terminait par un concert du kidnappé, avec gros orchestre, cuivres, Claudettes, etc. Les caméras avaient été discrètement installées sur la pelouse d'Auteuil où les quarante mille spectateurs du festival Solidays devenaient le public, figurants malgré eux. Costumé en King de la grande époque, blanc flashy, et passementeries, j'attendais fébrile que le groupe de rap qui me précédait en ait fini pour surgir et envoyer.

Depuis trois semaines, je répétais, avec un prof de chant, dans la rue, en vélo, sous la douche, dans la cuisine.

Là, j'avais le trac. Quarante mille à vous envoyer des canettes, c'était du lourd. Mais j'avais un film à faire, bordel, j'étais pas un chanteur, j'étais un acteur qui jouait un chanteur dans un film, un film ouf. Coup d'œil autour de moi, les coulisses de la scène, au loin la marée humaine ondule sur je ne sais combien de centaines de mètres. Autour de moi, les producteurs, les régisseurs, la mise en scène, hâves, décomposés, mutiques, écrasés d'angoisse. Là, ça m'excite, je me dis : *Je ne peux pas avoir autant le trac qu'eux ou alors je suis mort.*

Le groupe de rap m'annonce : « Et maintenant, on va faire du cinéma, etc. Faites un malheur à Clovis Costa ! [nom de mon personnage]. »

Quarante mille personnes scandent « Clo-vis ! Clo-vis ! ».

« Clo-vis ! »

Je saute dans le vide, j'entre en scène, je veux en découdre, je suis une rock star, je suis le King, je suis un animal, je ne joue plus, je suis, je kiffe, les Claudettes s'arrachent, les cuivres éclatent, je vole, la pelouse hurle. Fin de la prise.

Flottement.

« Clo-vis ! Clo-vis ! Clo-vis ! » Ça repart, deuxième prise, « Action », je redémarre, je suis chaud, je suis grand, personne n'a bougé, ils sont toujours quarante mille à triomphaler à mes pieds, je suis le roi de la piste. Je veux être chanteur plus tard.

Clap de fin.

Kiffant.

Premier film

Jacques Rozier était un metteur en scène « culte », comme on dit, de la Nouvelle Vague. Il faisait partie de la génération pure et dure qui n'a jamais dérogé à ce qu'il pensait être son cinéma, sa manière, son style, même si ses films ne rencontraient qu'un succès public aléatoire.

Je le rencontrai une demi-heure dans un bistrot sur les Champs-Élysées. L'affaire fut faite. Je partais donc aux Antilles tourner mon premier film. Il n'y avait pas de scénario mais une idée que Jacques Rozier avait eue, qui était d'emmener les protagonistes dans une aventure de nouveaux robinsons, vantée par une agence de voyages dont le slogan était : « 3 000 francs, rien compris ! » [480 euros], un anti-Club Méditerranée où les clients devaient pêcher ou chasser pour se nourrir et trouver un endroit le soir pour dormir ou se confectionner un abri.

Jacques Rozier voulait filmer l'expérience de ces Parisiens en quête d'aventure, livrés à eux-mêmes, sans gentil organisateur pour organiser, ni de buffet de spécialités régionales à foison.

Les ennuis commencèrent quand Rozier voulut mettre les six ou sept acteurs que nous étions dans les conditions de vie des personnages du film. « Rien compris ! »

La bouffe n'arrivait pas, ou trop tard, ou pas bonne.

Le soir nous avions droit à des logements de fortune extrêmement précaires.

Étaient embarqués avec moi Jacques Villeret, acteur exceptionnel qui était aussi un copain, Pierre Richard qui était devenu la vedette numéro un du cinéma comique français, et Pierre Barouh, chanteur-compositeur aux influences brésiliennes et lelouchiennes, Caroline Cartier, jeune femme magnifique qui était la petite amie de Rozier, et Dominique Constanza, jeune actrice avec qui je sentis un rapprochement immédiat.

Premier jour de tournage : ça démarre très fort. Rozier arrive sur le plateau avec deux heures de retard, il n'arrivait pas à trouver le chapeau idéal, qu'il voulait absolument pour le personnage de Caroline Cartier.

L'équipe technique est fermée, l'accueil est glacial, le reproche sourd est tangible. Rozier s'en rend compte et démarre au quart de tour : « Si vous n'êtes pas contents, le Brésil n'est pas loin, ils ont de très bons techniciens au Brésil et des avions pour Paris, aussi. Vous n'êtes pas des artistes, vous êtes des machines. Si une machine se grippe ou a un défaut, on la jette et on la remplace. Vous n'êtes pas des artistes. Les acteurs, eux, sont des artistes, des créateurs, ils ont le droit d'avoir des humeurs, des doutes, des errements. Ils créent. Pas vous. »

Le tournage n'avait pas encore démarré, ça s'annonçait costaud. Il n'y avait pas de scénario, un pitch, une idée, on improvisait, Rozier nous filait du rhum avant les prises pour nous donner la pêche. On dormait n'importe où, mangeait n'importe quoi. Rozier voulait ça, capter cette fatigue, ces divagations, ces tensions. Il avait réussi son coup. Avec Pierre Barouh, ça ne se passait pas bien du tout, en revanche moi je devins très pote avec lui (Pierre Barouh). D'autant plus qu'à force de se rapprocher de moi, Dominique Constanza s'était aussi rapprochée de Pierre Barouh. Nous formions un trio léger, chantant, sensuel, harmonieux. On ne savait plus qu'on faisait du cinéma, on buvait du rhum et de la bière. Pierre faisait de la musique, c'était *Jules et Jim* sous les tropiques. Ce balancement de l'un à l'autre ne produisait aucun contrecoup néfaste, on était liés, indivisibles, bref on s'amusait.

Jusqu'au jour où le film stoppa ses errements à travers les montagnes et la mer et jeta l'ancre un certain temps. Pour des raisons de logistique, il fallut se répartir entre un bateau et un établissement, je n'ose l'appeler hôtel, terrestre. Pierre choisit la mer, moi la terre et Dominique me choisit, moi. Le lendemain, sur le plateau, Pierre ne me dit pas bonjour et m'ignora le reste de la journée et du tournage. L'égratignure narcissique était trop à vif. L'équilibre de ce trio libre et joyeux que nous étions était définitivement brisé.

Pierre, après un dernier clash avec Rozier, abandonna le tournage. Pierre Richard, voulant rentrer à Paris pour promouvoir son dernier film, lâcha l'affaire, lui aussi.

Caroline Cartier, cette sublime jeune femme, qui clamait, assise dans une pirogue pour les besoins du tournage, à quelques mètres de notre bateau, aux détracteurs de Rozier – et ils étaient nombreux – : « Jacques me baise royalement ! Il me baise comme une reine et je vous emmerde ! », elle aussi rentra pourtant précipitamment à Paris, je n'ai jamais compris pourquoi. Les techniciens, se sentant tous de plus en plus « machines grippées », quittèrent un à un le navire.

Nous nous retrouvions à cinq. Dominique Constanza, Villeret, Rozier, l'assistant et moi, pour tourner ce qui restait à tourner au fin fond de la jungle antillaise, bien qu'on ne sache pas quoi. Je faisais accessoiriste, Villeret improvisait au son, Dominique faisait la cantinière, Rozier était cadreur, le premier assistant script, stagiaire, chauffeur, régisseur.

Toutes ces scènes improvisées sont dans le film et ne souffrent d'aucune différence avec les autres, ni dans la photo, ni dans le cadre, ni dans le son ni même dans le jeu.

Le film s'est appelé *Les Naufragés de l'île de la Tortue.*

Des critiques ont situé ce film au pinacle, d'autres ont parlé de naufrage. Ma première expérience au cinéma fut un package délirant.

Rozier ne voulait pas qu'on joue mais qu'on soit, qu'on devienne les personnages, existant dans des conditions difficiles et libres, ô combien libres. Il appuierait sur le bouton au moment où il le sentirait.

Le soleil, le rhum, l'amour, le sexe, les fous rires, la colère ont-ils été attrapés par Jacques, je ne sais pas, mais au-delà de l'aventure artistique, l'aventure humaine a prévalu.

Depuis, Jacques Villeret est mort, Pierre Barouh aussi, Caroline Cartier s'est suicidée et Dominique Constanza aussi. Le film est ressorti il y a cinq-six ans, remastérisé. Les critiques aussi : on ne touche pas à un film culte.

Il y a quelques années, j'ai retrouvé Jacques Rozier par hasard, au théâtre Gérard-Philipe de Saint-Denis, où j'allais comme spectateur voir une pièce de Marivaux, avec Emmanuelle Riva, dans une mise en scène de Jacques Lassalle. Jacques Rozier faisait un sujet pour un magazine théâtral à la télévision, deux à trois minutes, interviews et petit extrait du spectacle, il faut bien vivre… Pour cela, il avait assisté à la moitié des répétitions et à la totalité des représentations. Je le raccompagnai en voiture à Paris, il était encore habité par le spectacle, qu'il avait donc vu un nombre incalculable de fois, décortiquant les moments forts et faibles de la représentation du soir, s'enflammant sur le jeu des acteurs et analysant les enjeux affectifs et sociaux de Marivaux.

Merci Jacques. Certains artistes sont comme ça aussi.

15 juillet 2018 – La finale

Attention, c'est la finale de la Coupe du monde, les mecs.

La France contre la Croatie.

Tout le pays est sur le pied de guerre. On y est arrivés, on va y arriver. Le matin, j'avais de bonnes sensations, et puis je suis allé au cimetière, j'ai déposé avec les fleurs un petit ruban bleu-blanc-rouge. Voilà. Pour te rappeler aussi 98, le Stade de France, les trois couleurs sur tes joues, ton front, ta casquette. La première fois, la première étoile. Le bus du Club France qui nous ramenait de Saint-Denis au rond-point des Champs-Élysées et puis au club, les orchestres, « les pipoles », les anciens joueurs stars et puis la France black-blanc-beur, donc.

Ils sont arrivés, j'ai tenu les comptes, vers 16 h 15, puis 16 h 30 et enfin 16 h 40, le match est à 17 heures. D'abord ma fille, puis mon fils, mon copain François-Brice et sa femme, et enfin deux charmantes Américaines pas très au fait des choses du football, ce qu'elles compensaient largement par leur enthousiasme, leur gaieté, leurs encouragements de vraies supportrices.

17 heures, la tension est palpable.

Le début du match est pourri. Pas deux passes de suite. Rien à la récupération, pas une attaque, on me propose une bière, « non », pas une goutte d'alcool avant la fin du match, je veux avoir le cerveau totalement disponible pour traverser en toute lucidité les moindres méandres de la rencontre.

Ouverture du score par la France. Transes. Sarabandes. Égosillements. Presque pleurs. Les

Américaines en tête. Le plancher absorbe le choc de nos sauts triomphaux et groupés. Je me demande même s'il va tenir.

La Croatie égalise. Les New-Yorkaises sont statufiées. Chez les Français, les « pfffff » le disputent aux « ahlàlàlà », aux « Merde », aux « C'est pas vrai ».

La main croate nous ressuscite en plusieurs temps – le visionnage vidéo, puis le point de penalty indiqué par l'arbitre, et puis le but lui-même.

Quatorze pieds assènent de violents coups aux lattes en pur chêne du plancher. Il tient.

Pogba s'y reprend à deux fois pour le troisième but.

Ça s'époumone, gutture, frappe, s'enlace, explose.

Quatrième but, de Mbappé. Ça danse, se rue sur le balcon, hurle et chante : « On est les champions. »

Petit coup de mou sur la grosse bourde de Lloris.

Pfff… ahlàlà… Merde… C'est pas vrai.

Tout est maintenant possible dans ce match fou. L'angoisse nous assoit. Le goût toujours amer de *remontada* nous assèche.

Non, ça y est, c'est fait, on est champions. C'est maintenant les terrasses du cinquième étage constellées de drapeaux aux trois couleurs qui accueillent cris, clameurs et chants de victoire.

Vite, je saute sur une moto-taxi pour faire le journal de Laurent Delahousse sur la 2 et le débriefing du match. Avec le conducteur, on essaie d'éviter les points chauds, mais les motards sans casque, les voitures dont le toit et le coffre regorgent de groupies surexcités ruissellent même dans les petites rues en sens interdit.

L'émission dure une heure. Il y a Tigana, Gagnaire, Weber, Raffy.

Au retour, ça ne s'arrange pas. Entre-temps, la bière a coulé, c'est le triomphe de la liberté, du dérèglement. Aucune sanction ne viendra troubler ce chahut, tout est possible, on peut tout envisager, drapés dans les drapeaux français de la victoire.

Une fois chez moi, première bière, j'ai faim, on mange, on boit, il fait chaud. Escapade de toute la petite bande sur le pont Solférino. Le pont où tu as marché pour la dernière fois.

Puis bières à la terrasse du grand café Solferino, blindé, boulevard Saint-Germain.

Le vacarme ne faiblit pas. Au deuxième but de Zidane, en 98, tu m'avais pris dans tes bras en me secouant. Cette secousse à nouveau me traverse, étourdi par la liesse et le houblon au cœur de l'été parisien.

Dans mon lit à Rouen

J'avais quinze ans et demi peut-être. Jusqu'ici, j'avais toujours voulu être footballeur, gambader à fond avec un maillot rouge vif sur une pelouse verte éblouissante, un numéro sept dans le dos.

Après une nuit de questionnements agités, je me réveille aux alentours de 6 h 30, j'entends ma mère s'affairer dans la cuisine. Après un temps, je lui crie du fond de mon lit :

— Maman, ça y est, j'ai trouvé, je sais ce que je veux faire, je veux être acteur !

Après une pause assez longue, j'entends la réponse de ma mère depuis la cuisine :

— Rendors-toi, il est pas encore l'heure d'aller à l'école.

Changement de cap

Mes parents finalement étaient rassurés. Du projet d'être footballeur, d'en faire mon métier, j'étais passé à vouloir maintenant être acteur.

Enfin je devenais raisonnable, je rentrais dans le rang. « Ouf. Il ne veut plus être footballeur et pourtant, il s'entraînait depuis des années et des années. Maintenant, c'est acteur. »

Un vrai métier.

Sur l'échelle des risques et de l'incertitude, j'avais mis la barre très haut, en parlant d'être footballeur. Et en travaillant beaucoup pour cela.

Vouloir être acteur était un renoncement à une carrière utopique de footballeur. Ouf, je ne voulais plus l'être. Je voulais être acteur.

On l'avait échappé belle.

Rouen, conservatoire

Après avoir esquivé, dit que je n'étais pas prêt, que je n'avais encore rien appris, un mardi soir il fallut bien m'exécuter, et dire devant Jean Chevrin, qui en était le professeur, et toute la classe d'art dramatique du conservatoire de Rouen, « Les Animaux malades de la peste », de La Fontaine. Que je savais par cœur, et que je m'étais dit, et redit, et répété pendant tout l'été.

Tétanisé par le trac, je – comme je fais toujours dans ces circonstances, finalement on a toujours les mêmes réflexes pour sauver sa peau – me jette à l'eau, je décide d'en découdre, j'attaque. La bête sur scène est curieuse, mais l'intérêt des élèves monte d'un cran au bout du troisième ou quatrième vers. Je continue. Un silence total, comme si même l'air restait suspendu, s'installe. Puis un rire. Suivi d'un deuxième. Je pensais : *Je les tiens.* Puis un éclat, et des explosions de rire. Surchauffé par les réactions, je tente quelque chose, je ne me sens plus, je me dis : *Maintenant je vais les inquiéter, les émouvoir, je vais même bloquer leurs rires.* Ce que je fais. Un silence de mort s'installe. J'ai seize ans. J'en reviens pas. Maintenant, je veux qu'ils rient à nouveau, je me lâche, j'en profite pour imiter le renard d'une petite voix nasale. Hurlements de rire. Je suis le maître du jeu, le dieu du stade, l'idole des jeunes. J'ai fini.

Silence énorme. Et qui dure. Et qui dure.

Jean Chevrin se lève et dit, comme le lion dans la fable, s'adressant à tous : « Mes chers enfants, nous sommes un conservatoire d'art dramatique de province, le but est de vous familiariser avec les grands textes, de vous apprendre à vous affirmer, à mieux vous mouvoir et peut-être continuer le théâtre en amateurs. Certains parmi vous, très peu, mais vraiment très très peu, deviendront des professionnels, et puis exceptionnellement, par hasard ou par chance, on croise quelqu'un et l'on se dit qu'il fera une grande carrière. Patrick Chesnais est de ceux-là. »

Jouez trompettes, résonnez musettes. En avant la musique ! Il lévite à un mètre du sol, passe plus les portes, appelez-moi « maître ».

Convoqués les parents… « Arrêtez tout, faut qu'il y aille. »

J'y suis allé.

Christophe

1983. Christophe est venu s'installer chez moi dans la vallée de Chevreuse. Christophe est mon neveu. Je le considère parfois un peu comme mon fils, je ne suis pas encore père à l'époque. J'aime beaucoup Christophe, ce grand garçon de vingt-six ans dont je suis très proche.

Je sens que je lui suis utile pour l'aider à se débarrasser de ses problèmes de drogue, enfin c'est ce que je crois. Je suis un peu son parent malgré notre peu d'années de différence, onze ans.

Il me considère comme un type plutôt responsable, son oncle, installé socialement, et en même temps suffisamment rock'n'roll pour obtenir son écoute, sa confiance, et même son amour.

Christophe déconne parfois quand sa copine modérément gothique et surtout initiatrice vient lui rendre visite. Ils s'enferment dans sa chambre et se préparent des doses, surtout quand je suis absent.

Christophe malgré tout a décidé d'en découdre, de se débarrasser – est-il sincère ? – de cette infernale dépendance à ce qui le détruit.

Christophe s'améliore parfois, son œil est vif, ses traits détendus. S'il m'arrive de recevoir à dîner quelques personnes de la profession, scénaristes, acteurs, etc., il vient dans la salle à manger, chargé, intenable, surexcité.

Tout rentre dans l'ordre quand nous nous retrouvons en tête à tête, débarrassés des confrontations et des épreuves sociétales.

Je lui ai trouvé un poste de technicien de plateau. Il s'acquitte parfaitement de ce petit job qui consiste à opérer les changements entre les tableaux d'une pièce que je joue.

Christophe, débarrassé de la saloperie, est un type charmant, intelligent, sensible, musicien, grand jeune homme de vingt-six ans qui me touche magnifiquement.

Un jour Christophe veut faire un aller et retour chez lui à Paris, il doit arranger une histoire de studio, je l'accompagne à la gare RER, au moment d'entrer dans le train il me fait un petit signe de la main qui m'émeut beaucoup, en revenant je m'arrête sur le bas-côté pour me calmer tant mon émotion est vive, je sens qu'il n'est pas bien.

Décidément c'est vrai, je le considère un peu comme mon fils.

Le lendemain Christophe meurt d'une overdose.

Au Carlton, Lyon

Véronique m'attend dans le salon de l'hôtel Carlton, à Lyon, où je suis en tournage. Elle m'appelle dans ma chambre pour me prévenir de son arrivée, nous avons prévu d'aller dîner.

— Ça va ? me demande-t-elle.

— Non, dis-je.

— Je monte, réplique-t-elle aussitôt.

Pourquoi a-t-elle senti dans ce « non » relativement neutre, en tout cas insuffisamment explicite, la profondeur de la catastrophe, le vertige du drame ? On vient de m'annoncer la mort de Christophe. Ce « non » anodin et presque désincarné pouvait être l'expression d'une rage de dents, d'une perte de carte bancaire, d'un accès de fièvre ou du vacarme d'un voisin de chambre. Alors pourquoi ce « Je monte », comme si elle pressentait l'ampleur de la tragédie et montait pour me secourir ? Elle me découvre en effet dans un désarroi abyssal.

Ce « Je monte » instinctif est un des plus beaux moments d'amitié dont je me souvienne.

Baby sport

C'était le magasin de jouets de mes parents. Ils s'étaient fait rouler à l'achat, ça ne marchait pas très fort, ça a définitivement sombré quand mon frère est apparu en première page de *Paris-Normandie* avec les menottes.

La province, donc.

En attendant, je m'éclatais : Dinky Toys, ballons de foot, voitures téléguidées, trains électriques, je m'éclatais.

Mon père décorait la vitrine, selon différents thèmes : un Père Noël en traîneau, un gros œuf de Pâques avec un ruban, ballons et chaussures de foot pendant la Coupe du monde, etc. J'admirais.

Un jour, j'ai fait le vendeur, j'ai même rendu la monnaie, c'était mon jour de gloire, j'avais huit ans.

Un autre jour, correction infligée par mon père, avec coups de poing et tout, pourquoi ? je ne sais plus mais je ne lui en voulais pas, j'aimais mon père qui était un homme droit et bon.

Puis la faillite inéluctable.

Refuge de tout le monde à l'hôtel du Sphinx, pas loin, où on louait une petite chambre bricolée sous les toits. Interdiction de manger dans la chambre sous peine d'être virés. On transgressait, on rapportait, d'une baraque à frites voisine, des saucisses et des frites donc. Je faisais le guet, épiant un moment d'inattention pour passer notre marchandise illicite devant ce qui faisait office de réception.

Puis on guettait de la chambre, dont on avait ouvert la fenêtre pour chasser l'odeur de mauvaise huile, le moindre craquement dans l'escalier qui aurait annoncé l'arrivée de la propriétaire soupçonneuse et qui tentait de nous surprendre.

À la moindre alerte, planquage de la bouffe, ventilation de la fumée à l'aide de serviettes, pour effacer toute trace qui aurait pu nous être fatale.

J'aimais, c'était rigolo et dangereux.

La fille de la propriétaire avait un cours de solfège et de chant et, toute la journée, des murs de l'hôtel et de ses escaliers, montaient les vocalises et les exercices vocaux des apprentis chanteurs. *Lalalalalalalalalalala…!*

J'adorais bouffer ces grosses frites grasses, caché derrière la porte, enveloppé par Mozart.

En Israël

Dans la voiture le type du *Jerusalem Post* me montre son attirail : une radio, sorte de talkie-walkie branché sur la fréquence de l'armée, qui l'alerte dès qu'il se passe un événement intéressant, attentat, affrontement, pour qu'il puisse « faire la photo », et son revolver, sorte de Colt à six ou huit coups, planqué dans le vide-poche devant moi.

On roule, il m'emmène visiter un village palestinien à quelques kilomètres de Jérusalem.

Je réside à l'hôtel King David, je tourne le film de Lelouch, *La Belle Histoire*, avec Gérard Lanvin et Béatrice Dalle.

J'ai rencontré ce type sur le tournage, où il est venu faire une ou deux photos. On a tout de suite sympathisé. Il vient du Sentier, à Paris, et a décidé de s'installer définitivement en Israël, où il travaille comme photographe au *Jerusalem Post*.

Rendez-vous est pris. On est juste après la guerre du Golfe. Les missiles antimissiles Patriot sont déployés à Tel-Aviv et les militaires américains chargés de leur fonctionnement déambulent dans les rues. L'Intifada, même si elle avait été rude, s'est maintenant calmée au sein des villages palestiniens mais impose toujours à Jérusalem-Est et autour de l'esplanade des Mosquées la fermeture des boutiques arabes sous peine de mort. On est encore en pleine tourmente.

Mon compagnon journaliste, comme il a compris que je m'intéressais à la situation toujours explosive de la région, a décidé de m'emmener visiter le cœur du réacteur de l'Intifada, un village près de Jérusalem.

On abandonne la voiture à un croisement de route, sur une colline dominant le village :

— Je marche, tu marches. Je m'arrête, tu t'arrêtes. Je cours, tu cours, dit-il en coinçant son flingue dans sa ceinture à droite et en le tapotant, comme si la présence de l'objet devait suffir à me rassurer et à calmer mon appréhension maintenant légitime.

— Mais… Tu crois que ça va aller ?

— Oui, oui, pas de problème, tu fais comme moi.

On marche, le village semble désert et comme endormi.

— Non, on va pas dans cette rue, m'interdit-il.

— Tiens, là ! dit-il en me désignant un bâtiment délabré. C'était le QG de l'Onu mais ils l'ont abandonné, trop dangereux.

— Ah oui ?

— Oui, c'est explosif ici. Bon, on rentre.

Cette brusque décision est inattendue.

Quelque chose l'a alerté. C'est en remontant vers la voiture que je sens un objet me frôler. Puis une petite douleur, légère, sur la nuque. En me retournant, je vois trois ou quatre types, arabes, jeunes et même très jeunes, qui nous suivent, ramassent des cailloux et nous bombardent avec. Leurs impacts se font plus rapprochés et plus précis. Certains atteignent leurs cibles, la tête, le dos. La plupart nous manquent. Ils sont encore relativement éloignés. Je me retourne à nouveau. Ils sont maintenant dix ou quinze et d'autres arrivent.

Quelques-uns commencent à courir vers nous.

— Te retourne pas. Marche comme moi, vite, mais sans courir pour le moment, dit-il en empoignant la crosse du flingue.

Cette fois, j'ai peur. La voiture là-haut semble extrêmement lointaine, petit point brillant et lumineux sous le soleil.

Il a sorti son flingue sans se retourner, mais de façon qu'il soit bien visible. Est-ce que cette menace potentielle va suffir à calmer ou tout au moins à ralentir leur ardeur ? Et nous permettre ainsi d'arriver jusqu'à la voiture ? Pour le moment, les pierres pleuvent toujours. Je me sens une cible nue et offerte. Va-t-il tirer ? En l'air ?

Je pense *On est dans la merde*, je me dis *Il faut courir ou il faut qu'il tire en l'air, ou les deux*. Je risque un coup d'œil, c'est maintenant une nuée de jeunes, criant, vociférant. J'essaie d'esquiver les pierres en me protégeant avec mes bras et en louvoyant.

Le photographe s'est maintenant retourné et fait face en brandissant son flingue vers le ciel. Va-t-il tirer ?

Je ne suis pas encore dans la panique mais ça ne va pas tarder. Je vais me mettre à courir, je cours encore très vite. Mais lui, que va-t-il faire ? Court-il vite ?

Et puis il a les clés.

— Qu'est-ce qu'on fait, bordel ?

Pas de réponse.

Ça ne me dit rien qui vaille. Il est clair qu'il est dépassé. On est dans la merde.

La vue de l'arme ou même son usage, un tir de sommation ne vont-ils pas décupler leur agressivité ?

Mettre les mains en l'air, venir vers eux et leur expliquer. Mais leur expliquer quoi ?

C'est de toute façon trop tard, la machine guerrière est en marche.

C'est à ce moment que j'aperçois, progressant lentement sur la route là-haut, une camionnette remplie de militaires armés. Ils s'immobilisent et scrutent, c'est la cavalerie, la cavalerie… bon Dieu, qui va charger. Trop beau pour être vrai ! Merci Tsahal !

Mais non… Ils redémarrent et continuent jusqu'à disparaître. Pourtant, je leur ai fait de grands signes avec les bras, peut-être pas assez. Ou alors ils n'ont pas jugé la situation digne d'intervention. Ou alors ils n'ont rien compris.

Ils sont cons, à Tsahal, ou quoi ?

La camionnette réapparaît en marche arrière, à nouveau s'arrête et re-scrute.

Cette fois, on se met à courir de toutes nos forces. On veut les rejoindre. On veut qu'ils nous voient courir, gesticuler, crier.

Les militaires ont enfin compris. Ils sautent du camion et courent vers nous, avec leurs magnifiques fusils d'assaut qui leur barrent la poitrine.

Derrière, ça s'arrête net. Plus de pierres. Moins de cris.

Les cris viennent maintenant des militaires qui interpellent mon compagnon en hurlant en hébreu ce qui me semble être une engueulade haut de gamme. Avec gestes de l'index sur la tempe, pour indiquer la folie de l'entreprise et de l'entrepreneur.

Je comprends vaguement, venant de mon compagnon dépité, en me désignant, les mots : « Lelouch... *Actor... Movie... French...* »

Les soldats, perplexes, me dévisagent maintenant avec un vague regard accusateur.

Sur la route du retour, pas un mot. Au moment de le quitter, il me propose d'aller visiter le lendemain une prison où sont détenus des Palestiniens.

Je décline.

Naufrage

Nous campions dans un petit village de Croatie. Mon frère avait remorqué un modeste dériveur, un voilier dit « 420 », pour nous permettre d'explorer tous ces chapelets d'îles. De la côte yougoslave, à l'époque.

Nous sommes partis à l'aube, la mer était d'huile, le soleil radieux. Un peu de vent, juste ce qu'il fallait pour réussir une belle sortie, toutes voiles dehors.

La nuit précédente, les amarres s'étaient décrochées, un courant sous-marin mystérieux avait entraîné le bateau au large. Des pêcheurs nous l'avaient restitué en nous expliquant en allemand et avec véhémence quelque chose que nous ne comprenions pas et dont ils avaient l'air très convaincus.

Nous partons donc, mon frère Yves, Annick, sa femme, leur fils Christophe et moi pour une journée de bateau qui s'annonce très excitante dans la splendeur du soleil levant, vers les rochers déchiquetés de la côte dalmate.

En sortant de l'anse qui servait d'abri à l'embarcation, une vieille femme juchée sur un monticule de pierres nous fait de grands signes en criant toujours en allemand : *« Nicht, nicht! kaputt, kaputt! »* On continue néanmoins. On n'aurait pas dû…

On se dirige là-bas, au lointain, vers les îles cabossées et magnifiques de cet endroit sauvage et désolé de l'Adriatique.

Le vent est fort soudain.

Je me réjouis. Je suis chargé de m'occuper du foc à l'avant. Ça va être sportif.

Nous sommes déjà loin quand les vagues, insignifiantes à notre départ, se creusent maintenant d'une façon impressionnante, un vent violent se déclenche brusquement, la mer çà et là devient blanche, le bateau file, chevauche, vole, je m'éclate au foc.

Je lance un « Génial ! » qui ne trouve aucun écho.

Je me tourne vers l'arrière, mon frère qui tient la barre est pâle, crispé, mutique, le regard perdu.

Je sens là que quelque chose déconne.

J'entends :

— Affale le foc.

J'essaie comme je peux, le vent m'en empêche, j'y arrive malgré tout.

Là, fini la rigolade.

Christophe, mon neveu, qui a neuf ans, se met à pleurer et crie : « J'ai peur, j'ai peur ! » Sa mère essaie de le rassurer, je remarque que sa voix n'est plus du tout comme d'habitude et tremble.

L'eau, projetée par les embruns à grandes giclées dans le bateau, nous alourdit. « Il faut écoper ! », hurle mon frère.

Je m'exécute. Je cherche un seau, je trouve une pelle, puis enfin un seau. J'écope. Le rythme de cet écopage est très largement surpassé par celui du remplissage.

La mer maintenant est toute blanche. Un coup d'œil à mon frère, il flippe grave et donc moi aussi. Mon frère pour moi est le marin, le capitaine, l'homme de mer expérimenté. S'il flippe, et je vois qu'il flippe vraiment, c'est que quelque chose de pas bon se prépare. Il crie : « On va virer de bord, on va essayer de rejoindre l'île là-bas ! »

Je regarde vers l'île. Putain, c'est loin.

Il vire de bord, instantanément on coule, on sombre, on s'abîme dans l'eau. On est submergés, emportés, le bateau est retourné, saccagé.

Je nage dans la mer en furie, j'ai un gilet de sauvetage, ma belle-sœur et Christophe aussi. Pas mon frère.

Annick a disparu avec son fils mais elle surgit de sous le bateau, suffoquant et crachant, elle serre son fils contre elle de toutes ses forces. Mon frère n'a pas de gilet, il s'accroche à la quille du voilier, qui seule dépasse hors de l'eau. Il saigne considérablement, il a reçu au-dessus de l'œil la flèche du fusil sous-marin. Il replonge néanmoins chercher sous l'habitacle des cordages pour nous attacher à la quille et nous empêcher d'être emportés à chaque paquet de mer, qui nous explose à la figure et nous envoie à quelques mètres du bateau, où nous devons revenir en nageant et suffoquant.

Je pense *On va mourir.*

Au moment précis où ma belle-sœur émerge de je ne sais où, et me dit, des sanglots de peur dans la voix : « On va mourir », je lui réponds : « Mais non, bien sûr que non ! Ça va pas, non ? »

Je ne sais pas si je la convainc, peut-être que je la rassure un peu.

Pas un navire à l'horizon. J'apprendrai plus tard que l'alerte avait été donnée mais que l'hélico de secours était dans l'incapacité de démarrer, sous la violence du vent.

Mon neveu, que j'ai réussi à attacher à moi, est maintenant muet et sidéré.

Mon frère s'accroche tant bien que mal, le sang ruisselle sur son visage. Je pense *Combien de temps va-t-il tenir ? Combien de temps allons-nous tenir ?*

J'imagine un titre de journal : « Quatre Français se noient en mer Adriatique » ou « Quatre Français disparus dans l'Adriatique » – pas en première page, mais un entrefilet assez conséquent, sans plus et en page intérieure. Et dans le journal *L'Aurore*, sorte d'avatar du *Figaro*, assez populaire à l'époque. Pourquoi *L'Aurore* ? Je ne sais pas. Peut-être parce que ma grand-mère le lisait.

Je pense *Voilà, nous y sommes.*

« Ils sont partis joyeux pour des courses lointaines et n'en sont jamais revenus... »

Tous ces conducteurs, ces skieurs, ces nageurs, ces explorateurs, *« Combien ont disparu, dure et triste fortune, dans une mer sans fond, par une nuit sans lune, sous l'aveugle océan à jamais enfouis ».*

Je murmure le poème d'Hugo. Comme ça m'arrange pas franchement le moral, j'abandonne.

Nous parvenons, malgré le vent, les vagues, l'écume, les tremblements qui maintenant nous assaillent, même si l'eau est bonne en ce cœur du mois d'août, malgré plusieurs heures d'immersion sous le vent et malgré les grandes claques d'eau salée qui nous tétanisent les muscles et aggravent la sensation de froid, nous parvenons malgré tout à chanter à pleine gorge ou ce qu'il en reste, ballottés, aspergés, secoués dans tous les sens, les chansons de marin de Hugues Aufray. « Debout les gars réveillez-vous, il va falloir en mettre un coup... », et « Santiano ».

Ce chant a cappella éructé plus que chanté, à trois, étrangement nous lie, nous dynamise, petits chanteurs dérisoires et malmenés faisant entendre malgré le peu d'énergie qui leur reste, leur hymne à l'espoir, à la vie, leur rage de s'en sortir au milieu des éléments fous furieux.

Après six ou sept heures de ce régime, l'île et sa barrière de récifs se rapprochait, nous dérivions vers ce qui était notre seule issue, l'affaire allait être chaude. Des paquets de mer monstrueux explosaient et s'y déchiquetaient.

Nous abandonnons alors le bateau, et sa quille protectrice qui pouvait se révéler fatale une fois propulsés sur les rochers. Nous avons décidé d'y aller à la nage, livrés à nous-mêmes.

— Ils ont disparu !

Ce cri est lancé à mon frère par ma belle-sœur, alors que je tentais en vain de prendre pied en haut du rocher avec Christophe.

Les vagues explosives nous plaquaient avec une force inouïe sur la roche, à laquelle nous tentions de nous accrocher de toutes nos forces y compris avec nos dents, puis nous aspiraient à nouveau vers un tourbillon d'écume, de remous, de courants divergents, avant que nous soyons encore une fois catapultés sur les pics aiguisés en lames de rasoir du piton rocheux.

À ce cri, « Ils ont disparu ! », mon frère – il n'a jamais su comment – se retrouve en haut de la barrière de roche, à l'aplomb, et m'envoie une corde à laquelle je m'accroche alors de toutes mes forces. Il faut imaginer que je porte Christophe sur mon dos et qu'à chaque épisode, il s'agrippe à mon cou et que, son poids aidant, il m'entraîne en arrière dans un basculement irrésistible.

C'est chaud.

À moitié K.O., écorché partout, suffoquant par l'effort et l'eau avalée, je sens bien que je lâche l'affaire. La corde lancée par mon frère est l'ultime chance à laquelle mon instinct de survie s'agrippe farouchement.

Il fallait que ça marche. Ça a marché.

Sur la terre ferme maintenant, on s'étouffe, on crache, on pleure, on rit, on s'embrasse, on reprend nos esprits et notre souffle, on y est arrivés, on est sauvés.

Écorchés, presque nus, épuisés, mais sur la terre ferme.

Une île déserte, au sol impraticable pieds nus. Nous nous fabriquons des semelles de fortune en découpant nos gilets de sauvetage et en les laçant avec nos cordages. Cela nous permet de progresser de 4 ou 5 mètres, avant de devoir nous arrêter pour les lacer à nouveau. Mon frère a récupéré une bouteille d'eau miraculeusement épargnée et un couteau, qu'il a repérés un peu plus loin, parmi les débris échoués du bateau en miettes.

Le soleil est ardent, la progression sur les lames effilées des pierres laborieuse, hasardeuse. Nous avons faim, soif, je suis blessé, nous sommes hagards, nous ne savons pas où nous allons, nous sommes les naufragés !

Je vous la fais en mode ellipse :

Recueillis par un village de pêcheurs.

Ils escaladent la colline en criant vers nous, pleurant, remerciant Dieu, nous portant sur leur dos, ils nous donnent leurs habits, leurs plus beaux, à manger, à boire, nous consolent, nous embrassent, prient.

L'humanité dans ses gestes les plus beaux.

Récupérés la nuit par un bateau de la police qui, traversant un bras de mer intérieure relativement à l'abri, gîte malgré tout, secoue, tangue dangereusement.

Le capitaine est grave, il a peur. Je me dis *Cette fois, je ne lutte plus, je me laisse couler.*

Le lendemain, le ferry nous ramène vers le continent – la tempête s'est arrêtée. Tout le village est là qui nous applaudit à notre descente et remercie Dieu.

L'humanité dans ses plus belles séquences. Mes parents consolés et heureux. Une messe dite. Deux jours d'hosto pour moi.

La prochaine fois, j'apprendrai l'allemand.

Anne-Marie Coffinet

Anne-Marie Coffinet aimait les hommes, le vin, fumer, les gens, les rencontres.

Anne-Marie Coffinet était une femme qui aimait le plaisir peut-être plus que le théâtre, sauf quand celui-ci lui en donnait, du plaisir, ce qui pouvait être assez rare.

Anne-Marie Coffinet était belle, incroyablement sexy, elle m'embarqua dans son lit au milieu de tous ses animaux, ses chiens, son renard, qui prit la fuite dès notre première nuit après avoir saccagé la chambre d'hôtel. D'où elle conclut qu'il avait fait une terrible crise de jalousie.

Anne-Marie Coffinet me kidnappa plus qu'elle ne me séduisit.

Après quelques jours de répétitions de *La Cerisaie*, mise en scène par Pierre Debauche, au théâtre des Amandiers de Nanterre – elle jouait Charlotte –, elle vint vers moi et me dit : « Je te dirais bien deux mots », qu'on pouvait traduire par « Je coucherais bien avec toi ».

Anne-Marie n'y allait pas par trente-six chemins.

Elle avait été plus ou moins impliquée dans l'affaire Ben Barka, comme compagne d'un des protagonistes.

Anne-Marie était une compagne de beaucoup de protagonistes.

Je la revis par hasard quelques années plus tard, vestiaire dans une boîte-bar de nuit à Saint-Germain-des-Prés. Nous faisons un métier de gladiateurs. Quand le pouce est baissé, le chemin devient chaotique.

Toujours une clope à la bouche et un verre de rosé à la main, elle semblait contente de me voir, elle me dit à moi et à un groupe d'amis :

— Hé les mecs, faites-moi plaisir, emmenez-moi à la mer.

Ce que nous promettions et jurions nos grands dieux.

Anne-Marie Coffinet est morte, quelque temps plus tard, de trop de cigarettes et de rosé, sans avoir revu la mer.

La mort du père

— Vous êtes qui ?
— Son fils
— Et vous ?
— Je suis sa femme.

Le jeune médecin derrière son bureau épluche rapidement le dossier devant lui, en lisant entre ses dents à toute allure « Nanananananannna », ce à quoi nous ne comprenions rien sauf la fin, plus audible et détachée :

— Cancer du pancréas. Espérance de vie deux à six mois. Pas plus. Des questions ?

Brutalement, le jeune blanc-bec nous demande si on a des questions à poser.

Non, rien. Aucune question. Sauf qu'on vient de m'annoncer la mort de mon père. Mon père, ce héros à la bonté communicative, à la drôlerie si touchante, à l'humour si charnel, au sourire si doux donc, mon père va mourir.

Première nouvelle.

Le choc est rude.

Aucune question ne vient sauf, peut-être, une envie de gifler ce gringalet, messager de mort. Impatient. Vite. J'ai pas que ça à faire. Vous êtes pas tout seuls. Qui se penche sur d'autres dossiers en tapotant légèrement des mains pour indiquer que maintenant il faut partir, il y en a qui attendent.

Mon père va mourir. Ce type génial, aux dents cabossées – la Gestapo est passée par là –, va tirer sa révérence, casser sa pipe.

Écrire ces lignes me le fait apparaître dans toute sa splendeur encore juvénile. Ce regard qui était profondément pour. Pour qu'on s'aime. Pour qu'on rie. Pour qu'on admire. Pour qu'on soit juste. Pour aider. Pour créer.

Ce léger tic ou TOC qui lui faisait s'agiter des mains quand il pensait ou imaginait quelque chose qui le réjouissait. Mon père était un réjouisseur.

Cet homme-là va mourir ?

Mon père avec qui je jouais au foot pas plus tard que la semaine dernière ?

Mon père avec qui on tournait en dérision le spectacle du monde ?

Mon père que tous aimaient et respectaient va passer l'arme à gauche, jeter l'éponge, rendre son dernier soupir, disparaître ?

Impossible.

Je chancelle jusqu'à la cafétéria de l'hôpital pour reprendre mon souffle après ce direct au foie et avant que de revenir dans sa chambre comme si rien ne s'était passé.

Trônait sur sa table de nuit un calcul qu'on lui avait prétendument enlevé puisque la cause officielle de tous ses dérèglements était celle-là.

À l'époque, on cachait aux patients la nature de leur mal, dans la plupart des cas, surtout quand ils étaient désespérés. Pourquoi ? Pour les ménager. Qu'ils partent tranquillement, sans angoisse. Que leurs derniers moments de vie ne soient pas entachés.

Ce qui s'est révélé totalement faux.

Mon père est mort dans le mensonge. On lui mentait. Le corps médical, sa famille. Sauf que mon père a compris vite qu'on lui mentait et s'est mis aussi à nous mentir en faisant semblant de nous croire.

Et nous savions qu'il mentait et nous lui mentions en affectant de croire ses mensonges.

Ce moment ultime de la vie où la clarté, la transparence, la simplicité devraient être la règle a été saccagé par le non-dit, la dissimulation, l'évitement.

Mon père, ce héros, méritait mieux.

D'autres morts viendront plus tard, contre le cours du temps, inenvisageables et me déglingueront.

Celui-ci était le premier. Je t'aime, mon père, au sourire si doux.

Un accident

J'ai vingt ans.

On est une bande de jeunes, on fait une petite tournée de jeunes.

On jouait je crois *Le Misanthrope*. Je jouais Oronte, je crois. On se répartissait en deux voitures, je conduisais l'une d'elles. Dans l'autre, qui suivait, Brigitte, ma petite amie, enfin il me semblait.

Mais qui préférait être dans l'autre voiture, plutôt que dans la mienne, plutôt qu'avec moi. Brigitte m'échappait. Brigitte était blonde, séductrice, c'était une amoureuse.

Était-ce encore ma petite amie ?

Pas bien, j'étais pas bien.

C'est la nuit, il est tard, on s'arrête dans une auberge de montagne pour dîner. Nous sommes à la montagne, moyenne, mais montagne quand même.

Il est 23 heures, on est tous ensemble à la même table. Le repas est joyeux, coloré, arrosé.

Moi peut-être, je m'arrose un peu plus que les autres. Ma blonde est souriante, lointaine, indifférente, accaparée par tout le monde, qui semble la passionner, sauf par moi.

Pas bien, je suis pas bien.

La nuit est noire, je conduis vite, sans doute trop vite, je suis énervé, atteint, ça va pas.

Le camion roule normalement, j'ai tout le temps de le doubler. J'accélère. Devant moi, la route est en ligne droite, enfin me semble-t-il, c'est bien ça, j'ai tout le temps d'y aller, me semble-t-il, sauf qu'il me semble pas bien.

J'ai un peu picolé, sûrement un peu trop, j'ai la tête ailleurs, suis pas bien. La ligne droite est un effet optique, accentué par la configuration des arbres, l'abus du vin, ma fatigue, le sourire de ma blonde là-bas, au bout de la route, peut-être un mirage.

La voiture vole, la sortie de route est impressionnante.

Il n'y aura pas de traces de freinage. Le virage quasiment en épingle à cheveux est derrière nous, je l'ai superbement ignoré.

Je continue dans les airs ce que j'ai pris pour une ligne droite, le choc à la retombée va être rude, les arbres défilent sur les côtés, la voiture flotte, une impression de ralenti comme dans un rêve ou un mauvais film.

Jusqu'ici tout va bien.

L'arrivée est conforme à mes prévisions. Mais pas tant que ça au fond.

Quand même la voiture s'emballe.

Les phares encore valides projettent des arbustes, des rochers, une pente profonde.

Ça hurle dans la voiture, « freine, freine, freine » à ma droite, « maman, maman, maman » derrière.

Je confirme qu'un adulte responsable et accompli appelle en hurlant sa mère à la rescousse dans des moments d'effroi peut-être ultimes.

Quant à moi, je gueule « merde, merde, merde ».

Au premier tonneau, une portière, la mienne, se fait la malle. On retombe sur nos pattes. La voiture grince, craque et crie de partout. Le moteur hurle. On prend encore de la vitesse. Mon passager à l'avant s'éjecte par la portière. Je continue à gueuler « merde, merde, merde ». On s'arrête brusquement sans trop d'impact, peut-être ralentis par les arbres qui jonchaient la pente. On s'est fichés, plantés droit sur un talus.

Juste devant moi, à l'extrême limite, un à-pic vertigineux donne sur une voie ferrée, très très loin, en bas.

Je crie « on saute », je retire les clés et on saute tous d'un même élan. On est bosselés, un peu ouverts, un peu saignants. Mon passager éjecté s'est reçu dans un massif de ronces. Il est écorché partout, c'est impressionnant mais sans gravité. Là-haut, on s'organise, le camion s'est arrêté, et d'autres voitures derrière, y compris la nôtre avec ma blonde à l'intérieur. Ça descend, ça piétine, ça se rapproche, les lampes torches virevoltent, ça crie « Ça va ? des blessés ? vous êtes où ? ».

On est remontés sur la route, bien secoués. De l'autre voiture surgit ma blonde, le regard bouleversé, elle court vers moi en criant « mon Patrick, mon Patrick » et me serre très fort dans ses bras, elle a failli me perdre.

À ce moment, je me demande si cet accident somme toute sans graves conséquences – sauf la perte irrémédiable de la belle Simca 1300 prêtée par mon père – ne valait pas le coup finalement.

Darry Cowl

Darry Cowl était un génie comique. J'ai eu le plaisir et l'honneur de jouer avec lui. Il avait un respect inégalé de son ou ses partenaires, donc une grande éthique et une parfaite générosité.

Je lui avais demandé de participer à mon film d'une façon ou d'une autre, il n'y avait pas de rôle écrit pour lui, on allait improviser, il avait immédiatement accepté avec enthousiasme sans poser de questions.

Nous sommes des gladiateurs.

Cette journée de tournage à l'aéroport de Roissy, où il fallait, en pleine séquence, s'arrêter pour laisser passer les passagers du vol de Tokyo, puis déménager à nouveau parce que le vol de Copenhague avait du retard… À chaque fois, Darry était coupé dans son élan, empêché, perdu au milieu de la foule, indifférente ou curieuse, parfois intrusive.

Et il fallait recommencer et se déplacer et attendre à nouveau. Debout. Darry ne voulait pas s'asseoir, pour rester concentré, disait-il. On recommençait pour la énième fois et on devait couper à nouveau parce que la responsable des tournages à Roissy nous emmenait dans un endroit plus tranquille et moins dérangeant pour tout le monde mais « vite parce que le vol de Dubaï va arriver, mais comme il a un peu de retard… ». Darry ne proférait jamais une plainte ou un regret ni même ne parlait d'une difficulté et, imperturbable, ce monsieur de plus de quatre-vingts ans recommençait à improviser, parfois à côté, parfois dérangé, mais continuant quoi qu'il se passe, toujours et encore, voulant s'y frotter, voulant y arriver, et finalement y arrivant avec la folie et le talent qu'on sait.

Confortablement et paresseusement installé derrière mon combo (écran de contrôle pour le metteur en scène, où est visionnée la séquence que l'on tourne), sans aucune prise de risque, j'admirais ces gladiateurs que sont les acteurs, qui montent sans état d'âme au front de la comédie et de la vie, restituée dans toute sa grâce et ses errements quels qu'en soient le prix, les difficultés ou les obstacles.

Et Darry était un de ces rétiaires de la grande et magnifique espèce.

Quelques exemples éclairants sur la création artistique

La création artistique sort de méandres chaotiques, incontrôlables et imprévisibles.

Un critique, un jour, a écrit sur moi : « Il apporte le chaos donc la vie. » Je n'avais pas à l'époque tout à fait réalisé la pertinence de cette phrase. La vie est un chaos sorti d'un magma.

Voyez comme c'est simple.

Le talent, mais aussi le hasard, les pulsions, les urgences, les impressions trompeuses, les contraintes, les osmoses, les malentendus, la chance orchestrent et organisent ce magma d'où transpire la vie.

On se trompe, on rebondit, on doute, on plonge, on freine, on aime, on souffre, on jubile.

Ça marche ou ça marche pas. Pourquoi ?

Quelques exemples : *Tous mes maris*, film français d'André Farwagi, tourné avec quelques acteurs américains dont Cecilia Peck, fille de Gregory, fille splendide, drôle, au charme dévastateur, que j'ai aimée beaucoup.

Les « rushes » (les séquences et les prises de ce qu'on a tourné la veille) sont une espèce de contrôle ou de prise de température, d'examen qui, au choix, rassure, conforte, inquiète, déprime, aveugle, excite.

Moi, je n'assistais presque jamais aux rushes.

Le lendemain d'une de ces projections, sur le plateau, les Américains et l'Américaine se ruent sur moi, pouce levé :

— *Great*, génial, extra, tu es à hurler de rire, *Patwwwick*, etc.

Jacques Renoir, le chef op', qui n'est donc pas américain, me dit :

— Ça fait quarante ans que je fais ce métier, j'ai jamais autant ri à des rushes.

Il s'agissait de situations assez drôles sur le papier, un peu trop découpées à mon goût, où me semble-t-il j'en faisais un peu beaucoup.

Rendez-vous est pris le soir même dans le même cinéma, où l'on tient absolument à me montrer cette séance de rushes inoubliable, inégalable, qui mérite bien qu'on la regarde au moins une deuxième fois avec, ce coup-ci, le principal protagoniste, moi.

Toute l'équipe s'est à nouveau déplacée pour revoir les mêmes séquences déjà vues la veille, ce qui atteste de l'extraordinaire qualité de l'incommensurable talent, voire du génie des scènes proprement dites et de son acteur.

Durant la projection, éclats de rire permanents, on lève les pouces, on se tape et on me tape sur les cuisses, l'hilarité est à son comble et générale. Le spectacle est total, on se réjouit, on congratule, on en rit encore.

Je suis flatté, adulé. Je sens le lait abject du contentement de soi et de la satisfaction de moi-même couler dans mes veines.

À sa sortie, le film reçoit un accueil plutôt sympathique. Le public rit plutôt de bon cœur, les projections sont traversées par des rires assez bien fournis. Il y a un seul moment où les gens ne rient pas, mais alors pas du tout, et même où un silence de mort presque consterné et gêné s'installe : lors de cette fameuse séquence devant laquelle on s'est tellement extasiés, aux rushes.

Réflexion entendue : « Joli film, sympa. Il y a un ventre mou, à un moment, là, peut-être la scène [la fameuse] n'était pas indispensable. Vous auriez dû la couper. »

La comédie et le rire sont des oiseaux sauvages et imprévisibles qui échappent à bien des règles, à presque toutes les règles.

Mais Cecilia Peck est vraiment très jolie.

Encore ? Allez, encore :

Jacques Villeret était un des acteurs les plus doués de sa génération, avec une puissance comique ravageuse qui l'a hissé assez vite en haut du star system.

Je jouais Scapin dans les *Fourberies* chez Robert Hossein, dans une mise en scène de Jacques Weber.

Jacques Villeret jouait Sylvestre, compagnon de Scapin. Aux répétitions, quand le moment de travailler nos scènes communes approchait, j'entendais une espèce de sarabande en coulisse et dans la salle. C'étaient les techniciens et le personnel du théâtre qui venaient voir Villeret dans ses œuvres. Jacques émettait de petits bruits divers, faisait des mouvements de mains bien à lui, lançait des regards appuyés vers le ciel. C'était d'une force comique indéniable qui réjouissait ce public improvisé et éphémère, présent uniquement quand il était sur scène. On entendait des rires étouffés, parfois impossibles à étouffer, et même certains débuts d'applaudissements.

De mon côté, j'essayais d'approfondir la situation et les rapports, rien de spectaculaire. Mais c'était un travail conséquent. Qui ne provoquait aucune adhésion particulière, seulement un intérêt poli quand par hasard quelques spectateurs passaient par là.

La première représentation en public fut traversée par des vagues de rire considérables, sur tout ce que disait, faisait, ou mimait Scapin. Qui est, je dois le dire aussi, une figure mythique de la comédie à la française.

Rien du côté de Sylvestre… Un silence glacé et même un décrochage du côté du public.

Villeret sentant le danger en rajoutait dans les petits bruits, les commentaires, les mouvements de main, etc. Bref, il s'accrochait aux branches. Rien n'y fit, l'échec fut patent, la douche glacée. Il sortit étourdi et incrédule de cette expérience cauchemardesque pour lui.

La comédie est une chose trop sérieuse pour la prendre à la légère.

Le trop de facilité, l'extrême talent comique de Jacques lui avait fait perdre de vue le but souvent difficile à atteindre.

Une fois de plus, l'arbre de la facilité avait caché la forêt.

Les rires aux répétitions d'une pièce et ceux aux rushes se révèlent souvent de fausses pistes redoutables, dont on doit se méfier terriblement.

Encore ? Allez, encore :

Cette fois, je suis réalisateur. On m'a demandé de tourner un film pour la télé avec Julie Gayet, Frédéric Diefenthal et Darry Cowl.

Séquence où Diefenthal au téléphone monologue en virevoltant au milieu de la rue. La caméra virevolte aussi autour de lui. La première prise est costaud, inventive, très drôle, habitée. Du lourd.

— Coupez. Super, dis-je.

La scripte :

— Ah oui, génial. Vraiment bien !

Diefenthal sourit, il a l'air content :

— Oui, oui, je suis content.

Sauf que le chef op' déboule comme d'hab' pour dire :

— Il y a un éclat, un reflet avec le bus qui passait derrière, je ne sais pas si tu pourras utiliser la prise.

Comme d'hab'.

— Bon, on en fait une deuxième pour faire plaisir au chef op' mais je sais qu'on a la première, elle est vraiment super.

La deuxième prise se révèle atone, molle, désincarnée, beugante. On s'ennuie ferme.

Diefenthal, le premier, qui dit :

— C'est nul. On la tire pas.

Je dis :

— La première est formidable, c'est celle-là qu'on tire. Je tire la seconde uniquement… pour le chef op'… et puis… je sais pas pourquoi je la tire. Mais je la tire.

Un mois plus tard, dans la salle de montage, visionnant les deux prises, la monteuse me dit :

— On prend la deuxième bien sûr, y a pas photo.

Surpris, presque désemparé, je vais chercher quatre jeunes journalistes dans les bureaux voisins, deux filles et deux garçons, qui venaient de temps en temps me donner leur avis toujours précieux sur les prises à choisir. Je ne fais aucun commentaire, ne leur donne aucune indication qui pourrait les influencer. Un cri unanime, « la deux ! ». Aucun doute possible. Et immédiatement.

Qu'est-ce qui explique que la prise qui avait additionné tous les suffrages, y compris celui de l'acteur, avis toujours très éclairant, est immédiatement jetée au rebut, considérée comme médiocre, non pas ratée, mais bien loin de la simplicité et de la vérité explosive de la deux ?

Pourquoi ce vote unanime ? Qu'est-ce qui nous avait échappé ou trompé le jour du tournage ? Est-ce que la virtuosité de la une, le savoir-faire brillant, la volonté de bien jouer, le rythme, le travail exemplaire, l'expérience avaient rendu les armes devant une vérité intime, délivrée à son insu par l'acteur, un à-peu-près, une fragilité, un aplat sans effet de manches que nous avions considéré comme vide, sans vie, sans couleur et qui s'est révélé capté et kidnappé par le scalpel de la caméra, passionnant, troublant, intrigant, comique, sans comparaison aucune avec l'éclat somme toute convenu de la première ?

C'est peut-être ça, mais peut-être n'y a-t-il aucune explication qui tienne ? Simplement, comme on dit au montage, « ça le fait » ou « ça le fait pas ». C'est tout.

Ce « ça le fait » qui est devenu une expression extrêmement populaire et communément usitée a pour origine les salles obscures de montage, ponctuées à tour de bras et de films de « ça le fait » ou « ça le fait pas ».

Ce jour-là, contre toute attente, c'est la prise deux qui l'a fait.

Séquence 37

Je vais vous parler maintenant de la séquence 37. La séquence 37 du film est longue, difficile, complexe, déconcertante, mais sûrement très forte. C'est la séquence-phare du film, là où tout se joue, là où la responsabilité de l'acteur est engagée jusqu'au cou. Ça passe ou ça casse. C'est la séquence 37 qui m'a fait hésiter à accepter le film, mais qui finalement m'a décidé à le faire.

Le jour du tournage de la séquence 37 se rapproche. Je suis tendu, inquiet. Pas bien, *Est-ce que je vais y arriver? J'aurais jamais dû accepter ce film.*

N'en pouvant plus, je demande quelques suggestions ou conseils au metteur en scène, qui me dit:

— T'en sais plus que moi. Si je t'ai choisi, c'est que je sais que tu sais tout ça plus que moi.

Autrement dit: « Démerde-toi. »

Je répète la séquence 37 chez moi, tout le temps. Devant ma fille, devant ma femme, quémandant quelques avis. Je m'entraîne aussi avec un copain qui me coache. Je me sens prêt, angoissé, pas bien, mais quand même j'ai bossé, ça devrait le faire.

La nuit qui précède, je dors mal. J'arrive sur le plateau, personne n'a l'air de se rendre compte que c'est le jour de la séquence 37. Mais le producteur est venu, le distributeur aussi est là, et le responsable de la chaîne doit passer, ce n'est pas par hasard. J'aperçois aussi l'attachée de presse, tous savent bien sûr qu'on va tourner cette putain de séquence 37. Ils sont venus pour ça. Maintenant il faut y aller. Je regarde l'équipe, ils sont souriants, décontractés, ailleurs, ils se rendent vraiment pas compte. C'est maintenant, il faut y aller. J'y vais.

Je m'abîme dans la séquence 37. « Coupez ! » Pas de commentaire. Est-ce que j'étais bien ? Il me semble. Par moments, mais ça va, l'ensemble tient la route.

On change d'axe. Personne ne me dit rien. J'entends un vague « On a ce qu'il faut » du metteur en scène. Je me rapproche du producteur, guettant un signe quelconque. Il discute avec l'assistant de l'opportunité de « tourner samedi matin ». Le distributeur téléphone. L'attachée de presse dort.

À la pause déjeuner, personne ne me parle de la séquence 37. Non, je ne pose pas la question, c'est mon combat intime, je ne poserai aucune question. Les conversations s'enchevêtrent : PSG, gilets jaunes, le système de retraite, Stéphane Bern, tout y passe. À aucun moment il n'est question de la séquence 37. Est-ce un évitement volontaire pour ne pas évoquer un sujet qui fâche ? Pourtant, il me semble que je ne l'ai pas trop ratée. En tout cas, il y avait des moments très exploitables.

L'après-midi, on finit la scène, je suis en roue libre, j'y arrive. Ça va. Ça va même pas trop mal. Mais je guette une solidarité autour de moi, une conscience de l'importance vitale de cette putain de 37.

Rien.

Et même on plaisante, on rigole. Une vanne du metteur en scène dont habituellement j'apprécie l'humour me consterne.

Bref, on s'en fout.

Ça y est, c'est fait, c'est dans la boîte. Je suis comme un boxeur sonné, complètement K.O. au bout de douze rounds épiques. Je suis sonné, je vous dis, étourdi encore, je viens de gravir l'Everest à mains nues, maintenant il suffit de redescendre tranquille.

On vient me chercher. L'assistant a l'air anxieux.

— Patrick !

— Quoi ? Qu'est-ce qu'il y a ?

Je m'alarme.

— Il faut vite changer de costume. On fait un plan de sortie de voiture, mais le soleil se couche, on a très peu de temps.

On me raccorde le maquillage en catastrophe, je me rhabille en urgence absolue, on me pousse dans la voiture. J'entends « Vite, vite ! Le soleil disparaît », « Non, pas de son, pas le temps, on fera un son seul ». « Action ! » « Patrick, sors et regarde le poteau ! » « Non, plutôt la main de Gilles. Gilles ! Lève la main ! ». Je sors précipitamment de la voiture, ma manche s'accroche dans la poignée de la portière, je m'énerve, je veux recommencer. « Pas le temps ! Regarde le poteau. Non, la main de Gilles ! »

Mon regard hébété cherche la main de Gilles. Au moment où je la trouve, j'entends « Coupez ! ».

Je dis :

— On la refait, ça allait pas du tout.

— Non. Trop tard. Plus de lumière… De toute façon, je n'en aurai sûrement pas besoin, de cette prise.

— Mais j'étais censé regarder quoi ?

— Le départ pour toujours de Françoise.

À la sortie du film, personne, mais vraiment personne ne m'a parlé de la fameuse séquence 37, par contre le plan où je sors de la voiture en m'entortillant la manche et où je suis censé regarder Françoise partir définitivement emporte tous les suffrages et les superlatifs.

— Ça m'a donné des frissons.

— Ah la vache ! Le regard que tu as à ce moment-là, ça m'a coupé le souffle…

Et une critique du *Nouvel Observateur*, qui avait moyennement apprécié le film : « La présence de Patrick Chesnais et notamment ce moment où il regarde Françoise qui s'en va au loin nous console de tout ce fatras. »

Longue focale

Barbès, l'hiver. La nuit. Je cours et sors de chez Tati, à la poursuite d'un jeune métis dealeur. La caméra est loin, on filme en longues focales. Au milieu de la rue. Je dégaine et tire deux fois dans le dos du fuyard, qui s'écroule sur un étal de fruits. Deux vraies balles, à blanc bien sûr. Personne n'imagine que c'est un film qu'on tourne, que je joue un flic ripou de la brigade des Stups. Le flingue sorti, et qui tire, crée la panique, l'effroi, le sauve-qui-peut. On plonge à terre ou on reste figé, tétanisé. J'aperçois fugitivement les yeux écarquillés, les regards effrayés. Sensation ambiguë : je suis vraiment un tueur, puisque les gens pensent que je suis un tueur.

Comme à Marseille, où je sortais d'une bijouterie que je venais de dévaliser, toujours un flingue à la main, la caméra là aussi très loin de l'endroit. Je montais sur une moto, démarrais et m'enfuyais sous les cris du bijoutier (un acteur) : « Arrêtez-le ! Appelez la police ! » J'accrochais l'espace d'un instant le regard d'une jeune maman, hébétée et pétrifiée, qui tenait farouchement sa petite fille par la main, à trois mètres de moi sur le trottoir. Je suis un braqueur, j'ai un flingue à la main, vais-je m'en servir ? Elle est au cœur d'un fait divers. Je voudrais avoir un sourire, même léger pour la rassurer, je ne peux pas, la focale aux 300 mm épie et enregistre le moindre pli et nuance même infime sur mon visage, je suis un braqueur, tout le monde le voit et le sait. Même moi je le crois puisqu'ils le croient, je suis porté, adoubé par le public. Le public statufié là sur les trottoirs, sur la place, aux fenêtres.

Et à trois mètres, cette petite fille, éberluée.

Le Becquet

« Être ou ne pas être, telle est la question. »

Le fameux et célébrissime monologue d'Hamlet serait un becquet. C'est quoi un becquet ?

C'est quelque chose que l'artiste écrit, tourne, compose et rajoute à l'œuvre terminée, au dernier moment et dans l'urgence, parce que les circonstances l'exigent.

En ce qui concerne Shakespeare, il aurait écrit sur un coin de table, en cinq minutes, la fameuse tirade, parce qu'il se serait aperçu que Polonius n'avait pas le temps de changer de costume.

Il lui fallait quelques minutes de battement pour cela. Que faire ? Écrire vite fait une tirade pour Hamlet, sur ses états d'âme par exemple. Il fallait le torcher en cinq minutes le jour de la première, en catastrophe, pour des raisons uniquement techniques que commandait l'agencement du spectacle.

« Être ou ne pas être » est universel et emblématique de l'œuvre de Shakespeare : la citation est devenue très populaire, a traversé les siècles.

Je ne sais pas si cette histoire est vraie mais elle est exemplaire et illustre magnifiquement l'aléatoire de l'inspiration et de la création. Le désordre, je vous dis.

Vite, vite, je vais pondre un petit truc de cinq minutes… Heu, ça commence par disons « Être ou ne pas être, c'est la question » ou bien… Non, c'est pas mal ça… Après je déroule… Combien de temps, coco ? Cinq ou six minutes ? Ah, où est Hamlet ? Il est dans le coin ? On commence dans une heure ? Il faut qu'il ait le temps de l'apprendre, va me le chercher et donne-lui ça. Voilà, j'ai fini, c'est tout ce que j'ai trouvé et ça fera la blague.

Le Negresco

L'idée, c'était d'aller voir de plus près l'hôtel Negresco, à Nice, temple roccoco légendaire et palace mythique de la Côte d'Azur, prendre quelques photos et admirer au plus près ce monument unique et inclassable de la Riviera. J'avais douze ans. Avec mes parents, nous étions partis du camping de Nice, où nous avions planté notre tente. Nous nous étions bien habillés, il nous semblait instinctivement que c'était le minimum pour s'approcher de ce nid à princesses, de ce berceau de célébrités. Notre aspect devait être à la hauteur de l'événement.

J'apercevais au loin les toits arrondis et la façade blanche de l'hôtel. Une légère pression déboula puis une petite décharge de stress à la vue des chasseurs de l'établissement, vêtus de leur costume coloré et leur chapeau d'un autre âge, tenants de la tradition, qui déambulaient sur le trottoir devant l'entrée dont ils assuraient la protection et l'accès. En me rapprochant, je me demandais si j'avais bien le droit de marcher sur le même trottoir qu'eux, juste devant la porte tourbillonnante de l'entrée, s'ils n'allaient pas d'un regard furibond m'enjoindre de retourner vite à mon camping et me signifier que cette partie du territoire n'était pas destinée à des gens comme moi et mes parents.

Par prudence, et craignant une rebuffade ou une injonction, je me contentais de guetter les allées et venues sur le trottoir d'en face, de l'autre côté de la promenade des Anglais.

De la porte tournoyante, peut-être allait-il surgir une princesse, une star hollywoodienne, ou même simplement allais-je apercevoir d'un petit espace laissé par la porte tournicotante le bout d'étoffe d'une altesse ou un pan de l'habit d'un important de ce monde, qui ne pouvait évidemment que porter le smoking à cette heure avancée de la matinée. J'avais sacrément bien fait de mettre mon bermuda blanc impeccable et ma chemise d'apparat, également blanche.

Je me sentais moins démuni ainsi habillé, plus convenable. Je risquai une avancée sur le terre-plein central de la promenade. Immédiatement, le regard scrutateur et même accusateur me semblait-il des deux chasseurs en haut-de-forme me stoppa net sur place. Mais je guettais, je guettais toujours. J'osais une photo, prise en loucedé, sans viseur. Allaient-ils appeler la police ou me chasser à coups de pierres ?

Soudain, la porte tournicote très doucement, les chasseurs se précipitent, une vieille dame déjà entourée d'autres employés chamarrés avance avec précaution, en claudiquant, appuyée maladroitement sur une canne. J'en profite pour déclencher à fond, ce sera toujours ça de pris, peut-être aurai-je le cliché d'une ancienne reine du textile ou d'une magnate de l'acier allemand sur le déclin.

Soixante plus tard…

La dame, légèrement troublée de son audace, me demande si elle peut faire une photo. Déjà, pénétrer dans le hall d'entrée jusqu'au lobby était une épreuve, et solliciter une photo presque un coup de force. Le chasseur chamarré me demande d'un geste si je ne suis pas importuné et si je veux qu'il intervienne. D'un coup d'œil discret, je lui envoie un « tout va bien ». Un autre photographe s'agrège à la première, et ainsi de suite… Bientôt, à mon départ, je sais que les chasseurs chamarrés me demanderont la même.

J'habite la chambre 403 de l'hôtel Negresco depuis un mois et demi. C'est mon troisième séjour. Les productions ont négocié les prix, il y a des arrangements, et puis cela fait peut-être partie du « cahier des charges », d'accueillir une personnalité des Arts et des Lettres ou du Cinéma…

La chambre est grande, comme demandé (j'ai besoin de marcher de long en large pour apprendre mes textes), le chauffage si sophistiqué que je n'en ai toujours pas compris le mode d'emploi, les lumières incertaines. Le personnel est fort compétent, conscient de son unicité. Ils aiment leur hôtel, ils sont l'ADN du Negresco. Ils ne seront jamais déplacés ou mutés à l'autre bout d'une chaîne, ils portent fièrement leur costume du XIXe siècle, c'est leur signature.

Jean-Louis, souriant et haut-de-formé, me pousse la porte tournicotante, « Bonne journée, monsieur Chesnais ! ».

Sur le perron, je regarde de l'autre côté de la Promenade, j'aperçois un petit garçon maigre, les cheveux en brosse, tout de blanc vêtu, un appareil photo en bandoulière, un peu craintif, les yeux écarquillés…

Les drapeaux de l'hôtel claquent, la vie a passé.

Rue de la Gaîté

On en parle encore dans toute la rue le lendemain. Tous les bistrots de la rue de la Gaîté proches du théâtre et même moins proches ne parlent que de ça, en tout cas ils parlent de ça.

De quoi s'agit-il ? De l'incident de la veille, au théâtre Montparnasse, où le spectacle n'est pas allé jusqu'à son terme.

Le théâtre Montparnasse est un des plus beaux théâtres de Paris. Le rapport avec le public et l'acoustique sont magiques. Le théâtre est beau, grand, accueillant, habité, apogée du style dit « à l'italienne ».

L'ombre des grands metteurs en scène, des grands acteurs, des grands spectacles déambule. Temple de références, de mémoires, de découvertes, d'événements, le Montparnasse Gaston-Baty, du nom du metteur en scène qui appartenait au fameux cartel formé avec lui par Charles Dullin, Louis Jouvet et Jacques Copeau, est LE théâtre de la rive gauche de Paris.

Que s'est-il donc passé la veille ?

Je jouais une pièce de Philippe Madral, *Qui est-ce qui frappe ici si tôt ?*, mise en scène par Stéphane Lissner, qui était devenu mon copain et avec qui – ainsi surgissent les souvenirs – j'ai regardé la finale de la Coupe du monde 74, Allemagne-Pays-Bas, dans un bistrot à Trouville, où je le rejoignais de temps en temps dans la grande maison de sa petite amie.

Depuis, Lissner, qui avait de l'ambition et ne s'en cachait pas, a fait son chemin dans la musique, où il a dirigé toutes les grandes places fortes du genre, jusqu'à l'Opéra de Paris.

La pièce de Madral mettait en scène un jeune homme joué par moi qui venait, revolver à la main, dans la maison de week-end d'un PDG et de sa famille. Le PDG l'avait licencié et le jeune homme voulait se venger.

Pièce noire, lourde, à fleur de peau, à vif.

Personnage humilié et perdu que le PDG, superbement joué par François Perrot, retournait et faisait renoncer à son dessein de mort.

La mise en scène un peu appuyée des années 1970, et exagérément symbolique, n'allait pas dans le sens de la légèreté. Le public n'a pas suivi, la critique non plus.

Ce soir-là, devant un parterre clairsemé, j'apportais en scène mes blessures, ma fragilité, ma folie que François Perrot essayait tant bien que mal de canaliser en amenant le point de vue du bon sens, de l'équilibre, de la sagesse.

Cet exercice de haute voltige avait apparemment du mal à convaincre quelques éléments du public, qui le manifestaient par quelques réflexions, timides au début, et puis qui s'enhardissaient.

Vinrent quelques rires étouffés puis des anticipations goguenardes sur ce qui allait se passer sur scène. « Il va jeter le vase par la fenêtre. » Effectivement, trois ou quatre fois dans la pièce, j'allais jeter un vase par la fenêtre, trouvaille de mise en scène un peu démonstrative, un brin prétentieuse. « Je vous l'avais dit. »

Comme nous sommes exposés en scène ! Les bras ouverts... offerts... abandonnés...

L'emboîtage d'une minuscule minorité, deux ou trois spectateurs pas plus, est reçu comme une gifle, une offense, un saccage.

Le jeu s'en ressent, la qualité du spectacle aussi, donc.

Mon partenaire m'envoie à la fin d'une de ses tirades un « Pas facile ce soir » sonore.

J'acquiesce d'un « Non, pas facile » sur le même ton.

Aux trois quarts de la représentation, je dois m'écrouler en pleurs, m'affaisser, virage extrêmement impudique, à haut risque, et presque indécent. Je savais que je n'admettrais aucune réaction hostile à ce passage délicat où je me livrais pieds et poings liés au public.

Ce que je craignais arriva tout de suite, sans l'ombre d'une hésitation, sur-le-champ, net, sans bavures. L'insulte, l'agression, ce « Ah ! Il pleure ! » moqueur, foutageur de gueule, ricaneur.

Le coup de sang me catapulta du fauteuil où j'étais sur le devant de la scène, où j'ordonnai au régisseur :

— Lumière dans la salle !

Malheureusement le régisseur était plus un adepte du comptoir du café du théâtre que de ses coulisses.

Personne. Aucune réaction. J'insistai :

— Lumière dans la salle ! Qu'on vous voie un peu !

Rien. Aucune présence ni signe de vie en coulisse. Sans me démonter, ou plutôt totalement remonté, je continuai, je les avais localisés, au fond à gauche de l'orchestre :

— Vous êtes dans le noir, je suis dans la lumière, c'est très courageux ! Venez un peu dans la lumière, vous aussi, qu'on vous voie !

Je les invitai donc à monter sur scène, donc.

La réponse fut sans appel :

— Viens là, toi !

Même encore maintenant, à mon âge respectable et respectueux, je suis encore capable de coups de sang, d'explosions d'adrénaline, de montées dans les tours, de colères noires et irrépressibles que je regrette toujours.

Et là, c'est l'instant du choix, ou on y va, ou on n'y va pas. Sauf que quand on y va, ce n'est pas une décision que l'on prend, qui implique un minimum de réflexion même très courte, c'est votre corps qui vous embarque, qui vous arrache, la rage qui vous rend fou donc, fou de rage, vous transforme en humain incontrôlable, commandé par la folie qui habite ce corps.

Je sautai immédiatement de la scène dans la fosse d'orchestre, courus à grandes enjambées vers le fond de la salle, à gauche. Deux couples, trente-cinq, quarante ans, socialement indéterminés, peut-être un peu bobos, les yeux écarquillés, étonnés, sidérés, apeurés. Je soulevai le premier qui me tomba sous la main et lui assénai un coup de tête.

Précision : 1) Je suis le roi du coup de boule. Dans les quelques films d'action ou policiers que j'ai tournés, j'insistais toujours, dans les scènes de castagne, pour envoyer des coups de boule, partition que je maîtrisais parfaitement et dont tout le monde se révélait très content, cascadeur, metteur en scène, etc. 2) J'amortissai l'impact asséné. C'était plus un frottement, un contact virulent certes et visuellement impressionnant qu'un coup destiné à faire mal.

Mais il suffit à faire s'écrouler le bobo.

Je remontai sur scène, les ouvreuses, les pompiers de service s'agitaient, intervenaient, calmaient.

Toujours sur scène, je haranguais le reste des spectateurs, que je m'étonnais toujours d'être si peu nombreux mais aussi si peu intrusifs et réactifs. « On est obligés donc de faire la police nous-mêmes ! » Mon partenaire se joignit à moi pour proférer : « En plus, je suis sûr qu'ils n'ont pas payé ! »

C'est le moment que choisit le régisseur, entre-temps revenu du bistrot, pour baisser le rideau. Un rideau dit « à l'allemande », qui descendait du haut vers le bas et que je reçus immédiatement sur la tête. Le choc fut quand même assez rude. Et c'est à cet instant que, d'un seul élan, le public applaudit.

Est-ce le baisser de rideau qui, par réflexe, déclencha le signal des applaudissements ? Ma prestation spectaculaire, car on ne savait plus si elle faisait partie ou non de la représentation ? (Rappelons que c'était une pièce assez violente, avec prise d'otages.) Ou une manifestation de solidarité envers mon comportement plutôt radical ? Ou carrément le gag du rideau que je reçois sur la tête ? Peut-être un peu de tout ça, on ne saura jamais.

Mais les *applauses* furent particulièrement nourris, beaucoup plus que les autres soirs. Et la quasi-totalité des spectateurs défilèrent dans ma loge pour me dire que j'avais eu raison, qu'ils étaient avec moi, ponctués des « Je suis sûr qu'ils étaient invités » de François Perrot.

Étourdi par ce succès inattendu et ce plébiscite détonant, je n'éprouvai aucun regret.

Avec le temps, je ne trouvai pas mon attitude très glorieuse. Sur le moment, je rentrai tranquillement chez moi. Rien ne s'était passé qui pouvait m'affecter. Je pensais à autre chose.

Étais-je un animal à sang froid, dépourvu d'émois particuliers ? Non, ma sanguinité de tout à l'heure me prouvait le contraire. J'avais vingt-six ans, ce n'est que bien plus tard que je trouvai affligeant ce manque de maîtrise, même si mes nerfs avaient été mis à rude épreuve, et le spectacle donné pathétique. Arrivé chez moi, je reçus un coup de fil de François Perrot, qui me dit « qu'il allait se renseigner mais qu'il était pratiquement sûr que c'étaient des exos ».

Mon mai 68

En mai 68, j'étais un soixante-huitard assidu. J'étais de toutes les barricades, les défilés, les manifs, les occupations, je m'amusais beaucoup. J'érigeai, avec d'autres, des barricades que je voulais imprenables, ou alors ultimes bastions de résistance, avant le nettoyage de la place par les brigades de CRS. Physiquement, j'étais ce qu'on faisait de mieux dans la représentation idéale d'un étudiant révolutionnaire. Dans le casting d'un film hollywoodien retraçant les événements, j'aurais été immédiatement choisi : les cheveux mi-longs, jeans, blouson de cuir, petit foulard antilacrymogène, croisement de gavroche, de poulbot et de Grand Duduche, le jeune homme que j'étais se sentait l'héritier des Grantaire et Enjolras, les révoltés du café Muzin, décrits dans *Les Misérables* de Hugo : *« Le XIX*[e] *siècle est grand, le XX*[e] *siècle sera heureux. »*

J'ai un peu plus tard fait une adaptation des *Misérables*, jouée aux Amandiers à Nanterre, mise en scène par Pierre Debauche, avec, entre autres, Nicole Garcia et Pierre Arditi. Et m'étais particulièrement attaché au groupe de révolutionnaires des Trois Glorieuses. Leur soif d'idéal, leur romantisme, leur jeunesse, leur rejet du vieux monde et leur espoir en l'avènement d'un monde nouveau et meilleur m'ont furieusement rapproché des idéaux dont je me sentais habité.

Juché sur une montagne de pavés face au cordon de gardes mobiles, je criais « CRS, SS ! » ou « LIBÉREZ NOS CAMARADES ! » ou « NOUS SOMMES TOUS DES JUIFS ALLEMANDS ! » que je scandais à tout hasard, n'ayant pas encore bien compris que c'était en soutien à Daniel Cohn-Bendit, dont j'ignorais à ce moment la judaïcité et la nationalité !

Place de l'Odéon, un peu plus tard, un jeune garde mobile, légèrement détaché de sa brigade, s'avança vers moi, tranquillement, débonnaire, les mains croisées dans le dos. Il avait un visage juvénile, encore plus que moi, il s'approchait, je me préparais à discuter avec lui, à confronter nos points de vue. Cet échange au cœur d'une nuit des barricades m'apparaissait excitant, riche, improbable, fraternel – j'ai toujours été pour la fraternité. Arrivé presque à ma hauteur, à deux-trois mètres de moi, il me balance soudain en pleine figure la grenade fumigène qu'il dissimulait dans son dos et détale en courant. Le choc m'étourdit, je tombe et suffoque. On me transporte à l'infirmerie du théâtre de l'Odéon occupé, où je suis pris en main et catalogué et listé comme un des blessés de Mai 68.

Un quart d'heure plus tard, j'étais sur pied et déçu : j'aurais voulu parler avec ce jeune mec en uniforme. J'étais en colère aussi, on l'avait laissé s'approcher de nous, de moi quasiment les bras ouverts, prêt à l'accueillir pour discuter de tout ça, et il nous faisait ce coup d'arnaque misérable. Pourquoi ? Un pari stupide avec ses collègues ?

Un peu plus tard, rue Gay-Lussac, ou boulevard Saint-Germain, ou rue des Écoles, je ne sais plus… On est peu sur la barricade. En face, le cordon de CRS est relativement proche. Ils ne bougent pas, on scande « CE-N'EST-QU'UN-DÉBUT-CONTINUONS-LE COMBAT ! ». On obstrue la rue, c'est tout, on ne jette rien, d'ailleurs je n'aime pas et je suis contre jeter des choses, pavés, branches d'arbre, bouteilles, d'ailleurs je n'ai jamais rien jeté.

La barricade est imposante, bien structurée et équilibrée de ses divers composants, en majorité des pavés.

Je suis assez content et fier de cette barricade que je trouve assez jolie.

Brusquement, en face, le cordon de flics s'écarte, et laisse passer à peu près huit messieurs en costume, chemise et certains cravate. L'un d'eux arbore un grand drapeau blanc, qu'il dresse bien en évidence, ben oui, faut faire gaffe, c'est la guerre. Tous se dirigent là-haut, vers nous, sur la barricade et surtout vers moi. Ils grimpent et m'entourent, je reconnais Charles Hernu, je suis seul, encerclé de ces messieurs respectables qui me scrutent, me détaillent, me soupèsent, m'évaluent, me castent. Charles Hernu me dit :

— Nous sommes des élus et des représentants du Parti socialiste, nous venons ici pour essayer de comprendre le malaise de la jeunesse française.

Tous étaient suspendus à mes lèvres. Ils attendaient et voulaient une réponse, j'étais la jeunesse française, fallait pas que je déconne. Que dire ? Que répondre ? Le moment était historique, il fallait envoyer quelque chose de définitif. Mais quoi ? Je n'étais pas le roi de la dialectique, je n'étais pas un homme de discours. J'étais là parce que je voulais être là où ça se passait, je sentais confusément que je pouvais être le témoin d'un tournant. J'étais à l'époque au Conservatoire d'art dramatique, je débutais, j'aimais les répliques cinglantes, les réponses théâtrales, les envolées.

Les flashs crépitaient : ils étaient venus accompagnés de photographes, il fallait bien communiquer, déjà. Je balançai un truc que j'avais entendu la veille, qui m'avait bien plu, et que j'avais retenu.

— Messieurs, ceci est une barricade sauvage, vous n'avez rien à faire ici.

Demi-tour immédiat de la petite troupe en costume, le drapeau blanc posé sur l'épaule, aspiré par la file de CRS qui se referme derrière eux.

Le lendemain, sur la photo en première page de *France-Soir*, on voit ma bouille entourée des politiques. En gros titres : « Échec du Parti socialiste qui a tenté de discuter avec la Jeunesse française ».

J'étais donc devenu en quelques secondes un acteur majeur et historique des événements, puisque j'avais mis en échec le Parti socialiste à moi tout seul en tant que « Jeunesse française ». J'avais presque la grosse tête. Ma mère, une fois de plus, était plutôt contente de me voir dans le journal, même si elle s'inquiétait de mes escapades nocturnes.

Le reste de mes nuits insurrectionnelles se passait en deux temps.

D'abord, vers 2 heures du matin, alors que le gros des combattants est rentré à la maison, une poignée d'irréductibles résiste toujours, et c'est alors que les brigades d'intervention volantes, à pied, treillis militaire, rapides, méchantes, longues matraques, entrent en jeu pour faire la chasse aux derniers isolés. Et là, pas de quartier, ça matraque et bastonne à tour de bras, les chiens sont lâchés, il faut courir, se planquer, leur échapper coûte que coûte, la punition serait sévère. Je suis pris entre deux feux, je cours, poursuivi par les nettoyeurs, « pas de quartier, j'ai hâte d'en découdre, je vais te nettoyer tout ça ». Ça balaie, ça étrille. À l'autre bout de la rue, les mêmes qui frappent, moulinent, assènent. Quelques cris de douleur… « Aïe ! Arrêtez ! J'ai rien fait ! Mais non ! Je rentrais chez moi ! » Silence des forces du désordre. On n'entend plus que le bruit mat des gourdins sur les organismes malmenés. Je me réfugie sous une voiture à l'arrêt, essoufflé, je me recroqueville, je me dis tout le monde m'a vu, ils doivent rigoler, se pourlécher les babines, se régaler à l'avance du moment où ils m'extrairont de ma cachette dérisoire pour m'infliger la correction méritée où ils pourront y aller à fond, frapper, faire mal, « ils s'en souviendront, ces petits cons ». Ces quelques secondes du moment où ils arriveront à ma hauteur sont plutôt chargés en adrénaline, j'ai les deux bras sur la tête, qui touchent le plancher de la bagnole, la bouche sur le bitume, me faire tout petit, minuscule, disparaître, ne plus être là, être ailleurs, j'aimerais tellement être ailleurs. Le son assourdissant des godillots sur l'asphalte se rapproche, s'amplifie, se précise. Ils sont au niveau de la voiture, ça va ralentir, ça va stopper, ça va m'extirper, me massacrer. Non, ça continue, ça s'appelle, « Michel ! Là ! ». Ça y est, je suis repéré, non, ça continue, ça s'éloigne, ça s'évanouit.

Je reste sous la voiture un bon moment, je n'ai pas bougé, j'ai peur. Peut-être reste-t-il une sentinelle, un guetteur, peut-être est-ce une ruse, un piège, j'ai peur. Au bout d'un très long moment, je risque un coup d'œil prudent. Millimètre par millimètre je glisse ma tête hors de la couverture protectrice du soubassement de la voiture.

Rien. Le désert.

Je me lève, me fonds dans la nuit d'un très bon pas, mais sans courir, direction chez Régine, la célèbre boîte de nuit de l'époque, à Montparnasse, c'est le deuxième temps, où le guerrier va chercher le repos. Je vous explique : à cette époque, l'étudiant révolutionnaire, le soixante-huitard, le barricadier était considéré comme un héros des temps modernes, une légende, un mythe, bref j'étais très tendance. Profitant de cet avantage, trivial mais réel, je poussai la porte de l'établissement, aidé par le videur vaguement complice, malgré mon blouson sali, mon jeans cradingue, mon foulard rouge, l'odeur de lacrymo détectable à vingt mètres. Tendance, je vous dis. J'étais un guerrier, je voulais changer le monde, je prenais tous les risques, je commandai un whisky que Régine elle-même m'apporta au bar, « Alors mon grand, comment ça s'est passé cette nuit ? ». Je m'apprêtai à répondre après un temps suffisamment long pour entretenir le mystère, j'étais le maître du rythme, n'oublions pas que j'étais un jeune acteur, lorsqu'une nuée de naïades légèrement alcoolisées m'encercla, me toucha, glapit d'admiration... et de désir. Je sentis une main douce me caresser le cou, je me retournai, une jeune femme en mini-jupe, au corps de liane, me faisait la danse des sept voiles... « Sous les pavés la plage », « Jouissez sans entraves » et « Il est interdit d'interdire » devinrent à cet endroit mes maîtres-slogans. L'apparition se rapprocha, avec un léger déhanchement en rythme particulièrement troublant : elle s'offrait. Elle se plaqua contre moi et me roula immédiatement une pelle. Elle m'embarqua cash chez elle, un deux-pièces stimulant rouge et or, du côté de Denfert-Rochereau.

Après un coït un peu bâclé, elle me confia juste avant de sombrer dans un gros sommeil « que c'était bien ce que je faisais, qu'elle était avec moi ».

La journée avait été bien remplie en émotions de toutes sortes, la Jeunesse française s'endormit l'esprit tranquille.

Le lendemain, les Lepinson, dans l'import-export porte Maillot, amis de longue date de mes parents et chez qui je dînais, me demandèrent sérieusement « quand j'allais venir les égorger avec mes amis communistes ».

Jim Morrison

— C'est quoi ça ?

— Les Doors.

Roland Blanche me tendit le 33 tours :

— Écoute-le, je te dis, tu vas pas t'en remettre.

Je mis le lendemain le disque, négligemment et machinalement. Je l'écoutai vingt-quatre heures de suite sans débander.

Un soir que je passais au Rock'n'Roll Circus, une boîte un peu underground et à la mode vers Saint-Germain-des-Prés, je l'aperçus, lui, seul dans un coin genre VIP. Jim Morrison était barbu, bourré, l'air un peu triste.

Je m'assis dans le coin VIP bien que je ne le fusse pas, lui fis un petit signe amical, il me répondit vaguement, ailleurs, loin déjà. J'ai senti qu'on ne pouvait plus le rattraper.

Ma mère

Il fait très chaud en Guyane. Nous sommes un début d'après-midi, au fin fond de la forêt amazonienne, je tourne *600 kilos d'or pur* d'Éric Besnard, produit par les frères Altmeyer, à l'abri sous les grands arbres, en attendant la préparation du plan suivant. Je discute tranquillement avec Clovis Cornillac. De l'autre côté de la clairière éclaboussée de soleil, j'aperçois le directeur de production, au loin, s'avançant vers nous et me regardant moi particulièrement. À la main, il tient le kit du téléphone satellite – dans ce coin de Guyane pas de relais, nous ne pouvons utiliser nos portables mais seulement le satellite en cas d'urgence –, il s'avance, maintenant je me tais, je n'écoute plus Clovis, je me tais, je regarde le directeur de prod' qui se rapproche, il va me tendre le kit, « Un appel urgent pour toi », je sais ce qu'on va me dire, je le redoute mais je le sais, j'écoute, je redonne le kit, Clovis me dit « Ça va ? », je réponds « Ma mère est morte ». Les réactions sont uniformes, un silence, une attente, un « Désolé » éclot à un moment puis un « Ça va ? » que Clovis m'adresse une fois seuls. « Oui, ça va. » Je sais que ma mère s'est endormie, que tu l'as accompagnée, ma fille, jusqu'au dernier moment, qu'elle est partie dans la douceur, la quiétude, l'apaisement, encerclée dans tes bras où tu lui as murmuré jusqu'à la fin « Tout va bien, Mamy, je suis là, ça va bien se passer, on t'aime, tu es belle, je t'aime ». Ma mère a fixé la petite fille qu'elle aimait, les yeux grands ouverts, confiante. Elle avait attendu ce moment et s'en est allée tranquillement.

L'été

L'été est passé, je me sens abandonné sur la plage, mon fils était avec moi pendant un mois, maintenant il est parti avec sa mère, j'ai tourné, fait de la promotion, des avant-premières pour la sortie de films (*Moi et le Che* et *L'école est finie*) jusqu'à mi-juillet.

Je suis allé à Avignon, petite incartade de deux jours, parti en Espagne, petite incartade à San Sebastian de trois ou quatre jours, vu les soixante et un matches sur soixante-quatre et la finale de la Coupe du monde, organisé, joué et gagné le tournoi de football Ferdinand aux Portes comme tous les ans, je suis allé à Lyon, à Bordeaux, passé par Biarritz, j'ai reçu des amis, des neveux, ma fille revient de Los Angeles, clash avec mon fils, l'adolescence pousse, petit tour chez Luchini aux Portes. Luchini pose les bonnes questions, écoute attentivement les réponses.

Avec Bernard, on a ri, on a fait du vélo et du jogging, il fait chaud, la canicule, du coup l'île de Ré reprend des couleurs, biopsie sur le crâne, une cicatrice suspecte, non, rien, ouf, pas cette fois-là.

Victor, mon fils, va souvent plusieurs heures par jour et même parfois le soir jouer au football au « terrain ». François-Brice Hincker est venu avec sa famille, c'est la fin pour moi de la villégiature, la semaine prochaine le cirque reprend, on répète la pièce *Tu te souviendras de moi* au Théâtre de Paris et, déjà, le premier jour, une grande interview chez BFM, ça démarre fort, on jouera la pièce jusqu'à début janvier. Succès, échec, personne n'en sait rien mais la pièce est forte, les quelques critiques à la création à Antibes étaient dithyrambiques, légère indication qui ne laisse rien augurer ni de l'accueil, ni du succès parisien.

Mardi, dîner très rétais, chez Stéphane, l'avocat, ses fils sont copains avec le mien, des actrices, des éditrices, des peintres, des attachés de presse, très rétais donc, seul un responsable de distribution dans une grande surface, ouf, ça fait du bien mais agréable, on a bien ri et surtout bien mangé et bu, presque seul dîner de l'été, j'ai échappé à certains autres, en fait pas tant que ça, moins invité, on se lasse peut-être de mes refus ou esquives. L'été est passé, le vingt-troisième depuis que j'ai fait surgir cette maison, un été de plus, le quarantième passé depuis que j'avais loué, avec Nicole Garcia, cette maison où l'on jouait au « jeu de l'assassin » avec Claude Rich, le grand Claude Rich : une vie, une carrière sont passées. Le douzième sans toi, ma maison vieillit tranquillement, pas comme moi. L'intranquillité du temps qui passe…

Je regarde le soleil taper dans le jardin sur la pelouse verte, sur les massifs de fleurs, le scintillement de la lumière à travers les arbres là-bas, mon appareil envoie le jazz d'été, le passé gonfle d'espoir l'avenir, les enfants jouent entre des buts improvisés, les dîners libres et joyeux à la lueur des torches, la voix d'Ella, la trompette de Miles, parfois la chaleur, la tente au fond du jardin, toutes les chambres sont pleines, l'Atlantique pas loin, le cinéma, l'Amérique là-bas, comme quand j'étais petit, la nostalgie belle et souveraine, fin de l'été.

Prochaine étape, la date de ta disparition, début octobre…

Comme le disait Jean Rochefort, « prendre ses distances avec la fiction »…

Se laisser porter, penser à sa condition physique, rêver, s'emmerder, rêvasser dans cette maison, s'imprégner, dormir…

Des accès… des instants fragiles, se souvenir des belles choses…

« Summertime » explose sur Deezer… Le pied…

La Conche

C'est l'été, la chaleur est implacable, les nuits sont étouffantes, toutes les portes de la maison de Ré sont ouvertes, sur les patios, sur le jardin, sur les terrasses, la végétation est en pleine forme, on est écrasé de chaleur, on est au cœur de l'été.

Je me lève à 8 heures, je prends du café, à poil, la maisonnée se lève tard, je ne risque pas d'être surpris, après je vais aller à vélo à la plage de la Conche, la lumière du matin est inégalable.

La Conche, plage mythique, où depuis quarante ans, je croise et décroise les habitués, les arrivants, les éphémères.

Il y a sur ce sable le souvenir de ceux qui ne sont plus là, ceux qui ne viennent plus, les enfants disparus, les politiques déchus, les couples séparés, les rires, les mauvaises nouvelles, les bonnes nouvelles, les conversations minimales et récurrentes, « Vous êtes là jusqu'à quand ? — On est arrivés mardi » « Pour entrer, elle paraît froide, mais une fois qu'on est dedans, elle est bonne », les parties de foot sur les terrains tracés sur le sable, les pique-niques, les retrouvailles de chaque saison. Les conversations tournent sur un nouveau restaurant ouvert à Ars, ou une piste cyclable découverte à Trousse-Chemise.

Sur cette longue langue de sable, très longue, je me souviens. Hier soir, on a fêté nos trois ans de mariage, avec Josiane, on a apporté une bouteille de ce magnifique vin corse, on a pique-niqué sur cette longue langue de sable fin qui va de la plage du Petit Bec au club de kite surf et passe par celle de la Carrière, où nous sommes.

L'endroit où l'on trinque à la vie et au bonheur résonne encore du rire de Nicole, des acrobaties d'Émilie enfant, de la voix de Claude, de l'ironie de Jean-Pierre, des grommellements de Berléand, de l'enthousiasme de Jean-Claude, des silences de mon Ferdinand.

5 octobre 2018

On est le 5 octobre. Comme tous les ans, je réunis tous les proches de Ferdinand pour célébrer son anniversaire. Il y a sa garde rapprochée, son copain de maternelle, la première femme de sa vie, ses camarades du cours de théâtre, son pote du lycée, etc. Bien sûr, toute sa famille, à l'exception de sa maman qui préfère ce jour-là être dans le recueillement solitaire, et puis les autres, ceux qui l'ont bien connu, ceux qui peuvent, ceux qui passent. Depuis quelques années, ça se passe chez moi, avant c'était sur un grand bateau. Les soirées étaient festoyantes, on est revenus à une dimension plus raisonnable et peut-être plus appropriée.

Le 13, la date de sa mort, on se réunit à nouveau, cette fois c'est un dîner plus intime, avec les jeunes. Sa grande photo de beau jeune homme trône sur la cheminée du salon, on a allumé les bougies. Ferdinand fait circuler l'essentiel, l'amour, l'important. On se sent bien avec lui, on est avec lui et on est bien.

2008, l'odeur du succès

On répète sa première pièce grand public et qui sera triomphale, *Cochon d'Inde*, de Sébastien Thiéry, qui enchaînera une avalanche de succès et deviendra l'un des dramaturges les plus originaux de notre époque.

Josiane, ma femme, jouait avec moi. Anne Bourgeois faisait la mise en scène.

D'abord une tournée, j'adore les tournées, on peut roder les spectacles et se frotter à différents publics. Les théâtres sont pleins, les publics enthousiastes et heureux, les hôtels bons, et les restaurants les meilleurs. On est loin de Paris, du dioxyde d'azote empoisonnant, du quotidien à gérer, des rendez-vous, des foultitudes, des saturations, et on est très bien payés.

Dès la première représentation, on sent le succès, l'odeur du succès, un parfum très particulier que l'on détecte et respire assez vite, qui est l'addition du plaisir que l'on prend, du plaisir qu'ils prennent, de la qualité et de la longueur des saluts à la fin avec ces bravos, ces scandages à répétition, ces rappels, la somme des pouces levés, ces rappels encore et, plus tard, ces commentaires fervents…

La pièce raconte la journée et la nuit d'un client plutôt fortuné, enfermé et pris en otage dans une banque sans possibilité de sortir. Il devra son salut au partage de ses biens. Canevas surréel. Mais ancré dans le réalisme, la proximité, le divertissement absurde, lorgnant du côté de Ionesco avec un léger zeste kafkaïen. Cocktail captivant : Thiéry a su captiver un public au cours de toutes ces années, puisque ses pièces ont toutes connu un énorme succès.

Le dernier jour de la tournée, à Bar-le-Duc, on est invités par un jeune homme d'affaires qui, à un peu plus de trente ans, a vendu son affaire, presque fortune faite. Il nous reçoit dans sa belle demeure avec sapin de Noël hollywoodien.

J'ai aussi écrit un livre, paru en cette rentrée 2008. Un livre sur Ferdinand, sa vie, sa mort, et nous. Pascal Troisi, notre hôte, l'a lu. Pascal a perdu son frère dans un accident de voiture, la douleur est toujours vive, la douleur de ça est imprescriptible. Nous nous entendons tout de suite, nous sommes de la même communauté. Le vin est bon, la tournée triomphale.

En décembre, il y a aussi une dernière journée de tournage de *Kaamelott* à Lyon, un « retake » comme on dit, *Kaamelott* qui m'a apporté une notoriété considérable chez les jeunes gens.

Une blonde jolie, sexy, m'envoie son téléphone, me drague, me séduit. On dîne à la brasserie Georges, elle chante dans la voiture et me dépose à mon hôtel.

Petite séance de thalasso à Biarritz avec Josiane avant d'attaquer la rude épreuve physique et parisienne de *Cochon d'Inde*.

Cochon d'Inde

La pièce est un succès, légère baisse de fréquentation vers avril 2009, aussitôt effacée par le Molière de l'acteur pour moi et de la comédie pour la pièce. Le lendemain de la cérémonie, on fait la queue sur le trottoir. Embauche d'une standardiste supplémentaire pour faire face aux appels de réservation incessants.

Après les nominations, – Josiane avait été nommée aussi, en second rôle –, Sébastien Thiéry venait dans ma loge, me lire les discours qu'il préparait pour le soir de la cérémonie, guettant mon approbation ou mes doutes. Quand il commença par « Jacques Nerson est mort », suivi d'un abécédaire de reproches, d'insultes, de mises en cause, de soupçons, je m'insurgeai : « On ne plaisante pas avec la mort des gens. » (Jacques Nerson, critique au *Nouvel Obs*, n'avait pas eu le bon goût d'aimer la pièce.) Il valait mieux traiter ça par l'indifférence ou, en tout cas, regarder ailleurs, valable aussi pour tous les autres speeches dont, tous les soirs, il venait éprouver l'impact dans ma loge, déclarations parfaitement iconoclastes, très drôles, mais surtout composées de brocards, d'invectives, d'injures. Je lui conseillais de laisser tomber et de revenir à un discours plus soft.

Le soir de la remise des Molière, sur scène, devant tout Paris et plusieurs millions de téléspectateurs, il se fendit d'un éloge lénifiant et sage, et ennuyeux, de la troupe, des producteurs et de ses parents. C'est alors que, monté sur scène, moi aussi, pour recevoir le trophée, j'eus l'imprudence au micro de lui faire remarquer qu'il m'avait habitué à mieux quand il venait dans ma loge. Dans la seconde qui suivit, il enchaîna : « Oui, d'ailleurs Houdinière est le plus grand des enculés de Paris. » Jean-Claude Houdinière est un tourneur et producteur très connu dans le métier, homme tranquille et estimable. Que se passait-il ? Pourquoi cette sortie aussi inattendue que violente ? « Rien, me dit Sébastien quand je l'interrogeai un peu plus tard, il a eu le malheur de se trouver dans la ligne de mon regard et c'est tombé sur lui, et puis c'est vrai aussi qu'il n'aimait pas ma pièce, qu'il n'a pas voulu aider à produire. »

Gêne. Scandale. Incrédulité des spectateurs et du ministre. Offuscation. Protestation. Trou d'air. Ce type est fou, je l'aime, c'est lui qui, à la même cérémonie, quelques années plus tard, est venu serrer la main de la ministre, tout nu, la quéquette à l'air, et toujours en direct à la télé, dans le cadre d'un sketch de Nicolas Bedos.

Jouer de Gaulle

Serge Moati m'appelle pour me demander si je veux jouer de Gaulle dans un téléfilm pour France 2.

Demande étonnante.

Je réfléchis. On me procure les images, les interviews et les discours de l'époque.

Et je propose de passer des essais devant Serge et son staff pour évaluer la crédibilité de l'interprétation : le personnage est historique, dans toutes les mémoires et pour tout dire assez loin de moi. Ces essais me donneront une réponse, je fais confiance à mon instinct.

Concluant.

Je me passe en boucle les conférences de presse et autres images jusqu'à plus soif. Interpréter un personnage mythique dont on connaît le phrasé, les postures, l'allure, les manières, les travers, est un exercice passionnant, à distance égale entre l'incarnation et l'imitation. Il faut incarner, faire croire à la réalité d'un personnage quel qu'il soit, ça, c'est le boulot de l'acteur. Et de temps en temps, se payer l'intonation, la gestuelle, les tics, ça, c'est le job de l'imitateur. Cette acrobatie se joue sur un terrain incertain à chaque moment. Moment qu'il faut affirmer malgré tout.

Essayer instinctivement de trouver la note juste, et le juste milieu dans cette alchimie.

Parlons aussi du travail de préparation, des deux heures de maquillage chaque matin et de la juste utilisation, a minima, des prothèses, le nez, le ventre, etc.

J'aime bien Serge Moati, c'est un type brillant, créatif, intelligent. Mais avec moi, il était déconcertant, incertain, presque timide. Il était dans l'évitement. Pourquoi ? Ça, c'est le mystère des relations humaines.

Le résultat fut particulièrement jouissif et spectaculairement réussi.

C'était le dernier été de ma mère, qui me disait que mon père aurait été content que « tu fasses de Gaulle pour la Télévision française ». Mon père, fait prisonnier sur la ligne Maginot en 1940, s'est évadé cinq fois pendant sa captivité, l'objectif étant de rejoindre les rangs de de Gaulle en France, et même en Angleterre. Repris et malmené cinq fois. Soupçonné d'être un espion, il a subi les exactions de la Gestapo, il a terminé au fameux camp de concentration de Rawa Ruska, où il ne mangeait plus ou presque plus et où « on leur lâchait les chiens ».

Quand il est revenu – délivré par l'Armée rouge, dans laquelle il avait été enrôlé de force et où il avait passé son temps à sauver la vie, en virant leur casquette, aux facteurs, porteurs d'uniforme, comme les laitiers, les préposés quelconques, que les soldats soviétiques auraient éliminés sans se poser de questions –, quand il est revenu en France il était fatigué, pesait quarante kilos et proclamait qu'il n'était pas gaulliste mais qu'il « était pour de Gaulle ». Ce qu'il confirma en votant systématiquement pour lui à chaque élection même si ses convictions étaient plutôt socialisantes.

Il reçut plus tard une pension de déporté-résistant qu'il rechignait à toucher, il fallait pour cela faire partie d'un groupement des anciens de Rawa Ruska, défiler avec des drapeaux et participer à diverses manifestations d'anciens combattants, ce qui n'était pas son truc. Il s'y résolut pourtant ; nous n'étions pas riches et la pension était assez substantielle.

Dernier été…

Ce fut le dernier été de ma mère à l'île de Ré. À quatre-vingt-dix-neuf ans, sa fatigue était un état permanent. Ma cousine, mon aînée de quelques années, s'occupait d'elle en permanence, depuis plusieurs étés, repas, promenade, médicaments, etc. Attention de tous les instants… Sylviane, femme admirable, aimait ma mère et ma mère l'aimait. Cet été-là, Sylviane, pour des raisons de santé, ne vint pas. Une dame la remplaça, elle fit également très bien le job. Cet été-là ma mère me demanda plusieurs fois si elle allait mourir, je lui répondais que, un jour, bien sûr, mais que pour le moment tout allait bien. Ma mère aimait la vie passionnément et les plaisirs de la vie. À son âge, c'était la famille, ses petits-enfants, le bonheur des repas accompagnés d'un peu de vin, la sensation de l'air du large, la douce caresse du soleil sur sa peau flétrie, le rire de son fils, de sa petite-fille ou de son petit-fils. Je ne lui ai pas dit pour Ferdinand, je n'ai pas trouvé l'instant, j'ai craint pour elle, pour la souffrance qu'elle en éprouverait, toujours l'incommensurable chagrin, je savais de quoi je parlais, je le lui ai caché.

Je l'ai tractée sur sa chaise roulante dans les quelques rues du village autour de la maison, c'était son dernier périple, elle s'endormit sur son fauteuil et moi je me chopai une hernie discale en manœuvrant l'ensemble du dispositif.

La douleur s'accentua jusqu'à devenir insupportable et m'interdit tous mouvements et gestes, même primaires. À 1 heure du matin, j'appelai SOS Médecins. Auparavant, j'avais appelé dans la soirée mon rhumatologue à Paris qui avait, au téléphone, diagnostiqué une sciatique sévère, ou mieux une hernie discale, voire cruralgie…

Le médecin arriva de Saint-Martin et manifesta un émoi très visible quand il me reconnut. « Ah ça alors ! Quand je vais le dire à ma femme ! C'était comment déjà le film où vous dansiez le tango ? Et puis surtout le film de Lelouch, là, où vous faisiez un médecin, comment ça s'appelait déjà ? » Je sentis bien que ma douleur et ma pathologie devenaient secondaires et que l'intérêt était ailleurs.

Il me fit une piqûre d'antalgique sans conviction, me disant vaguement que d'ici une demi-heure je ne sentirais plus rien, mais cherchant surtout le nom de l'actrice avec qui je jouais « le film de…, mais si, ça se passait à…, y avait aussi le type qu'on voit souvent dans des séries, là… mais si vous savez bien… ». Il partit en m'assurant qu'il était très content de m'avoir soigné et soulagé : « Vous allez voir. »

J'appelais le Samu une demi-heure plus tard en menaçant de me jeter par la fenêtre s'ils ne venaient pas tout de suite, tant la douleur était devenue intolérable.

La morphine qu'on me donna au CHU de La Rochelle me soulagea suffisamment pour que je puisse rentrer chez moi le lendemain, et puis à Paris où je voulais me faire soigner afin de pouvoir tourner ce film en Guyane, film d'action d'Éric Besnard, où l'on devait crapahuter dans la jungle, la boue, l'eau, les conditions extrêmes. Une sinécure pour un mec souffrant de cruralgie, genre.

Mon rhumatologue me dit qu'il pouvait me tirer de là à condition de reculer le film d'une semaine. « Impensable », me dirent les producteurs, les frères Altmeyer.

Chez le docteur Zucarelli, le médecin des assurances, je cachai soigneusement mon handicap, c'est ce que m'avaient demandé les producteurs. Comme il m'était impossible de m'asseoir sans hurler, je restai debout chez le médecin, qui me demandait toutes les trente secondes de m'asseoir, ce que je faisais semblant de faire tout en restant debout. Un sketch à haut potentiel comique si ça avait pu être filmé. Je partis assuré, donc. Contre toute logique et précautions médicales. « Ça va être du sport, ça va pas être facile votre film, mais bon, vous êtes en pleine forme ! », me raccompagna le docteur Zucarelli.

Ce fut donc une aventure, ce tournage, au-delà du résultat : ce n'était pas le plus grand film du monde. Mais l'épopée d'un film, ça se passe aussi au moment où on le tourne. Parfois trois heures de pick-up pour aller au fin fond de la forêt amazonienne et idem pour revenir. La chaleur, la faune, les conditions, ma douleur, ma morphine, mes difficultés respiratoires (effets secondaires), l'impossibilité de dormir dans un hamac qui m'aurait évité ces allers et retours, la Guyane triste, l'eau de mer grise et sale, Cayenne, la capitale, démantelée, sinistre mais le bout du monde, l'équipée délirante, l'Amazonie, une troupe soudée, humaine, drôle, avec Clovis Cornillac, Bruno Solo, Audrey Dana, l'ensemble du protocole en fait un moment âpre, fou, échevelé.

La vie !

Aller et retour à Paris. Ma mère est morte, voir plus haut.

La production a modifié le plan de travail. Gise des Roses, Gigi Coco, mon inégalable maman qui n'a pu atteindre ses cent ans, challenge qu'elle s'était fixé, s'est endormie doucement dans sa maison de retraite d'Arcueil, endroit improbable où l'on dépose les vieux dont on ne sait plus quoi ni comment faire. Pardon, pardon ma mère, j'aurais dû me débrouiller et faire mieux.

2010, le prix à payer

Quentin Raspail, producteur de télé, me dit : « Si tu fais le film, ton prix sera le mien. » Cette dernière phrase n'étant pas complètement tombée dans l'oreille d'un sourd, rendez-vous a été pris au bar de l'hôtel Meurice, endroit magnifique, au luxe discret, où je donne souvent mes rendez-vous. De chez moi, je n'ai que le jardin des Tuileries à traverser. Quentin me propose un film pour TF1, film qu'il m'avait déjà proposé l'année d'avant mais que j'avais refusé. Le film avait été interrompu à cause de la maladie de Pierre Mondy, et là le film repartait, avec une nouvelle distribution. Le scénario n'était pas mal, bien qu'un peu compliqué comme toujours dans les téléfilms – je n'ai jamais compris pourquoi, très souvent, les scénaristes compliquent l'intrigue jusqu'à la rendre incompréhensible, confuse, inextricable. Mais les personnages étaient habilement traités, il y avait matière à s'amuser : c'était l'histoire de trois vieilles canailles qui fomentent des coups, jouées pour les deux autres par François Berléand et Claude Brasseur, ce qui évidemment est très attractif.

Quand mon agent annonça le prix demandé, il y eut un grand silence au téléphone, puis Quentin assura : « OK. Je lui ai dit "ton prix sera le mien", j'assume. Simplement, je lui demande d'être discret et de ne pas en parler aux autres acteurs. » Ce qui fut dit fut fait.

Renseignements pris, mon cachet représentait plus du double de celui de mes partenaires, ce qui requérait une grande discrétion en effet. Le montant des cachets est toujours un endroit de grande susceptibilité.

Le tournage, à Marseille, se passa sans histoire. On a enregistré la chanson de Gainsbourg, « Vieilles canailles », tous les trois, ce qui fut un moment jouissif et de grande déconnade, avec un résultat très intéressant. Le film remporta le prix de la meilleure comédie au festival télé de La Rochelle au mois de septembre suivant. J'allai le chercher en tant que Rétais voisin. Une voiture est venue me kidnapper en plein restaurant La Baleine Bleue pour me déposer exactement sur scène, où je reçus le trophée. Timing parfait.

J'embrayais directement avec une deuxième tournée de *Cochons d'Inde*, entrecoupée de répétitions de *Feu la mère de Madame* de Feydeau, avec Emmanuelle Devos, Christine Murillo, et encore Sébastien Thiéry, cette fois en tant qu'acteur, que je réussis à imposer à France 2. Le spectacle était destiné à faire l'ouverture de la cérémonie des Molières, en direct à la télévision, mis en scène par Jean-Luc Moreau, entreprise à haut risque mais qui se révéla un énorme succès.

Quand je suis sûr de quelque chose…

Jean-Luc Moreau a écrit, dans un livre de mémoires, que je lui avais donné les prémices d'une dépression nerveuse et qu'il avait compris assez vite que, s'il voulait que j'aille à droite de la scène, il fallait qu'il me demande d'aller à gauche, sachant pertinemment que je ferais le contraire de ce qu'il me demandait, ce qui est un peu exagéré mais pas entièrement faux. Je crois être un acteur assez docile et écoutant, et pourtant, je vais toujours vers ce qui me semble être le mieux pour le spectacle ou le film, je suis toujours dans le doute ou le questionnement : quand, exceptionnellement, je suis sûr de quelque chose, je peux être extraordinairement têtu.

C'est ce qui s'est passé à plusieurs reprises avec Jean-Luc Moreau, me semble-t-il.

Angoisse

Ouf ! Ça va mieux ce matin. Pourquoi ce spleen hier ? Cette anxiété ? Obligé de prendre un truc anti-angoisse en pleine nuit… La période toujours douloureuse entre la date de l'anniversaire et celle de l'accident de Ferdinand, 5 et 13 octobre. Sa mère, Coralie, est venue hier soir voir *Tu te souviendras de moi*, c'était une très bonne représentation, avec un public très réactif. Sa tristesse. Sa beauté, un peu entamée par un accident à la lèvre. Rendez-vous est pris pour un déjeuner.

Avril 2010 – Soirée des Molières

Feu la mère de Madame ! Le trac, le direct. Tout Paris. L'attente. Où tous misent sur nous : France 2, les producteurs, la presse, les Molières, mon agent, ma fille, ma femme, ma concierge, mon boucher, Feydeau. Grosse pression donc.

En coulisse, une heure avant le spectacle, Sébastien Thiéry, qui normalement a l'air d'un mec plutôt solide à qui on ne la fait pas, qui en a vu et qui en verra d'autres, semble soudain liquéfié, mutique, exsangue.

Emmanuelle Devos, pourtant si sociable, s'est enfermée dans sa loge et ne veut voir personne.

Christine Murillo parle, parle, bavarde, raconte, explique, loghorre comme jamais.

Comme toujours dans ces cas-là, à les regarder, je me dis : *Si t'as trop le trac, t'es mort.*

Cinq minutes avant d'entrer en scène, je me sens l'envie d'en découdre. Ça peut être un bon signe mais pas forcément. *Qu'on en finisse.*

À mon entrée en scène, affublé d'un costume louis XIV dégoulinant de pluie, éclats de rire et applaudissements. Ouf ! Ça commence bien et ça fait du bien.

Les indices de satisfaction et de fréquentation sont au top.

Un mois plus tard, on remet ça avec le direct de *Cochon d'Inde*, cette fois sur la 4, évidemment plus confidentielle. Excellente soirée encore, décidément. Le trac est cette fois très fréquentable, pour ainsi dire, domestiqué, et presque on en redemande.

Malheur aux vaincus

J'ai décidé de me faire opérer de la hanche qui me pourrit la vie depuis une dizaine d'années tout début juin, sachant que la Coupe du monde de foot en Afrique du Sud démarre le 10 juin. Allongé sur mon canapé, mon statut de post-opéré et de convalescent m'autorisera à voir tous les matches, et tous les commentaires autour des matches, qui deviennent maintenant plus nombreux et beaucoup plus longs que les rencontres elles-mêmes.

À ce propos, je voudrais faire une mise au point sur mon ressenti, mon éberluement devant le fameux épisode du bus de Knysna et l'effondrement de l'équipe de France de football. J'étais stupéfait de constater le degré d'hystérie, certains commentateurs avaient la bave aux lèvres littéralement, le soulèvement collectif de haine, d'opprobre, de malédiction contre vingt types qui avaient eu la mauvaise idée de faire une grève de l'entraînement pour protester contre l'éviction considérée comme injuste, sans appel, *manu militari*, circulez, y a rien à voir, d'un des leurs, Anelka, accusé par un journal à sensations, *L'Équipe*, qui en a fait son gros titre, d'avoir eu des mots injurieux dans les vestiaires, à la mi-temps. Il s'est avéré plus tard que les mots titrés par le journal n'étaient pas les bons. Anelka donc, viré. Au pays de la grève, de la protestation, du débrayage, de la descente dans la rue au plus petit faux pas, ce refus symbolique de s'entraîner par solidarité, fraternité pour l'un des leurs, m'est apparu comme un geste ou un mouvement d'humeur minimum.

Et pourtant, explosions de colère, de violence, partout, interventions du monde politique, parlant de mafieux, de voyous et d'états généraux demandés au plus haut niveau de l'État, etc.

J'ai compris, à ce moment, dans ma chair, ce que voulait dire profondément « Malheur aux vaincus ». Les prestations de l'équipe de France étaient si médiocres, l'élimination au premier tour de poules si évidente, l'espoir tellement déçu que tout s'est embrasé en un cri de rage populaire, médiatique et officiel sur ce détail du bus de Knysna, considéré ou ressenti comme un crime ou une faute abyssale. J'ai vu et entendu des hurlements sur les écrans et dans les ondes où l'on distinguait des mots comme « ignoble », « monstrueux », « dégueulasse », etc.

J'ai été invité sur le plateau d'Eurosport pour donner mon avis, j'ai dit aux spécialistes mon étonnement et ma désolation devant un tel déchaînement de haine, je pèse mes mots. Je les ai sentis d'abord surpris et puis plus dans le questionnement, plus calmes, conscients peut-être que hurler avec les loups n'était pas le chemin le plus glorieux.

Béquilles. Pas de vélo. Ou électrique. Pas de sport pendant trois mois. Fin juillet, début du tournage, un peu trop tôt d'après le médecin, au Luxembourg, de *Fils unique* de Miel van Hoogenbemt, je joue un père irascible, monstrueux, dont on sent la faille, la sensibilité, derrière l'apparente dureté. J'ai toujours aimé ce type de personnages donnés comme scandaleusement antipathiques et qui révèlent plus tard leur fragilité et leur cœur. Le film n'est jamais sorti en France.

La partie de campagne

En août, tournage d'un film pour la télévision : *Une partie de campagne* de Maupassant, dans la série des adaptations de la littérature du XIXe siècle qui connurent un énorme succès. Pourquoi ne pas avoir continué dans le même élan, raconté des histoires tirées de notre patrimoine littéraire si riche et si multiple alors qu'on constatait l'inanité de la plupart des téléfilms ?

Pour en revenir à la *Partie de campagne*, le metteur en scène avait une façon de tourner vraiment imbécile, qui consistait à tourner comme au montage, à une image près, ce qui enlevait toute possibilité d'inspiration du jeu, de moments, d'envolées, pourtant l'ADN même de la création artistique. Se priver de toute surprise et découverte est éprouvant et affligeant. Mais Cristiana Reali, ma partenaire, est une excellente actrice.

Grand cru

Les choses très sérieuses commencent avec le film de Gilles Legrand, début septembre, *Tu seras mon fils*, tourné à Saint-Émilion avec Niels Arestrup, Lorànt Deutsch et Valérie Mairesse, et qui décrit avec générosité une plongée impitoyable dans l'univers vinicole et les grandes propriétés et propriétaires du vin. Histoire douloureuse sur la filiation, les rapports de force et surtout sur l'amour du vin. Ce film a obtenu un grand succès public et critique.

Tous les soirs, les grands propriétaires venaient nous faire déguster leurs meilleurs produits sur le domaine du Clos Fourtet, où se déroulait le tournage. Je décidai de calmer le jeu et de ne participer aux dégustations que deux ou trois fois par semaine et pas plus, ce qui n'était déjà pas mal. Cela participait d'une volonté de fer, les vins proposés étant délices, nectars, potions divines.

Toutou

Rentré à Paris en novembre. Répétitions de *Toutou.* Au théâtre Hébertot. Une pièce de Daniel Besse qui était surtout l'occasion de faire couple avec Josiane. Il y avait aussi Sam Karmann, que je retrouvais avec plaisir. Malgré toute notre bonne volonté, nos inventions, notre savoir-faire, c'est la partition qu'on joue qui décide et ça n'a pas marché. À la première, c'était patent, évident, spectaculaire, et dans la tournée, qui fut longue, on a essayé d'arranger les choses, mais on s'est toujours heurtés aux limites de la pièce : elle était sans grand intérêt, et pour tout dire un peu ratée.

2011, toi Jane

Simultanément, je commençai le tournage d'une série policière pour France 2, *Les Saisons meurtrières*, de Gilda Piersanti, adaptée par elle-même de sa saga littéraire, publiée avec succès en Italie. Le scénario était crépusculaire, l'histoire d'un couple que je formais avec Jane Birkin, lui était flic proche de la retraite. Xavier Durringer, dont j'aimais le talent d'écriture, était à la mise en scène et sut me convaincre et balayer mes dernières hésitations.

C'était aussi l'occasion de tourner avec Jane Birkin, cette éternelle jeune fille à la grâce adolescente, qui confidençait avec moi de son sourire déflagrant.

Et puis Camille Panonacle, cette bonne actrice, cette fille bien…

Un Tartuffe

Début septembre, répétitions du *Tartuffe,* avec Claude Brasseur, dans une mise en scène de Marion Bierry.

Plongée dans Molière, sa jeunesse, sa drôlerie, il ne peut pas s'en empêcher même quand il s'attaque à des sujets de société à hauts risques à l'époque : la toute-puissance de la religion, les faux dévots qui lui causèrent les pires ennuis. Qu'on le veuille ou non, quels que soient l'éclairage, les partis pris, les volontés de mise en scène, la drôlerie – même étouffée, même cadenassée, même niée – ressurgit, s'immisce, coule, déborde et s'impose grandiosement.

2012, tournée

J'aime bien l'esprit d'une troupe de théâtre, les âges, les formations, les expériences si différentes réunie pour incarner tous ensemble un chef-d'œuvre. Une dizaine d'acteurs et d'actrices dont ma fille Émilie qui jouait Marianne, la jeune première, embarqués d'abord dans une longue tournée commencée en février 2012 à Nice, pas reçue avec l'enthousiasme auquel je m'attendais. Froideur de l'accueil en général à quelques exceptions près, mais il y a des engouements.

Mon anniversaire avec toute l'équipe y compris les chauffeurs, etc., fêté dans le hall privatisé du grand hôtel de Mulhouse. On a un peu picolé. Brasseur semble heureux, comme ma fille. Tout le monde semble heureux. Moi aussi.

La Braconne

Mai, juin 2012, tournage à Tours d'un film passionnant, *La Braconne,* de Samuel Rondière.

Magnifiquement accueilli par la critique à sa sortie, le film n'a pas eu le succès qu'il méritait. Le distributeur ayant déposé le bilan, il est devenu le cadet de ses soucis.

J'organise quand même une espèce de « soirée chiffres » (petite fête le jour de la sortie du film où on attend les résultats des entrées). C'était plutôt une soirée sans chiffres mais avec beaucoup de chaleur, à la maison.

La Braconne est l'un de mes films préférés, j'ai adoré composer ce mafieux petit-bras, vieillissant, impitoyable, et très sensible. Un truc jubilant. Le type rencontrait une petite racaille paumée indispensable pour mener à bien ses petits coups dérisoires. Le film raconte le choc de leur rencontre, puis le passage subtil vers une amitié profonde puis à une relation quasi filiale. Film dur, fort, violent, remarquablement écrit. Le tournage fut une création de chaque instant. Jubilant je vous dis.

Le dernier jour de tournage à Tours, on me libère plus tôt pour que je puisse jouer au festival d'Angers le *Tartuffe.* Une voiture m'y conduisit et m'attendit pour me raccompagner là où la fête de fin de film n'attendait plus que moi pour être tout à fait complète. J'arrivai là-bas vers 1 h 30 du matin, Rachid Yous, mon partenaire, n'avait encore rien mangé ni bu, il voulait m'attendre pour démarrer avec moi les agapes, par respect me dit-il. Ce que nous fîmes. C'est durant cette nuit que j'avouai aux producteurs et responsables de production que je n'avais plus mon permis. Personne ne m'avait prévenu de mes pertes de points, accumulées sur huit ans. (Presque la moitié du film se passait dans une vieille Mercedes que je conduisais, avec caméra embarquée.) Ils crurent d'abord à une blague, puis un silence déboula et perdura dans le petit groupe, malgré l'avancement alcoolisé de la soirée.

Jean Becker

Le film de Jean Becker *Bienvenue parmi nous* fit aussi un choc à la soirée chiffres de Studiocanal. Les mauvais chiffres tombèrent, avec pour toujours dans ces cas-là « Attendons toute la province », « Attendons le week-end », « Attendons demain ».

Attendons rien du tout.

Becker le savait bien qui eut cette réflexion du haut de ses quatre-vingts ans, lui l'homme des films à succès : « Bon, ben me voilà au chômage... » Un des responsables cinéma de France Télévisions, coproducteur du film, passa en coup de vent, serra vaguement les mains, en nous envoyant les messages muets de son absolu mécontentement, et s'évanouit dans la nuit en disant qu'il avait rendez-vous avec sa chorale.

Le tournage du film sur l'île d'Oléron et plus tard à La Rochelle a été un moment heureux. Victor, huit ans à l'époque, était venu me rejoindre pendant les vacances scolaires. Jean Becker, derrière son combo, lui demanda de donner son avis sur les prises, avis qui impressionnait Jean Becker, puisque Victor choisissait toujours la meilleure de façon irréfutable.

À l'hôtel, à Oléron, je suis reçu par la patronne et tout le personnel de l'établissement d'une façon étonnamment respectueuse et solennelle. Je pense qu'ils sont très disponibles, je pense être le seul client. Nous sommes totalement hors saison.

On m'accueille très chaleureusement, on m'explique qu'on est très heureux de me faire découvrir la région, ce à quoi je réponds sans en mesurer la portée que je connais bien la région puisque j'ai une maison à l'île de

Ré. Flottement. Raidissement. Silence. Grand froid. Je découvre à cette occasion, et plus tard, l'invraisemblable rivalité entre les deux îles. Et surtout de la part d'Oléron, Ré étant l'objet de toutes les attentions, des journaux, des people, des pouvoirs publics. Et eux, à Oléron, rien. Ou très peu.

Je m'abstins au bout d'un certain temps d'évoquer ma maison de Ré avec les habitants : ils pouvaient l'interpréter comme une provocation.

Dans le film de Jean Becker, le personnage était taillé pour moi : un peintre dépressif qui quittait femme, foyer, enfants, amis et s'enfuyait sur les routes. Il rencontrait au cours de son road-movie suicidaire une jeune ado asociale et perturbée. La rencontre de ces deux êtres déchirés et perdus était réjouissante et même troublante. Mon travail consistait à montrer toutes les complexités du personnage, ses contradictions, ses allers-retours dans sa fuite en avant, pourquoi pas sa drôlerie, et à s'échapper des stéréotypes, des clichés, de l'apparence convenue.

Il s'agissait d'incarner, pas de démontrer, c'est ce qui était troublant ; ce travail dans les profondeurs, faire surgir les émotions, en puisant dans l'attirail de nos expériences : la vie, ce que la vie nous a apporté, comment elle nous a façonnés et comment aussi elle nous a cabossés. Surtout ne pas être dans l'indication, dans jouer ce qu'on croit que tout le monde attend, dans l'explication des humeurs, bref dans la vulgarité. J'ai bien aimé travailler avec Becker, et lui aussi avec moi je pense. Je sentais même du respect, voire de l'admiration. Il me parlait du film d'après, qu'il voulait faire avec moi. Mais après les résultats aléatoires au box-office, la main a passé vers Gérard Lanvin. J'aimais bien ma partenaire, Jeanne

Lambert, très inexpérimentée mais dont la personnalité faisait la différence. C'est la fille de Jean-Yves Lafesse.

L'aventure fut intense et cool, le film diversement apprécié à sa sortie.

Un truc

L'été 2012, j'ai chopé un truc. Quoi ? Je ne sais pas. Fièvre, frissons, mal de dos, par moments grands accès de fatigue. Mon hypocondrie galopante s'en donna à cœur joie. Je pensais que ça allait passer mais ça durait. Ça a duré une bonne partie de l'été. Virus ? Microbes ? Truc plus grave venu on ne sait d'où ? Batterie d'examens. Prises de sang, etc. Rien. On conclut beaucoup plus tard à une réaction allergique. Le diagnostic ne fut jamais clairement posé mais ça m'a simplement bien pourri l'été.

Fanny Ardant

Le film de Marion Vernoux *Les Beaux Jours*, commencé en août, m'offrit comme partenaire Fanny Ardant, femme délicieuse, mystérieuse, drôle et actrice d'exception. Je tombai définitivement sous le charme. Marion Vernoux, dans son travail, cherche, explore, doute, recommence.

Une artiste.

Mon Tartuffe

À la rentrée de septembre 2012, c'est *Tartuffe* au Théâtre de Paris. Gros lancement médiatique, un « On n'est pas couché » brillant, même si je ne suis pas toujours le plus doué pour ce genre d'exercice.

Dans la même période, début du tournage des *Vieux Cons*, qui devint plus tard *Douze ans d'âge*, avec François Berléand comme partenaire. C'est l'histoire de deux retraités qui font des blagues de potaches, qui déconnent, mais l'âge est là qui les rattrape. C'est drôle et pathétique. Retour du tournage en moto-taxi au Théâtre de Paris. J'ai le temps de décompresser : Tartuffe n'arrive que cinquante-cinq minutes après le début de la pièce. Exercice acrobatique difficile mais que j'appris à maîtriser puis à aimer.

Retrouver Berléand pour la cinquième fois comme partenaire, ajouter les vacances d'été à Ré, ça crée de gros liens.

Scénario très brillant et iconoclaste de Frédéric Proust. Mais à l'arrivée, c'est moins ça. Pourquoi ? La réalisation trop sage ? Ou plan-plan, comme on dit ? Scénario dément. Au final, film classique et sympa.

Pour *Tartuffe,* ça démarre fort, mais réception moyenne, bouche à oreille aléatoire plus quelques mauvaises critiques : érosion peu à peu de la fréquentation.

Quelque chose m'a échappé. Je reçois un jour un coup de fil d'André Asséo, célèbre homme de radio et critique de cinéma, très amateur de théâtre. Il me parle de mon Tartuffe extraordinaire, incroyable, dérangeant, drôle, moderne. Il est au comble de l'enthousiasme. Et puis, me dit-il : « C'était hier soir une espèce de générale (je demande qu'on ne me dise jamais avant la représentation qui est dans la salle). Ils étaient tous là ou presque. Vous allez voir les papiers sur vous ! Ça va être dithyrambique. »

J'étais flatté, rassuré. La vision que j'avais eue de Tartuffe avait donc été comprise, saluée, applaudie.

La gueule de bois à la lecture des papiers et des divers commentaires audiovisuels fut amère, même si j'ai toujours pris des distances avec ce qu'on dit ou écrit sur mes spectacles. En général.

Qu'est-ce qui dans mon Tartuffe n'avait pas été compris, perçu, aimé ? Parce que la volée de bois a été très verte. Pourquoi ce qui dans mon interprétation avait été porté aux nues non seulement par André Asséo mais encore par Yasmina Reza, Jean Rochefort et beaucoup d'autres était passé aussi inaperçu des comptes rendus autorisés ? Je me suis fait légèrement déglinguer, et plus que ça.

J'avais mis dans le personnage un désespoir, une fragilité ; Tartuffe était véritablement amoureux, épris et fou de désir pour Elmire, je l'avais fait perdu, avec des zones d'ombre, des replis mais quand même séduisant au point qu'Elmire, par fugacerie, en était troublée et presque défaillante ; d'ailleurs Beata Nilska entrait magnifiquement dans ce jeu. Il était infantile, instable, foutraque, et puis comique aussi. Comique. Loin d'une théâtralité convenue et rebattue.

L'enthousiasme sur mon interprétation avait été à la hauteur des critiques et du dénigrement plus tard ; je n'ai pas compris que certains n'aient pas compris, tant le personnage me paraissait clair malgré sa complexité.

Le spectacle ne fut pas un grand succès mais pas un bide non plus. Le souvenir que j'en ai est fort et presque doux. La fréquentation des grands personnages et des grands auteurs fait toujours du bien, et puis, je vous dis, « l'esprit de troupe ».

2013 – Imparable

Janvier.

La Vérité de Florian Zeller, en tournée. Pièce bombe atomique de rires, un succès mémorable dans toutes les régions. C'est l'histoire d'un menteur à qui tout le monde ment, un truc imparable.

Standing ovations.

Acteur dans tous ses états

Encore une séquence d'allergie comme l'été précédent : fièvre, malaise, douleur au dos, hauts et bas.

Tournage de *La Liste de mes envies*, adapté du best-seller de Grégoire Delacourt. Avec Mathilde Seigner. Son père, que je joue, est atteint d'Alzheimer. Insidieusement, on me propose maintenant assez souvent des rôles à Alzheimer, cancers, et autres dégâts du vieillissement.

Heureusement, Ivan Calbérac m'apporte une jolie comédie pour France 2, un veuf un peu dépressif mais qui fait une rencontre amoureuse et même plusieurs. Il séduit. Ouf! J'ai encore quelques arguments et Anne Charrier est super.

Trains, avions, taxis de nuit. Allers-retours entre Toulouse, Liège, Grenoble… Acrobaties, courses dans les gares, les hôtels, les restaus… Je me surprends à aimer ça… Pourquoi ? Fuite ? Refuge dans la création et l'activité intense ? Je ne sais pas.

Mai-juin, deuxième volet des *Saisons meurtrières*.

Juin : deux sorties de film, accompagnement des *Beaux Jours* de Marion Vernoux et de *Douze ans d'âge* de Fréderic Proust, à une semaine d'écart.

Succès pour *Les Beaux Jours*. Échec pour *Douze ans d'âge*.

Promotion, interviews, voyages en province, tournage à Paris, acteur dans tous ses états.

Juillet : voyage en Italie, vacances en Toscane, hôtel La Parrina avec Josiane, Émilie, son ami, et Victor.

La chaleur, l'Italie, la famille, les amis, les vraies vacances.

Inconnu à cette adresse

À la rentrée, au théâtre Antoine, je fais couple avec Thierry Frémont pour lire la fameuse correspondance *Inconnu à cette adresse*, de Kressmann Taylor. C'est à 19 heures, les salles sont pleines, miracle, chaque série de représentations dure cinq semaines, nous succède le duo Darroussin-Elmosnino, qui sera suivi par un autre duo, et ainsi de suite. De quoi s'agit-il ? D'un échange de lettres sur plusieurs années entre deux amis allemands très proches, l'un juif exilé aux États-Unis pour fuir Hitler, l'autre attiré par l'idéologie nazie jusqu'à en devenir un membre éminent. Peu à peu, on sentira dans leur correspondance l'effritement de leur relation, l'abîme qui se creuse à grande vitesse dans leur amitié, jusqu'à l'irréparable commis par le nazi. Le juif trouvera la parade, c'est l'histoire d'une vengeance épistolaire. Échange brillant et captivant qui assura le succès pendant au moins deux saisons.

Ma grande table

Puisqu'il est question de lire, je mate la grande table de mon salon, où on a fait toutes les lectures du monde, de pièces, de films, d'adaptations, où les acteurs, les producteurs, les auteurs, les metteurs en scène, les agents se sont regroupés pour écouter toutes ces folles histoires, faites de rires, de fureurs, de mystères, la première vie de toutes ces œuvres dont certaines ont vu le jour au théâtre ou au cinéma, quelques-unes avec succès. Pour beaucoup, leur parcours s'est arrêté là, autour de cette table, entourée des décideurs, des créateurs, des lecteurs, où d'une façon très détendue on sert le café, on plaisante, on est bien. Des carrières ont pu se jouer, des œuvres ont pu être oubliées, d'autres aimées, montées. Le verdict après lecture n'est jamais sans appel mais on sent assez vite de quel côté va pencher la balance. Il y a les pour, les contre, les coups de fil le lendemain, déterminé à y aller ou au contraire l'absence de réaction et, dans ce domaine, pas de nouvelles veut dire mauvaises nouvelles.

Lectures

Continuons dans les lectures : Francis Lombrail, nouveau directeur du théâtre Hébertot, considérait que j'étais pour beaucoup dans sa nouvelle acquisition. J'avais téléphoné à Danièle Franck, qui cherchait à vendre son théâtre et ne voulait surtout pas entendre parler de Francis Lombrail, pour de multiples raisons trop longues à expliquer. Au cours de ma longue conversation avec elle, j'avais réussi à la convaincre que la bonne candidature était celle de Lombrail, pensant qu'il garantirait un répertoire de théâtre de qualité. Il me proposa peu de temps après un spectacle en solo ou presque, à 19 heures. J'alternai donc deux lectures de textes que j'avais expérimentés avec un certain succès dans des festivals : *Le Démon du jeu,* tiré des correspondances de Dostoïevski, que j'échangeais avec Beata Nilska, et *Mon grand appartement,* le roman woodyalleniesque de Christian Oster, cette fois véritablement seul en scène, le tout orchestré par Isabelle Rattier. Fait dans la précipitation, sans affichage ni promotion, ce spectacle que j'aimais beaucoup (j'aime bien lire, je suis assez doué pour ça, ma virtuosité en ce domaine était telle que le public pensait que je connaissais par cœur les textes et ne les lisais pas vraiment) fut un bide.

Mais sa qualité était si grande, si drôlissime *Mon grand appartement,* si émouvant et déchirant *Le Démon du jeu* que Jean-Claude Houdinière me proposa d'inaugurer un nouveau théâtre à Avignon, pendant le festival, et par la suite une tournée. Je vous en reparlerai plus tard.

2014 – Un bout d'hiver en province

En février, je commence le tournage d'un polar, *Où es-tu maintenant?*, pour France 3, avec la petite-fille de Michel Simon, Marina Golovine, qui devient ma copine sur le tournage. Toujours fourrés ensemble mais aucune ambiguïté, sorte de petit miracle. Je retrouvai Ludmila Mikaël, que j'aime tellement, et Michel Delpech, type charmant, mystérieux. Une présence qui fait du bien. Il se remettait mais était toujours préoccupé par un cancer de la langue, punition absolue pour un chanteur, et en l'occurrence un acteur, puisque très pénalisant dans la production des sons.

Collection produite par Luc Besson. C'était mis en scène par Arnaud Sélignac. Tournage tranquille à Bordeaux. Récréatif, sans pression, où je m'amusais à dérouler. Bien entouré, je me suis amusé. Dans un scénario très compliqué à suivre, comme souvent à la télé. D'ailleurs, j'ai obtenu avec ce flic le prix d'interprétation au festival de La Rochelle quelques mois plus tard, ce qui traduisait un certain niveau de qualité du film et bien sûr du jeu.

Le 18 mars, je me souviens qu'on a fêté mon anniversaire au restaurant du Grand Hôtel, Le Pressoir d'Argent, grosse adresse gastronomique. On est la seule table sous les hauts plafonds chargés. Il y a mon pote d'enfance Jean-Pierre, Bordelais depuis quarante-cinq ans, il est avec sa nouvelle femme, Mado. Il y a Arnaud Sélignac, la belle Ludmila, et puis Michel Delpech. Ces bons instants où l'on s'est régalé, avec des vins à la hauteur. Michel Delpech trimbalait son inquiétude avec élégance. On se sépare, avec Delpech, on a violemment envie de se revoir. Je suis allé à son enterrement à peine deux ans plus tard.

Marseille

Dans la foulée, encore Luc Besson. Cette fois, il s'agit de la troisième saison de *No Limit*, série d'action et de cascades sur TF1. De gros moyens, avec des scénarios et des dialogues au bout de la déprime, mais les scènes d'action sont bien faites, voire spectaculaires, et c'est bien payé. Et puis l'occasion de retrouver mon copain Claude Brasseur. J'hésite quand même, la vision de la saison 2 me laisse perplexe. Finalement le personnage est attachant, une composition, j'y vais, et puis cinq mois à Marseille, ça ne se refuse pas. Il s'agit de jouer le père de l'acteur récurrent principal. Évadé de prison, il fomente des coups avec son fils et finalement, après un parcours chaotique, il se sacrifie pour ses enfants. Les éléments psychologiques sont plaqués, artificiels, sans intérêt, mais les scènes d'action soignées et impressionnantes.

C'est à cette occasion que je m'aperçus que jouer la comédie n'est pas à la portée du premier venu. Et pourtant « le premier venu » a la sensation que dire « Il fait chaud », « Ça va ma chérie ? », « Qu'est-ce que tu fais dimanche ? », « Je t'aime », etc., est à sa portée puisqu'il le dit tous les jours ou presque, comme les acteurs dans les films.

Il faut apprendre dix ans le violon pour être un musicien passable, se confronter au *contre-ut* et aux vocalises des journées entières pour être un chanteur correct, faire six heures de barre quotidienne pour être un danseur moyen, mais jouer la comédie, je le fais sans forcer tous les jours, se dit « le premier venu ».

« Ouvre-moi cette porte bon Dieu », « Qu'est-ce que vous faisiez mardi soir à 11 heures ? », « Qu'as-tu fait du bébé ? ».

Où est le problème ? C'est ce que devait se dire l'acteur principal récurrent, qui s'acharnait à essayer de sortir une phrase à peu près correctement, la plupart du temps sans succès, qui suait sang et eau pour tenter d'exprimer un vague sentiment, en vain.

La présence, cette aura indéfinissable qu'on a ou pas, était aux abonnés définitivement absents…

J'ai passé cinq mois à Marseille, j'avais une suite en hauteur sur le Vieux-Port, tous les soirs sur mon balcon je regardais la ville déployer ses sortilèges. J'étais bien.

Mon fils, ma femme, des amis sont venus pour me voir, c'était bien. En cinq mois, je n'ai jamais dîné une fois avec un producteur, un metteur en scène ou un acteur, je m'en foutais mais je l'ai quand même noté. Je n'ai pas regardé la série, qui est sortie le soir de l'attentat de *Charlie Hebdo* et qui donc a fait un score famélique. On m'a fait parvenir des commentaires de journaux, très élogieux sur mon interprétation, voilà, c'est tout ce que je peux dire.

Je suis vite passé à autre chose mais j'ai été un peu envoûté, par Marseille et par Marseille seulement.

Dostoïevski

Je suis passé à une chose plus sérieuse, bandante, et incroyablement ludique, l'incarnation sur scène de Dostoïevski à partir de sa correspondance pendant les dix ans où il était addict au jeu, aidé en cela par la merveilleuse Beata Nilska, qui jouait ma femme. Je déroulais tous les soirs les cris et les soupirs de Féodor, à travers ses errements dans les casinos où, ruiné par la roulette, il empruntait de l'argent pour pouvoir se refaire, et évidemment plongeait dans l'abîme.

Dans ses lettres, il essayait pour s'en sortir de négocier avec ses éditeurs l'envoi de quelques centaines de roubles en échange de quelques pages de son nouveau roman. On assistait ainsi, écrites sur un coin de table, aux premières pages ou à l'ébauche de *L'Idiot* ou de *Crime et Châtiment* ou encore des *Possédés*.

Moments de grâce devant une salle archicomble tous les soirs… et un public ravi et conquis. La critique était à la hauteur, dont l'une que j'ai un peu en mémoire et qui se terminait par : « Saluons deux grands et magnifiques artistes, Dostoïevski et Chesnais. » Excusez du peu.

En août, encore un petit coup de *No Limit,* et puis hâte de quitter le plateau et d'aller vite à l'île de Ré, où des amis et Josiane m'ont concocté un délicieux repas de fin de film. C'est alors qu'on m'apprend au téléphone que j'ai eu le prix d'interprétation pour *Où es-tu maintenant ?,* le film d'Arnaud Sélignac, au festival de La Rochelle, tout proche. Je vais quand même boire un coup avec le producteur de *No Limit,* mon voisin aux Portes-en-Ré, dans un bistrot du village, pour fêter ça.

Une attaque d'estomac

C'est quoi, ça ?

Épisodiquement, mon estomac me pourrit la vie. Ce deuxième cerveau dont on parle beaucoup a ici une importance vitale.

Ça me brûle, me nausée, ça attaque ma mémoire, ma voix, ma vitalité, mon moral, je deviens un handicapé parfois majeur. Pourquoi ces attaques ? Pourquoi à tel moment et pas à d'autres ? J'ai essayé de trouver des réponses, sans grand succès. Un médecin spécialiste de la douleur et des maladies orphelines que j'avais croisé, à l'époque, dans une émission célèbre de Jean-Luc Delarue, m'a légèrement éclairé en me parlant d'une faiblesse organique bien sûr, mais aussi de raisons psychologiques ; on était d'après lui dans du 50/50. Un stress, une reproduction, m'explique-t-il, de ce qui m'avait angoissé, bloqué la première fois que j'ai été confronté à l'anxiété d'un premier tournage ou d'une première au théâtre ; notre deuxième cerveau avait lui aussi une mémoire, donc.

Mais alors pourquoi tel tournage et pas tel autre ? Pourquoi se manifeste-t-il à un moment où apparemment je n'ai aucun stress ou angoisse ou trac, et pas du tout à d'autres où la peur (même si je l'ai de moins en moins, au point qu'elle est parfois inexistante) m'envahit ? On me dit que c'est plus compliqué que ça, que la somatisation, puisque ça pourrait être ça dont il s'agit, prendrait des tours et des détours complexes qui échapperaient à une logique perceptible. Bref, ça reste un mystère.

Pourquoi, sur le tournage d'Alexandra Leclère, *Le Grand Partage*, suis-je lesté de ce malaise étrange et difficile, qui atteint et modifie mon instrument premier : la mémoire, l'élocution, la voix, l'énergie, l'émotion, voyez le genre ?

Quand tout cela est atteint, on a du mal à artdramatiser normalement, mais je me débrouille, je fais en sorte que ça ne se voie pas ou pas trop et j'y arrive. Je souffre mais j'y arrive. C'est vraiment de la souffrance, et puis ça part aussi soudainement que ça arrive. Ferdinand qui, par moments et ponctuellement, souffrait du même mal (que je lui avais donc royalement légué) évaluait les dégâts en disant : « Je suis à 50 % », ou « 30 % », ou « 20 % ».

Fibroscopie pour en savoir plus. Mais rien de grave. Gastrite. Ça va.

Et j'aime Karin Viard qui est une actrice d'exception.

Le souper

Début des répétitions du *Souper* de Jean-Claude Brisville. Mise en scène de Daniel Benoin. Avec Niels Arestrup.

Des hauts et des bas. L'affiche semble alléchante, le duo avec Arestrup plus la pièce culte de Brisville. Arestrup est précédé d'une réputation sulfureuse, mais je sens qu'il me respecte, une connivence s'installe même entre nous, en province où nous répétions, pourtant je sens malgré tout son angoisse : « Je vais me planter », dit-il. C'est plus compliqué avec Daniel Benoin, entre deux éclats je fais le go-between mais globalement ça va.

La pièce est d'une force incroyable que j'ai eu du mal à déceler à la première lecture. J'avais le sentiment d'une grande leçon d'histoire explicative et puis à la fin de la pièce, au bout de la nuit, de l'alcool, et sous la pluie (ça, c'est la bonne idée de Daniel Benoin), elle envoyait le spectacle dans les cimes du théâtre. Ces deux monstres politiques, s'ils semblent œuvrer pour l'intérêt général, manœuvrent surtout pour leur intérêt particulier même s'ils semblent habités par des convictions, l'un à gauche, l'autre à droite, pour simplifier. Ce bras de fer en temps réel, gangrené par la pression populaire (le peuple à l'extérieur bouge, s'active, est une sorte de troisième personnage menaçant, bruyant, impactant à tout moment les rapports de Fouché et de Talleyrand), est aussi l'occasion d'un bras de fer des deux acteurs que nous sommes.

Arestrup m'a appris le silence. Non pas en scène, non, en scène c'est moi le maître du silence, mais ailleurs, en coulisses, à table, en voiture. Le verbe au minimum. Et du coup, la moindre parole prend une grande importance, toujours avec un peu d'humour chez lui. Ça me plaisait bien.

Avant d'entrer en scène, concentration maximum, pas un bruit, pas un mot, un vague signe de tête pour me saluer.

Quand Arestrup n'est pas dans le coup, quand c'est un jour « sans » – au théâtre on peut presque mesurer scientifiquement et rigoureusement les jours « avec » et les jours « sans » –, sa caractéristique, c'est de faire du bruit : il fait du bruit avec sa chaise, avec ses couverts, avec sa canne, il bruit de tout son être, mettant à contribution le moindre objet autour de lui. Il tape, frappe, cogne. Son corps compense, proteste. Dès son entrée, quand il assène de sa bottine un coup sur la première marche, je me dis *Ah ! Il est moins en forme, c'est un jour « sans »,* puis le bruit du flacon frappé sur la table me confirme cette sensation. Mais, les jours « avec », l'acteur est grand.

2015

À Antibes, où on a créé le spectacle en janvier, donc, on était logés à la meilleure enseigne, depuis début décembre : on avait chacun les plus belles suites de l'hôtel Carlton à Cannes, Daniel Benoin avait fait jouer ses réseaux. Comme le temps tous les jours était au beau fixe, le séjour âpre et passionnant dans le travail était aussi riviéraesque et idéal.

Vue du balcon de la suite Ingmar-Bergman, au cinquième étage du Carlton, la mer déroulait ses bleus de folie le long de la Croisette.

Repris en février au théâtre de la Madeleine, le spectacle fut un vrai succès.

Entre-temps, le 7 janvier, le soir, au théâtre d'Antibes, on fait une minute de silence en habit de scène devant le rideau, avec le public debout et recueilli, tous incroyablement « Charlie ».

La salissure, le dégueulis, l'incommensurable saloperie. Emporté par la foule à l'immense manif du 11 janvier avec femme et enfants, bloqués dans un café, je regarde derrière la vitre ces bons visages des humains partageurs, ceux qui aident, qui interviennent, qui compassionnent, c'est comme disait Ferdinand : « Ce que tu donnes est à toi pour toujours. » Ces bons humains.

Fin mai, fin des représentations et Arestrup est fatigué.

Perdu dans le Caucase

Je pars début juin, au fin fond du Caucase, tourner le deuxième long métrage de Serge Avédikian, produit par Fred Niedermayer, *Celui qu'on attendait*, qui raconte l'histoire d'un humoriste un peu sur le déclin qui cachetonne dans un gala en Azerbaïdjan, mais qui se retrouve par erreur en Arménie, pays en guerre contre l'Azerbaïdjan et qui est perçu par la population locale, petit village perdu dans les montagnes à la frontière du pays ennemi, d'abord comme un espion, puis comme un messie. C'est l'histoire de la rédemption de ce Français, perdu géographiquement ainsi que dans sa vie privée et professionnelle. Comédie rafraîchissante, comme on dit, au ton délicieusement décalé, un *« feel good movie »* comme on dit encore.

Je fus embarqué six semaines dans cette aventure emballante et créative et je me souviens de cette bicoque où on m'avait logé, avec le premier assistant, où je craignais le pire et où, très, très vite, je me suis senti bien, en accord et en harmonie avec l'endroit et ses occupants.

Avec les acteurs arméniens et la population, les difficultés de la langue faisaient que je communiquais comme le personnage. Expérience unique, décoiffante, sensorielle : on échange, on apprend, on explore, on universalise. Chaque plan est vécu comme une odyssée fraternelle.

Les montagnes du Caucase. Je suis perdu et sauvé comme le personnage, dans un village suspendu comme en 1932 en France, les chevaux, l'école, les familles, l'épicerie du village, la salle des fêtes. Tournage dans l'école, vingt élèves devant moi, les bras croisés, à qui j'explique des trucs au tableau noir. Jeunes visages, ouverts, levant le doigt pour demander la parole. Leurs beaux habits. Respectueux, calmes, en forme, curieux. Leur soif d'apprendre.

Certains soirs, on respire mal, on est à 2 000 mètres. Quand il y a du vent, l'électricité saute. Plus d'eau. Plus de café. Plus de portable. Mais on y arrive, on s'y fait.

Le week-end, on est en permission, on descend à la capitale, Erevan, trois heures de route acrobatique. Ville charmante à la population tranquille, accueillante, détendue. Les filles sont belles. Pas de délinquance ou très peu. Mélange réussi d'architectures orientales et de structures soviétiques.

Le samedi soir, on débarque dans un bel hôtel, un peu de luxe ne nuit pas, on bouffe dans un des très bons restaurants que propose la ville, on boit du bon vin arménien, il y a des vins étonnamment excellents, on atterrit dans une boîte de jazz, on se bourre la gueule, on est en permission.

Le metteur en scène Serge Avédikian a mené à bien son affaire, avec une belle maîtrise. Je me souviens d'un grand dîner et fête, la nuit, avec tous les gens du village, (c'était le tournage), des chanteurs, des danseurs de hip-hop, des jeunes filles de ballets folkloriques, où on n'avait pas grand-chose à jouer mais où je me sentais porté par le vent de l'allégresse.

Je me souviens

Je me souviens que seul mon métier peut me faire traverser de si grandes émotions. L'art de jouer est un moteur d'excitation incomparable et sublimé par la traversée des pays, des climats, des populations, des contextes. Les Péruviens. Les Africains. Les Libanais. Les Portugais. Les Américains. Les moulins espagnols dans la plaine de La Mancha, où je faisais Don Quichotte. Ou Cineccittà à l'ombre de Fellini, de Scola et des autres qui nous prenaient la main, et on se sentait vivant.

San Salvador, logé par sécurité à l'ambassade de France, et escorté au théâtre par l'armée et ses tanks. Panama, où les ouvreuses de ce très beau théâtre à l'italienne étaient des paras, mitrailleuse en bandoulière, qui veillaient.

En vrac : la chambre de Dulcinée à Toboso, conservée dans le marbre, avec son lit, sa coiffeuse, ses souvenirs, son bureau, ses coffres, comble d'affabulation puisque Dulcinée n'a jamais existé. C'est un personnage de roman, et encore, dans le bouquin, Quichotte l'évoque, la fantasme, mais on ne la voit jamais. De même que les fameux moulins à vent qui se déploient dans la plaine de La Mancha à peu près là où ils sont situés par Cervantès, photographiés par plein de Japonais qui pensent que c'est un lieu historique. Mais il est vrai que pour avoir tourné *Don Quichotte,* de nuit, avec ces célèbres moulins derrière moi, une véritable émotion m'a envahi, parce que si ce n'est pas un endroit historique ou « réel », c'est un haut lieu de la littérature et de l'imaginaire universel. Surtout quand vous jouez Don Quichotte.

Les montagnes au-dessus de Tripoli : les accords de guitare et les chants – je jouais un chanteur un peu ringard – se mêlaient aux rafales d'armes automatiques de l'armée libanaise qui assiégeait la ville. Les cèdres et les roses, dans ce qui aurait pu être un paradis, sentaient la poudre.

Les grands baisers hollywoodiens avec cette belle actrice américaine dans un hélico qui virevoltait portes ouvertes au-dessus de Paris magnifique… Les galops de Jacques le Fataliste dans les montagnes du Luberon, dévidant les mots sublimes de Diderot… La conduite ubuesque d'un Caterpillar de nuit sous la pluie sur une autoroute en construction… Ce compagnon du Christ crapahutant dans les dunes rouges, une hache enfoncée dans le corps… Et ce père au large du Portugal, courant, nageant dans la mer, hurlant après son fils disparu dans les vagues…

La Cité des Anges : je fais partie de la délégation reçue par l'académie des Oscars, pour honorer le festival de Cannes, cinquantième anniversaire, tout est là ou presque : il y a les stars, il y a les tournages, les dîners déconnants avec les *big bosses* des grands studios, Fox, Tristar, Universal, etc. Vieux messieurs austères, jeunes types amusants et amuseurs. Jogging à Beverly Hills, je suis contrôlé par les flics, un piéton ici est suspect, retour à l'hôtel où je retrouve le beau et bon Humbert Balsan, producteur au haut degré charismatique, rieur, charmeur, chaleureux, adoré, et qui se pendra dans son bureau quelques années plus tard.

Fin de tournage

Victor me rejoint pour les derniers jours de tournage en Arménie, dans le village de Khatchik. C'est le producteur, Fred, qui l'accompagne. On tourne dans un vieux théâtre, salle des fêtes, déglingué. Puis on fait du « droning » dans les montagnes. Victor donne son avis éclairé sur la manière dont il faut filmer avec le drone, et aussi il me calme bien le lendemain, « Calme-toi, Papa, c'est pas si grave », du haut de ses douze ans. Pourquoi je m'étais fâché et même plus que ça, je vais vous dire.

Dîner idyllique le soir, à flanc de montagne. Nappes blanches. Mets délicieux. Et surtout vins magnifiques, blancs et rouges, affrétés spécialement depuis Erevan et il est vrai que ce n'était pas une si mince affaire. Autour de la table étaient installés l'ambassadeur de France, le préfet de région, le directeur de la BNP locale, etc., bref, toutes les huiles. Le vin arménien, véritable révélation.

Le lendemain, au soir de la dernière journée, fête de fin de film avec toutes les équipes qui, pendant des semaines et des semaines, s'étaient immergées à fond dans le film, ayant tout sacrifié, leur vie de famille, leur sommeil, leur confort, et même leur salaire puisqu'ils étaient payés une misère, dans des conditions climatiques et politiques parfois difficiles, n'oublions pas que le pays était en guerre et la frontière toute proche.

Le miracle d'une équipe de cinéma, qui est peut-être unique, c'est que des gens au professionnalisme extrêmement pointu, de cultures, d'origines, de statut social parfois très différents, avec des métiers aussi divers que capter le son, recoudre une poche, dessiner une moustache, éclairer un visage, faire de la neige, à manger, bouger les figurants, installer un rail de travelling, dresser des projecteurs, allumer des explosifs, se retrouvent, se complètent, vivent dans une synergie totale, tirent tous ensemble dans la même direction pour que le film soit le meilleur possible et qu'ils y soient pour quelque chose et qu'il y ait quelque chose de sacré dans leur travail.

Cette osmose est éphémère, quelques semaines ou trois mois, mais indestructible.

S'il y a des discussions, des rivalités, des incompréhensions, comme dans toute organisation humaine, le but est toujours le même : faire le maximum dans son couloir pour le film. Et puis tout le monde se sépare. Les amitiés fortes, les amours, l'aventure collective, tout ça d'autant plus intense que le temps a été court. Tout s'arrête. Chacun va rejoindre bientôt d'autres équipes, d'autres aventures, peut-être d'autres amours, le point d'orgue étant la fête de fin de film, ici au fin fond du Caucase. Où, ça y est, c'est fait, plus de tensions, plus de responsabilités, c'est fait. L'heure est à la relâche. On boit, on mange, on rit, on danse, on s'aime, on se raconte, et c'est alors que déboule, pour accompagner les plats locaux et délicieux préparés par les gens du village, une infâme mixture, qui n'avait de vin que le nom, servie dans des bouteilles dégueulasses en plastique, que je goûtai quand même et recrachai aussitôt, craignant un empoisonnement létal. Je demandai alors où étaient les vins délicieux qu'on avait fait venir d'Erevan spécialement pour le dîner de la veille avec l'ambassadeur, le préfet, le banquier, etc. On me répondit que tout avait été bu et qu'il n'y en avait plus.

Une sainte colère m'envahit. J'interpelle le metteur en scène en lui demandant des explications sur ce bon vin qui serait réservé à l'élite alors que la vinasse infecte est suffisante pour abreuver et réjouir les équipes. Le nectar, c'est pour l'ambassadeur, le préfet, le banquier, pas pour eux, pas pour nous.

Victor, gentiment, me demande de me calmer. La fête fut malgré tout belle, et puis il y avait de la bière.

Dans la voiture du retour, je repars en vrille, décidément ça ne passait pas. Victor tente de me calmer en me disant encore : « C'est pas si grave. » Ce qui eut pour effet de… me calmer.

Rentré dans ma petite maison, je m'aperçus que l'habilleuse, qui n'avait pas froid aux yeux, ni ailleurs, avait fait le siège de mon colocataire jusqu'à se fourrer dans son lit sans avoir tout à fait remarqué qu'il était homosexuel. J'avais bien senti que j'étais moi aussi dans le collimateur. L'arrivée de Victor avait donc brouillé les plans. Finalement ce fut l'un des producteurs qui tira les marrons du feu.

L'Abricot d'or

On retourne à Erevan le lendemain soir, après avoir fait le tour d'une partie de l'Arménie en passant par le lac Sevan. Belle journée, et puis c'est le festival de cinéma d'Erevan. Ils me font un hommage et me remettent un objet honorifique, l'Abricot d'or. J'improvise un discours sur scène, j'envoie. Fred, le producteur, me félicite. Projection de *Je ne suis pas là pour être aimé.* Victor, qui ne l'avait jamais vu (Victor ne voit mes films qu'accessoirement, et surtout pas mes téléfilms), trouve le film de Brizé très bon.

Les invitées d'honneur du festival sont Ornella Muti et Nastassja Kinski, icônes du cinéma des années 1980 et 1990, éloignées des plateaux, et invitées pour donner des couleurs à un festival sympathique et populaire mais grandement secondaire sur l'échiquier mondial des festivals de cinéma. Actrices qui ont grandiosement été, qui nous ont fait rêver, pleurer, applaudir, palpiter, qui ont traversé le cinéma à son apogée dans ces années-là, et maintenant à nouveau photographiées, célébrées, cajolées, dans cette fête décentrée et nostalgique de ce festival du bout du monde. Qu'ont-elles ressenti, ces deux femmes magnifiques, en s'immergeant, l'espace de quarante-huit heures, dans le succès, la lumière, l'adrénaline particulière et inégalable des stars de cinéma désormais ignorées ?

« Ô Ornella, Ô Nastassja,
Charmantes filles, mes amours
À quoi pensez-vous ?
Qui sait ? Peut-être à l'héroïne
De quelque infortuné roman ;

À tout ce que l'espoir devine
Et la réalité dément ;
Peut-être à ces grandes montagnes,
Qui n'accouchent que de souris ;
À des amoureux en Espagne,
À des bonbons, à des maris ;
Peut-être aux tendres confidences
D'un cœur naïf comme le mien ;
À vos robes, aux airs qui se dansent ;
Peut-être à moi, peut-être à rien. »
(Légèrement détourné d'Alfred de Musset)

Mi-Août 2015, tournage de « Juillet-Août » de Diastème, avec Pascale Arbillot. Hôtel à La Napoule, ce coin de Côte d'Azur où, l'été, je craignais le pire : une foule compacte et invasive de retraités, avec des petits chiens toilettés, et des petites affinités avec Le Pen. Non, erreur : foule relativement éparse, gens curieux, souriants, détendus, sportifs. Ça va. Bonne surprise.

Quant à moi, je remets ça avec mes problèmes d'estomac. Ça frappe au cœur du processus : mémoire, diction, énergie, émotions, tout le film comme ça, pourquoi, je ne sais pas.

Somatisation ? Dérèglement du deuxième cerveau ? Aucune idée, je cherche, je ne trouve pas mais je me démerde. Le tournage était malgré cela intéressant et agréable et Pascale Arbillot, bonne, belle et sympathique.

Sensibilisation

Il faut que je vous parle de l'association que j'ai créée et préside : l'Association Ferdinand, du nom de mon fils disparu. Cette association s'occupe de produire et fabriquer de petits films par la durée mais qui soient des œuvres cinématographiques chargées de sensibiliser le public au danger parfois mortel de la conduite en état alcoolisé, surtout chez les jeunes. J'ai commencé moi-même par le tournage de quelques clips sur le thème « Les vies qu'ils n'ont pas eues », où l'on voyait des jeunes gens, chacun dans une situation d'alcoolisation : une boîte, ou un pot pour fêter une promotion, ou un anniversaire... On déroulait en voix off leurs vies, leurs métiers, leurs carrières, leurs voyages, leurs amours, leurs enfants, leurs vies. Sauf que leur vie s'arrête ce soir-là au sortir de l'endroit où ils ont fait la fête, où ils ont bu et qu'ils vont être victimes d'un accident.

La fondation Vinci Autoroutes me propose de travailler avec eux sur les questions de sécurité routière, qui font partie aussi de leurs préoccupations. Je suis convié régulièrement au conseil d'administration de l'entreprise, où je me lie d'amitié avec le type chargé de la communication. Vinci m'aidera à produire ces films qui seront réalisés par des metteurs en scène, des signatures du cinéma français.

Il y avait aussi une sorte de solidarité corporative : les gens savaient bien sûr que j'avais perdu un fils et se sentaient concernés. Et puis, pour les metteurs en scène qui connaissaient le succès, c'était un geste citoyen fait envers le public à qui ils devaient leur réussite.

Je demandai d'abord à Guillaume Canet. Je lui proposai deux ou trois scénarios : il en choisit un qu'il adapta à sa manière. Il raconte l'histoire d'un jeune couple déclinée à partir du mot « ivre ».

D'abord « ivres » de désir, on les voit faire l'amour, puis « ivres » de bonheur, un bébé dort entre eux, et ainsi de suite jusqu'au dernier « ivres ». L'écran est noir… un fracas effrayant d'accident… hurlement terrible d'elle et le bandeau « IVRES AU VOLANT ».

Je fais le tour des grandes compagnies de cinéma et des grands médias de la télé pour qu'ils programment le film mais je ne viens pas les mains vides : le film de Canet est fort, intense, terrible. Je vais voir les responsables de Gaumont, UGC, France Télévisions, M6, BFM, etc. Toutes ces grandes maisons m'écoutent avec attention et la vision du film de Canet achève de les convaincre. Ils le prennent en séance d'avant-film pour certains ou en prime-time pour les autres, tout ça à une grande fréquence. Je suis très content. TF1 les rejoint. Seul MK2 ne veut pas marcher dans l'affaire, mais ça, c'est MK2.

On remet ça avec Nakache et Toledano. Eux apportent leur propre scénario, nouvelle tournée des grandes maisons de distribution et de diffusion. Le film est également une petite merveille. C'est l'histoire d'une bande de jeunes potes qui s'amusent et déconnent. Ils draguent, dansent, déjantent et, bien sûr… boivent. Et quand le jeune protagoniste, qui va mourir, se tourne vers la caméra pour dire : « J'aimais bien la vie, j'aurais bien aimé que ça dure un peu plus longtemps », les larmes à chaque vision me viennent instantanément.

13 novembre 2015

L'idée, c'était d'aller au Stade de France avec Victor et François-Brice pour assister au match France-Allemagne. À chaque match de l'équipe de France, je suis convié avec Victor en tant que membre invité du conseil d'administration de Vinci, qui entre parenthèses a construit le stade et s'est donc réservé la loge, pas la plus mal placée. Problème avec la mère de Victor, elle estime qu'aller au Stade de France ferait se coucher Victor beaucoup trop tard, et ça mettrait en péril un contrôle très important qu'il a le lendemain. Dans un esprit d'achat de paix, je décide de rester devant la télé. François-Brice et Bernard nous rejoignent. Un quart d'heure avant la fin, je reçois un SMS de ma fille : « J'espère que vous n'êtes pas au Stade de France. » Pourquoi ce SMS ? Le match serait-il si pourri ? Non. C'est plutôt un bon match, qu'on gagne, en plus. Je n'y prête plus guère attention jusqu'à ce que le commentateur, juste un peu avant la fin de la rencontre, dise : « Nous rendrons l'antenne au coup de sifflet final. Il se passe des événements dans Paris. » Je regarde jusqu'à la fin le match, mais quand même, texto à Émilie : « Qué pasa ? — Attentat dans Paris. » Je donne l'info autour de moi. Je zappe sur BFM et là, la saloperie, les confins de la saloperie humaine. Ça recommence, en pire. Le dégueulis. L'immondice. La grimace barbare du mal.

Victor, douze ans, n'est pas bien. J'essaie de relativiser. Un vrai boulot. Qu'il aille se coucher sans trop cauchemarder.

2016, Noir Enigma

Le quatrième opus des *Saisons meurtrières*, *Noir Enigma*, dirigé cette fois par Manuel Boursinhac, se révéla très compliqué, d'abord parce qu'à cause des attentats, les tournages étaient interdits sur la voie publique, ponctuellement mais dans nos dates, ce qui nous obligea à repousser, et repousser encore jusqu'à venir se mêler avec les répétitions de la pièce d'Ivan Calbérac, *Une famille modèle*, que j'allais jouer avec Évelyne Buyle au théâtre Montparnasse, et aussi parce que les relations entre la productrice de la série et le metteur en scène furent tendues, puis hostiles, jusqu'à devenir très conflictuelles.

Mais on y est arrivés, comme toujours, *« the show must go on »*.

Le film est en boîte. J'ai fait le go-between. Mais c'est tourné. Ça passera, ça aura du succès.

Une famille modèle n'a pas eu de succès. Pourquoi ? Impossible de le savoir. Le public n'a pas voulu venir. La comédie était drôle, mais peut-être l'histoire pas claire. On ne saura jamais. On s'est arrêtés deux semaines au mois d'avril, pour que je puisse faire en direct à la télé pour France 2, et dans le même théâtre, la pièce de David Pharao *L'Invité*, qui avait connu un énorme succès à sa création quatorze ans plus tôt. Laurent Gamelon remplace Philippe Khorsand, mort depuis.

Philippe Khorsand

Philippe, personnage indispensable du paysage dramatique. Sa drôlerie. Sa folie. Son talent. Sa générosité. Son addiction entière et définitive à tout liquide contenant un peu d'alcool, même très peu, mais il fallait qu'il y en eût.

J'ai assisté à la seule tentative d'arrêter de boire de Philippe Khorsand. C'était en 1981. Pendant quinze jours, ce grand gaillard costaud s'abstint. Ce fut une expérience. Sa transformation physique fut rapide et spectaculaire. Son teint reprit des couleurs, son œil redevint vif. Problème : ce grand type restait au bout de la table, silencieux, tendu, mécontent. Lui pourtant si gai, haut en couleur, déconnant et rieur, conservait un mutisme, une humeur noire, une moue maussade. Si je m'inquiétais de son moral, il me répondait « Je me fais chier », puis se replongeait dans le silence, on le sentait en colère. On jouait à Lyon *Les Trente Millions de Gladiator*, de Labiche, avant de le reprendre à Paris. Le jour de la dernière il y avait un pot, il arriva le premier au bar installé dans le foyer du théâtre. J'imagine qu'il s'était donné comme limite à cette cure douloureuse la fin des représentations à Lyon. Je sentais une certaine impatience et presque un contentement. Arborant un sourire, il se rapprocha rapidement du serveur, demanda direct et sans hésiter un double bourbon qu'il avala d'un trait. Il me regarda, souriant, il avait à nouveau l'air heureux, son grand rire résonna à nouveau : à nouveau la vie reprenait ses droits et valait la peine d'être vécue.

Une sortie

À la sortie de *Celui qu'on attendait*, de Serge Avédikian, le film fut montré en avant-première dans un nombre impressionnant de salles en France. Je suis allé dans quelques villes. Pour les autres, Serge Avédikian m'envoyait systématiquement une photo de la salle avec les spectateurs et le nombre de payants.

La sortie du film fut un moment heureux. Le distributeur la jouait à l'ancienne : déjeuner au Fouquet's, dîner grande table avec toute l'équipe près du cinéma Le Louxor, l'une des nombreuses soirées spéciales qui jalonnèrent la sortie.

Le public ne suivit pas. Ceux qui venaient étaient la plupart du temps contents, voire enthousiastes. Ça n'a pas suffi, mais l'ensemble des moments de ce film fut particulier et toujours heureux.

Moi et le Che

Le film de Patrice Gauthier, *Moi et le Che*, que je commence à tourner début juin 2015, ne ressemble à rien de répertorié sur la planète Terre. Il s'agit d'un intellectuel germanopratin qui affirme avoir été un compagnon de Che Guevara et, peut-être dans un moment d'égarement, aidé en cela par la picole et peut-être d'autres produits, il l'aurait balancé. Film foutraque, fou, avec des moments incandescents, qui part dans tous les sens mais revient toujours à son centre, avec des envolées, des retombées (pas forcément sur ses pattes), un rébus organique et métaphysique, le bilan d'un homme vieillissant qui a connu et fait tous les combats, avec leurs embrouilles mystiques et philosophiques.

Les Ex

En septembre, je tourne le film de Maurice Barthélemy *Les Ex*. Mon partenaire est Jean-Paul Rouve. Je suis entre deux « Robins des Bois ». J'ai aimé Les Robins des bois, dont j'étais parfois un assidu spectateur. Barthélemy dirige bien les acteurs, comme souvent. On essaie des trucs différents, on creuse, c'est bien. Il rit beaucoup à tout ce qu'on fait. Jean-Paul Rouve est très doué. Très. C'est bon de jouer avec lui. Le film met en scène les ex, les regrets, les rancœurs, le renouveau… Bref, la problématique des ex. On s'est amusés. Le film à sa sortie a gentiment marché.

Pourtant le sujet était porteur : on a tous et on est tous des ex.

Le Souper II

À la rentrée 2016, je pars en tournée avec *Le Souper*. François Marthouret remplace Niels Arestrup qui déteste les tournées. Marthouret, très différent mais excellent partenaire, donne un souffle nouveau à l'interprétation. En plus, c'est un camarade drôle et charmant.

TF1, un style

On me propose quelques apparitions très intéressantes dans une série de TF1, *Insoupçonnable*. J'hésite encore, je regarde l'original anglais, *The Fall*, dont TF1 a fait un copié-collé, et c'est une magnifique série. La présence d'Emmanuelle Seigner et de Melvil Poupaud dans la distribution plus le confort de la production achèvent de me convaincre.

Le problème, c'est que le copié-collé n'en est pas un. Le film est mécanisé, aseptisé. TF1 ignore superbement les mouvements de l'âme. Or *« il n'est d'histoire que de l'âme »*, comme dirait Saint-John Perse. Aucune hésitation, silence, doute. Quand un personnage doute, il dit « Je doute », l'explique, on ne demande jamais aux acteurs de ressentir, ou d'incarner mais d'expliquer. Les émotions ou réactions sont surlignées, comme si TF1 avait peur que ressentir une émotion normale pouvait ne pas être suffisant et qu'il fallait un surplus d'explication. Il fallait que, en dehors des répliques, aucun regard, réaction, flottement, pensée ne vienne s'interposer ou ajouter de l'humain, de l'humour, de l'épaisseur et ne puisse limiter « le temps du cerveau disponible » du spectateur de TF1. Résultat : le succès fut mitigé, à force d'avoir voulu transformer une série gonflée et iconoclaste en un téléfilm lambda casse-couilles.

Honneur à notre élue

En décembre, début des répétitions de la pièce *Honneur à notre élue*, de Marie NDiaye, fable politique un peu obscure mais suffisamment intrigante et théâtrale, avec des instants dramatiques forts, me semble-t-il, et une belle langue. Mise en scène de Frédéric Bélier-Garcia, que j'avais connu tout petit, à peine marchant, puis préado en vacances à l'île de Ré, puis plus tard père de famille, et avec qui j'avais envie de travailler depuis longtemps. Type au charme mystérieux, énigmatique, à l'humour affleurant entre des moments de gravité. Encore une troupe, l'idée me plaît bien ; cette fois, l'alliage est moins réussi. La pièce raconte une confrontation politique : un aspirant à la mairie, joué par moi, veut déloger la maire en place, jouée par Isabelle Carré, et qui d'ailleurs n'y voit aucun inconvénient. Il s'agit d'une métaphore sur le pouvoir, la prise du pouvoir et ses avatars. Une écriture plus littéraire que théâtrale.

2017 – L'hiver en province

On a créé la pièce fin janvier à Angers après de longues répétitions.

Je craignais le pire en m'installant sur place tout ce temps. Pas du tout. La vie de province, le calme, tout à pied, les rues commerçantes, la vieille ville, le château, les cinémas, les zones de sorties et de bars, tranquille la vie, séquencée par quartiers, la vie de province, un bien fou, combien de temps ? J'ai vu des films, marché, visité, arpenté, appris mes textes, traînassé dans ma chambre d'hôtel, puis changé de chambre, puis encore changé de chambre, rêvassé avant les répètes, puis après les répètes, tranquille, le travail en province, séjour éphémère, la vie de province, coup d'œil sur l'immobilier, pas cher, pas cher du tout, une grande maison avec jardin dans le centre pour le prix d'un studio dans le 19e à Paris.

Première au grand théâtre du Quai, l'auteur Marie NDiaye est là. Plutôt bien passé. Bien reçu. Il y a les édiles, les notables, les élus. Petit raout après avec les élites locales. Ça boit, ça danse, ça mange, ça sourit, il y a des yeux doux, je m'éclipse, je vais avec Nicole Garcia, Pierre Rochefort et Josiane souper dans le seul restau ouvert à cette heure. La critique du *Monde* déménage, elle a tout compris et me porte au pinacle.

On continue tout ça à Paris, au Rond-Point, chez Jean-Michel Ribes. Accueil mitigé. La province est douce mais trompeuse. La presse n'est pas terrible. On est bien, là, au Rond-Point. Entre mes scènes, j'ai de grands moments de vacance. Pas épuisé. On dîne après au restau du Théâtre (là je pense qu'il y a encore un peu de boulot) avec les gens venus nous voir ou les acteurs des autres spectacles. La vie de théâtre, donc.

L'école est finie

J'aime beaucoup Bérengère Krief ; je la connaissais assez peu avant. Tournage en Belgique, près de Bruxelles, de *L'école est finie* d'Anne Depetrini, ex-animatrice à la grande époque de « Nulle part ailleurs », sur Canal+. Tranquille. Très mal à l'estomac au début.

C'est quoi ce délire ? Pourquoi ce film-là et pas d'autres ?

Mystères du deuxième cerveau.

Mon estomac me fait chier.

Ça se passe à Bruxelles, ça se passe bien. Le temps passe, j'entends « Moteur ! », « Action ! », « Coupez ! », « C'est très bien, merci ! ». Bérengère Krief a du charme. Le soir, on dîne avec le producteur dans les restaurants qu'il faut, Marilou Berry est là aussi parfois. Allers et retours en Thalys. Un film de plus. Rien à signaler. Une composition, me dit-on, j'en sais rien.

Le temps passe. Je cours. Vais à une soirée organisée par la mise en scène, dans une boîte à Ixelles, m'éclipse vite, la bouffe et le vin sont nuls. Je vais rentrer à pied, à travers cette belle ville de Bruxelles, qui semble dépeuplée comparée à la grouillante Paris. Je me dépêche, je veux voir un reportage sur Macron à la télé.

Ah Macron ! Fin de l'épisode.

Grand écart

Le grand écart entre l'aventure Marie NDiaye, l'écriture à son degré ultime, l'exigence littéraire à son apogée, le circuit public, le service public, le public, l'esprit et le théâtre de la Michodière, le temple du boulevard, Bob Martet, le divertissement, le burlesque, la comédie, le boulevard et sa folie, l'auditoire populaire, l'énergie demandée (je terminais en eau, perdant peut-être un ou deux litres). Grande acrobatie dans la même année : passer de l'un à l'autre avec délectation, du plaisir de dire la langue au bonheur d'éructer la bouffonnerie.

La comédie de Bob Martet *Tant qu'il y a de l'amour*, on la répète assez longtemps dans une grande salle improbable et décentrée, aux Lilas. Moment créatif et détendu : on travaille bien avec Anne Bourgeois, Marie-Anne Chazel, Gamelon, Bègue.

HMC

J'en profite pour tourner un peu l'été dans *Demi-sœurs*, où je fais la connaissance de trois jeunes actrices, douées, rigolotes et sympas. Il y a souvent un effet d'entraînement chez les jeunes acteurs, c'est à celle qui la ramènera le plus, aucune ne voulant être en reste. Comme s'il fallait déjà affirmer quelque chose, imposer une voix, un regard, une personnalité hors du champ des caméras.

Les matins de « HMC » (Habillage, Maquillage, Costumes) où on fait connaissance, où on se mesure, se jauge, où on se hiérarchise, où on se plaît ou déplaît, peut être, pour un jeune acteur, un passage plus ou moins périlleux qu'il faut franchir avec tenue et dignité…

Il y a ceux qui parlent tout le temps, et pour ne rien dire, il y a les muets, les rouspéteurs, ceux qui se plaignent, « il fait froid, il fait chaud, quand est-ce qu'on mange, j'ai faim, il est pas bon le café », les drôles : d'entrée de jeu il faut envoyer la vanne, et les tétanisés qui se planquent comme ils peuvent, les conscients de leur statut, faut pas les emmerder, qui maîtrisent tout, c'est tout un petit monde éphémère, la durée du maquillage et de l'habillage, qui naît et qui meurt le temps d'affirmer son existence.

Tant qu'il y a de l'amour

La comédie de Bob Martet *Tant qu'il y a de l'amour* à la Michodière fut un triomphe. Il y est question de maîtresse, de mari gênant à éliminer, on tente de l'empoisonner mais il a une résistance étrange aux différentes substances utilisées, déclinaison irrésistible sur ces thèmes : le cœur du réacteur nucléaire du Boulevard. Il s'agit de jouer la partition excessive de l'étonnement réclamée par le public, la mauvaise foi, le mensonge, les fausses naïvetés, les protestations, les colères feintes, fort et vite et bien, ingrédients de la sauce boulevardière qu'il faut savoir faire prendre. Parfois, et même souvent, on s'aperçoit au boulevard que, plus que le sens des mots, c'est la façon de les asséner qui compte, la conviction – c'est très étonnant, c'est presque une science, un ton, une musique, un rythme et puis une complicité, une connivence avec le public qu'il faut maintenir tout en restant à bonne distance. Le divertissement boulevardier est un art qui a ses lois propres et qui réclame le talent de tout ça, ne pas croire que c'est simple. Mais quand j'en ai l'occasion, je m'y ébroue avec délectation. Pendant cette période épuisante, où sur scène je tremblais, sautais, tombais, faisais le singe, m'arcboutais, vociférais, je tournais à une heure trente de chez moi *L'Empereur de Paris* de Jean-François Richet, avec Vincent Cassel, Luchini, Ménochet et une fille étonnante : Olga Kurylenko. Il s'agit d'un film de cape, d'épée, de bruit et de fureur à partir de l'histoire de Vidocq, film à très gros budget. Il se déroule au XIXe siècle. Grosse reconstitution. Gros casting. Grosse équipe. Gros moyens. Grosse pression pour les producteurs, les frères Altmeyer.

Le soir, je rejoins le théâtre en moto-taxi, il fait froid, il pleut, c'est assez éprouvant après une journée de tournage et avant une soirée de scène athlétique. Mais on y arrive. Je dors peu, je pense à rien, c'est bon signe, je pense à mon texte, à prendre un sandwich pour manger un peu avant la représentation du soir, à bien me couvrir en moto, à bien jouer, à discuter avec Luchini, à déconner avec Ménochet, à copiner avec Olga, je ne pense à rien, c'est bien.

Julian Schnabel

Julian Schnabel me demande de participer à son film sur Van Gogh avec Willem Dafoe : *At Eternity's Gate.* J'aime beaucoup Julian Schnabel. Au-delà de ses activités de cinéaste, il est l'un des peintres les plus importants et les plus cotés du néo-expressionnisme des années 1980-1990, et je pense que Julian Schnabel m'aime beaucoup. Pendant le tournage de *Le Scaphandre et le Papillon*, avec entre autres Mathieu Amalric, j'étais un peu le centre de son attention, ce qui parfois me désarçonnait, et qui aggravait la difficulté d'échanger dans une langue commune. Son français était à la hauteur de mon anglais. Il demandait que je mange à ses côtés, réclamait toujours ma présence, guettait mes réactions sur n'importe quel sujet, s'enquérait de mes projets immédiats et de ce que j'avais envie ou prévu de faire. Il me proposa même un aller et retour avec lui en jet privé à San Sebastian, où sa femme et lui possédaient une maison. Au-delà de toute ambiguïté, il avait je crois une forme d'admiration pour moi, ayant vu le film de Stéphane Brizé *Je ne suis pas là pour être aimé*, enfin il me semble, c'est en tout cas ainsi que je m'expliquais l'intérêt constant qu'il me portait.

Le film sur Van Gogh était en anglais, c'était un film américain. Il y avait du job. Les scènes étaient longues et très dialoguées, tout le monde s'y est mis, pour coacher mon anglais, corriger mon accent, mon rythme, etc. Ma fille, des amis bilingues, tout le monde. Parlons de mon anglais : un silence de mort succédait à chaque prise, une immobilité, un flottement, voire une sidération. J'entendais les cerveaux fonctionner : « Ah oui, quand même, je ne savais pas que ça pouvait être à ce point-là »,

« Ouh là là, comment faire ? » Se dégageait de tous ces corps une fixité extrême. Seul Willem Dafoe m'encourageait d'un sourire radieux et d'un mouvement de tête genre : « Tu vas y arriver. »

Willem Dafoe

À propos de Willem Dafoe, je voudrais souligner que, comme tous les acteurs américains avec qui j'ai travaillé, et en fait il y en eu très peu, au-delà de son extrême professionnalisme (il avait par exemple un grand monologue sur les gestes du peintre qu'il expliquait à mon personnage, sans une hésitation, sans aucune difficulté mémorielle), il avait une telle générosité qu'il nous faisait nous sentir bien, partager des territoires du jeu avec gourmandise et fraternité, parcourir ensemble les zones de plaisir que seule peut nous apporter la belle maîtrise de l'art dra.

Sur un de mes contrechamps, par exemple, le chef op' dresse un large drapeau, sorte de réflecteur destiné à éclairer l'acteur de façon indirecte, et qui du même coup occulte et cache l'acteur en face. Un chatterton est collé sur le réflecteur, il est censé être le regard de l'autre. Pratique peu agréable mais courante, l'acteur doit se débrouiller avec ça, la lumière dans trop de cas étant reine. Juste avant la prise, je vois surgir le bon visage de Willem Dafoe, qui avait rampé sous le drapeau, s'était tortillé dans la boue, dans le froid implacable du petit matin, et tordu le cou pour que je puisse profiter de son regard et rebondir sur son jeu.

Les acteurs sont les gardiens et les dépositaires des sentiments et des caractères des hommes. Ils peuvent être la lie, ils peuvent être sublimes.

L'égotisme et l'abandon, la grandeur et le néant, le sourire et la grimace.

Pas forcément l'un ou l'autre, ils peuvent être les deux à la fois.

Mes séquences ont été supprimées au montage, Julian Schnabel m'appelle pour me le dire, est-ce mon accent déplorable ? Il m'affirme que non, le film était bien trop long, il a fallu renoncer à certaines séquences qu'il aimait beaucoup. Ça me fait penser à cette phrase de William Faulkner, qui à une époque fut monteur à Hollywood, et qui disait : « Le montage consiste à se séparer des choses qu'on aime le mieux. » En l'occurrence, je ne sais pas si c'était le cas.

Schnabel me fit cadeau d'une copie d'un tableau de Van Gogh refait à l'absolu identique par Schnabel lui-même. Donc, j'ai chez moi un Van Gogh et un Schnabel dans le même tableau et pour le même prix, enfin, le prix de l'amitié.

2018 – Histoire de genou…

En janvier 2018, je suis parti trois jours au ski avec ma famille, le temps de m'apercevoir que je ne pouvais plus tourner sur la droite. Ce que je craignais et qui s'est confirmé, mon genou arthrosé ne me permettait de tourner que sur la gauche, ce qui est un peu juste quand on aimait dévaler les pentes, et même les plus rudes. Je me contentai des pistes vertes. Je laissai ma fille vivre sa vie et la regardai avec envie et gourmandise louvoyer là-bas sur les bosses. Un petit renoncement qui m'affectait plus que je ne le laissais paraître. Mon corps m'interdisait dorénavant l'euphorie conquérante des longues descentes alpestres.

Un hiver en province II

On allait attaquer les répétitions de *Tu te souviendras de moi*, de François Archambault. Daniel Benoin, le metteur en scène, que j'aime bien au demeurant, a pendant les répétitions la tête constamment penchée sur son carnet, où il prend un nombre considérable de notes. Peut-il avoir, dans ces conditions, une impression juste de la qualité de notre jeu ?... Je me posais la question.

Nous créons le spectacle à Antibes dans le grand et beau théâtre que Daniel Benoin dirige. J'étais logé pendant ce mois et demi à l'hôtel Negresco, l'assistante venait le matin me faire dire mon texte, le temps fut de chien pendant toute la période : froid, pluie, vent glacial et même neige. Je me souviens que j'aimais bien ces déambulations en province, créer la pièce dans un grand théâtre régional où on allait dévirginiser le spectacle et le roder avant la reprise à Paris.

Je me souviens que j'aimais bien être dans ce vase clos, éloigné du tapage de la routine parisienne et des particules fines.

Ma mère est folle

Tournage de *Ma mère est folle*, de Diane Kurys, avec Fanny Ardant et Vianney. Séjour agréable à côté de Bruxelles. Composition d'un mafieux, haut en couleur, flamboyant, généreux sans en avoir l'air, ex-amant de Fanny Ardant. Travail excitant. Super dream-team. Vianney au charme fou, et les deux filles à la dinguerie contagieuse.

Mon bébé

Dans la foulée, tournage de *Mon bébé*, de Lisa Azuelos, avec Sandrine Kiberlain que je tiens pour une des plus grandes comédiennes françaises. (D'ailleurs je mets Fanny Ardant dans le même sac.)

La différence entre deux acteurs, c'est l'homme, disait Laurent Terzieff. Sandrine fait vraiment la différence. (Fanny aussi.) Je joue son père, dragueur impénitent.

J'ai été odieusement coupé à la sortie.

La promo

Dans la foulée, sortie de *Moi et le Che.*

Aujourd'hui, émission télé : promo. On va parler football avec Frank Lebœuf, champion du monde de foot quand même, c'est son émission, ça dure une heure, on remplit, je découvre, je réponds, j'ai l'air un peu ailleurs, je suis un peu fatigué aujourd'hui. J'aime bien Lebœuf, je n'ai pas préparé l'émission, j'aime bien la virginité en promo, ne pas savoir ce qui va m'arriver finalement c'est un petit voyage, une légère aventure, où on joue, on révèle une petite part de notre vision du monde, une petite part de nous-même.

Et un peu du film.

Tournée des plateaux télé, des studios de radio, et des villes de province. Rabachâge, remachâge, les plateaux s'en foutent du film, ce qui les intéresse c'est vous, votre passé, vos épisodes de vie, vos déclarations qu'ils sont allés piocher sur Internet : « Vous avez déclaré en mars 86 que… », vous êtes sommés de vous expliquer sur un truc que vous avez oublié ou qui vous rappelle un vague souvenir. Et le type, avec son micro, qui fait semblant de se passionner pour votre carrière et votre expérience, qui s'est déjà passionné la veille à la même heure sur quelqu'un d'autre et se passionnera encore le lendemain, cinq jours par semaine de passion inaltérable, et toujours à la même heure.

À la bière bonne

Après la présentation du film à Angoulême, le metteur en scène, le directeur du complexe Méga CGR et moi, on a bu des bières le long de la Charente, dans la chaleur de minuit, l'endroit était charmant. On a peu parlé de cinéma, la bière était belle et bonne, et à flots, on s'est dit nos problèmes d'homme, nos problèmes de mélancolie.

Aïe aïe aïe

Juin-juillet : tournage de *Damien veut changer le monde* de Xavier de Choudens avec Franck Gastambide, la jeune génération… Entendu à mon propos : « C'est une légende », « Grand monsieur », « Un monument ». Plutôt flatteur mais j'ai vraiment du mal à me situer, à me définir. L'âge ? Le nombre de films ? Quelques films-cultes dans ce nombre ? La jeune génération tchatche sur les iPhones. Ça poste, ça envoie, ça like, ça filme et ça poste encore, ça prend le manche et ça veut pas le lâcher. Gastambide m'évite, il « numérote » pour que je le regarde. Il se tait totalement quand je raconte ou j'interviens, il est peut-être intimidé, c'est comme ça que j'interprète. Il est gentil, très, et il est bon. Xavier de Choudens m'avait prévenu : « Moi, ce qui m'intéresse, c'est la direction d'acteurs. » Aïe aïe aïe, j'aurais dû me méfier. La direction d'acteurs est un concept flou, incertain et confus. On peut y mettre ce qu'on veut et son contraire. Diriger un acteur, c'est comme diriger la vie, on ne sait pas par quel bout la prendre.

Il y a les psychorigides, ceux qui s'en foutent, ceux qui souffrent, ceux qui sont pour, il y a les méfiants, les heureux, les malheureux, les intellos, les rieurs, les populaires, les cons, et puis les pires, les psychorigides qui dirigent et qui pensent que de leur direction va dépendre la réussite du film et considèrent que les acteurs sont leurs créatures à qui ils insufflent « leur vérité », et qui ne sont jamais aussi bons que quand ils se plient à leurs directives et qu'ils respectent la note, le son qu'ils croient le style et la marque du metteur en scène. On ne dirige pas les acteurs, ou alors les médiocres, ceux qui ne savent pas ou qui ne peuvent pas, on les accompagne, on déroule devant eux un tapis confortable, où ils vont pouvoir s'ébrouer librement, s'exprimer à leur main, tenter d'aller vers leur meilleur, surprendre et se surprendre. Pourtant le dirigisme forcené peut avoir des vertus, mettre l'acteur dans un état de colère, d'agacement, de mécontentement ou de fragilité qui peut aider à une sorte de concentration ultime, à aller droit au but. Cela donne des résultats. Mais un mot, très peu de mots, un sourire, une approbation, un encouragement, une suggestion sont souvent la bonne méthode.

N'oublions pas qu'un film, ce n'est pas que le résultat, la réussite commerciale, le succès critique, etc., c'est aussi l'histoire du tournage, le moment où ça se passe, le plaisir, l'aventure que ça comporte, les rencontres, l'âpreté, la confrontation, le lâcher-prise, l'étonnement, bref le plaisir.

Voilà, on est en juillet 2018, je tourne ce film avec plus ou moins de plaisir, disons plutôt moins. Je regarde les matches de la Coupe du monde, soixante et un sur soixante-quatre.

Je promeus deux films qui sortent le même jour sans succès particulier ou, comme c'est le cas de beaucoup de films, et puis l'un d'eux sortira et rencontrera le public, on ne sait jamais tout à fait lequel à l'avance, sauf exception. Être dans le bon wagon, dans le film qui va créer une envie folle du public, un besoin, une curiosité, relève du hasard radieux, un don des dieux faste et enchanté : la rencontre entre une œuvre et son public.

Tu te souviendras de moi

Il me faut à présent parler de la rentrée 2018 : la pièce *Tu te souviendras de moi* n'a pas marché. Succès critique pourtant et personnel très fort. Le public était plus qu'enchanté et enthousiaste, les applaudissements et les rappels étaient si intenses et nombreux que j'y mettais fin, souvent, en faisant un signe d'au revoir qui terminait les rappels en douceur. La mise en scène des pathologies et des handicaps n'a pas bonne presse en France, même représentés par le biais du rire et de la comédie comme ça a été le cas ici. Les Anglo-Saxons, eux, en sont friands et en redemandent : cancers, sourds-muets, sida, aveugles, paraplégiques, Alzheimer, toute la gamme est parcourue et régale le public.

Et puis ça a été un succès personnel, et l'extrême bonheur de jouer avec ma fille, qui faisait… ma fille.

La première a été triomphale. Philippe Tesson me serrant longuement dans ses bras et répétant « C'est sensationnel, c'est sensationnel ! » et l'expliquant la semaine d'après dans *Le Figaro*.

Il s'agissait d'un prof d'université, star de la télé, atteint de la maladie d'Alzheimer, qui déconnait avec et s'en amusait – mais rien à faire, le mal est plus fort que lui. Les gens riaient beaucoup à ce spectacle, qui était fait pour ça, même si à la fin, aux rappels, je percevais toujours dans le public les pleurs, les hoquets, les mouchoirs sortis.

Les applaudissements annonçaient un tel triomphe qu'au début je ne doutai pas de l'énorme succès à venir. Ce ne fut pas le cas. Chaque soir, gonflé à bloc, en revenant dans ma loge, je clamai en déconnant « On n'est pas à l'abri d'un succès ! » contrairement à ce que tout le monde disait et pensait. On a été très protégés du succès. Dommage…

Une semaine de théâtre

Rendez-vous au théâtre tous les soirs, deux fois le samedi et en matinée le dimanche. Le temps est structuré, l'agenda cadenassé. Chaque soir, une aventure, un voyage… Embarqué avec mes partenaires, accompagné par le public friand, incroyablement attentif. Le début de semaine parfois un peu calme, la fin de semaine pétaradante, puis la relâche.

Le dimanche, on va fêter la fin de semaine chez Drouant ou Lipp, ou bien on dîne à la maison avec des amis, ou encore on part à l'île de Ré ou à Deauville ou ailleurs, deux nuits et retour mardi pour la représentation, et ainsi de suite…

Ça peut être aussi le match de foot sur Canal quand c'est le PSG. On commence avec encore la chaleur, puis on s'enfonce peu à peu dans l'hiver, on guette les recettes, chaque soir est un exploit, une rencontre, un tour de force, un chemin de croix, ou de roses.

Sorties hasardeuses

En 2018, sortie de quatre films ; chacun, à son niveau, a été plus ou moins un échec. *Moi et le Che*, mal distribué dans des circuits Art et Essai, a quand même fait une petite carrière (vraiment petite), *Ma mère est folle* de Diane Kurys, un échec cuisant, et *L'Empereur de Paris* un échec relatif, presque un million d'entrées, ce qui peut paraître bien mais reste tout à fait insuffisant rapporté au coût du film. Les avant-premières et les soirées chiffres sont chaleureuses et rigolardes. Je fais souvent le show. Je m'amuse.

Une journée comme les autres

C'est un tourbillon.

Une journée prise au hasard : des appels téléphoniques, des SMS, des mails, des envois, des messages, des WhatsApp, des WeTransfer, des identifiants, des mots de passe, des PDF, des Word, des téléchargements, des liens visionnés... et même des Excel...

Récapitulons. Ça commence assez tôt. C'est l'Hôpital américain. Mon bilan sanguin biannuel comporte des anomalies. Ils veulent me voir. Merde ! En tant qu'hypocondriaque majeur, je pense, puis je dis « Merde ! » plusieurs fois et renouvelle l'imprécation, « Merde ! Merde ! ». Rendez-vous est pris pour le lendemain puis, très vite, après, Nicolas Altmeyer, le producteur de *L'Empereur de Paris* – le film doit sortir dans trois semaines – me demande, légèrement anxieux, ce que j'en ai pensé, je l'ai vu la veille en projection. Je lui dis, entre autres, que je suis sûr que ça va marcher, je sens que rien ne peut faire plus plaisir à un producteur – le film est très cher... Nicolas fait partie avec son frère Éric de ces producteurs ambitieux, risque-tout, curieux (Mandarin, leur boîte, est probablement un des endroits les plus importants et essentiels de la production française), élégants, sympathiques, cultivés, amateurs de théâtre... et puis ils m'ont à la bonne.

Très souvent – pas toujours – les producteurs sont des gens charmants, drôles, avec qui on partirait bien en week-end, passer de bons moments rigolos, brillants et instructifs. Jusqu'à ce qu'on s'aperçoive que ces types-là ont un grain, un gros grain, c'est un métier de fou exercé par des fous, donc. Un moment le masque tombe, et l'élégance, la chaleur, l'attention, le charisme s'effacent et se dessinent la profondeur de l'ombre, l'angoisse, l'égotisme, la folie.

Coupler l'ambition artistique et la maîtrise industrielle est un travail très lourd à porter.

Ces types-là veulent le pouvoir, l'argent, mais accordons-leur cela, ils ont l'amour effréné du cinéma.

Je demande à mon agent le téléphone de Jean-François Richet, le metteur en scène, elle m'en donne un faux.

Entre-temps Diane Kurys m'a appelé pour parler avec moi de l'affichage de son film *Ma mère est folle*, avec Fanny Ardant et Vianney, et de l'avant-première, qui s'est plutôt bien passée : beaucoup de rires.

J'essaie difficilement d'ouvrir le lien d'un documentaire sur les années Guevara puisque je dois participer bientôt à une émission sur la chaîne LCP où on va parler du Che. Pourquoi ? Parce que j'ai tourné un film qui s'appelle *Moi et le Che.*

Je laisse un long message à Jean-François Richet pour lui parler de son film. Il m'appelle : « Non, il n'a pas eu le message... Non, ce n'est pas le bon numéro. »

Il faut maintenant choisir une photo et l'envoyer à un journal de l'île de Ré qui m'a fait une interview cet été, et puis choisir un endroit pour une autre interview pour *Le Figaro* après-demain. Je propose plusieurs endroits, c'est le bar du Meurice qui est retenu.

On me maile un reportage dans *Match* qui vient de paraître sur ma fille et moi mais c'est illisible sur mon iPhone. Après plusieurs tentatives de lecture, je laisse tomber.

Ah ! Il faut organiser un rendez-vous avec un metteur en scène israélien avec qui je dois faire un film. Il passera à Paris entre le 10 et le 15, de tête il me semble que le 14 serait la bonne date.

Une amie de Lyon m'appelle pour me dire qu'elle a déménagé. « Ça y est, c'est fait. » Elle est contente, je suis à l'écoute de son contentement, mais déjà je pense à la photo que je dois envoyer pour illustrer le magazine de l'île de Ré.

C'est à ce moment que Jean-Luc Moreau me « essaimesse » pour lire une pièce d'Éric Assous – j'aime beaucoup Éric Assous. Il n'est pas sûr de mon mail, il faut que je lui envoie pour qu'il soit sûr, dit-il. J'envoie.

L'assistante de mon agent me demande par SMS si j'ai choisi la photo. Je lui réponds par SMS que mon iPad est déchargé, qu'il faut attendre.

L'attaché de presse Alain Ichou : autre SMS. « 14 h 30. Bar du Meurice, pour Le Figaro, vendredi, c'est bon ? » J'envoie un « OK ».

Et mon médecin, Fréderic Lopez, peut me recevoir à 20 h 15. « Ah non ! C'est vrai ! Vous jouez ! » SMS : « Non, c'est bon. 20 h 15. Je ne joue pas ce soir. »

Mon agent m'appelle pour me parler des tarifs de la tournée de *Tu te souviendras de moi* pour l'année prochaine, il y a matière à discussion.

Mon agent me rappelle pour me dire que le film de Stéphanie Vasseur va se faire. Je rappelle mon agent pour lui demander de quel film il s'agit déjà.

La mère de Victor, mon fils, me téléphone : il est malade et elle va appeler le médecin. Je sais qu'elle va me tenir au courant.

SMS : ma fille Émilie voudrait me parler des dates de la tournée qu'elle va faire avec moi.

SMS : on me demande si je suis d'accord pour une captation pour la télé de *Tant qu'il y a de l'amour* pendant la tournée. On attend vite une réponse.

SMS : « Je réfléchis. »

Ça tourbillonne grave. Un mail d'Éric Coubard, producteur de musique : est-ce que je veux participer, par l'intermédiaire de la plate-forme KissKissBankBank, au lancement du nouveau CD d'Eric McFadden en envoyant quelques euros. Eric McFadden est un chanteur américain que j'aime beaucoup et qui a écrit une très belle chanson sur mon fils. « Ferdinand », c'est le titre. Compliqué à faire fonctionner, tout ça. Ma femme qui passe par là fait le job. Pas simple mais on y arrive. On envoie les euros.

SMS : est-ce que je pourrais faire une émission lundi sur Canal+ pour le film *L'Empereur de Paris* ?

« Oui, bien sûr. »

L'adresse pour la voiture qui viendra me chercher ?

SMS.

Et l'heure ?

Re-SMS.

Ça pianote grave sur les claviers.

Je n'arrive pas à ouvrir le lien pour lire le doc sur le Che. J'appelle le responsable de l'émission pour savoir. Comprends rien. Je botte vers ma femme, qui va faire le job. Pas simple mais on y arrive. Au bout d'un quart d'heure, le doc « beugue » et s'arrête. Je lâche l'affaire.

Mail : « Mandarin Films ». Il leur faut vite la liste de mes invités et leur adresse pour l'avant-première de *L'Empereur de Paris*. J'envoie quelques noms.

François-Brice, avec qui je travaille pour l'Association Ferdinand : est-ce que j'ai eu Nakache ou Toledano pour tourner un nouveau clip de sécurité routière ?

SMS : demandes de places pour le théâtre...

SMS : Marcel K., qui s'occupe de mes affaires : « Je dois rappeler les impôts. » (J'aime pas ça.)

SMS : « Victor va bien mais appelle-le pour le week-end. »

SMS : mon amie Véronique me demande le service d'enregistrer quelques éléments de dialogues pour l'opéra qu'elle monte cet été à Belle-Île. C'est ma voix qu'il lui faut.

SMS au responsable de Planète Technologie qui m'a vendu la télé : « Où dois-je brancher mes écouteurs si besoin est, je ne vois pas où… » Pas de réponse.

On sonne. Un mec vient s'occuper des souris. Il inspecte, sillonne en installant des pièges olfactifs un peu partout. Je lui dis : « Faites comme chez vous… »

Rappel de Planète Technologie pour fixer un rendez-vous.

SMS : le proviseur du lycée de mon fils me demande mon mail, que je lui envoie par SMS.

Ma cousine, qui habite dans un petit village en Normandie, est effarée et effondrée par les exactions des gilets jaunes, choquée par la vision de l'Arc de Triomphe saccagé. Au téléphone, elle me dit : « J'ai une toute petite retraite mais je veux bien qu'on en prenne un peu si ça peut aider la France. » J'en ai presque les larmes aux yeux. Les gens de ma famille sont des gens bien. Mais ça, je le savais déjà.

II est temps d'aller chez le toubib. Vite, mon bilan. Non, je n'ai pas Parkinson. Non, pas de diabète non plus. Faut que je boive plus d'eau. « Vous avez l'air très en forme… »

Ouf.

Je rentre chez moi. Le volume des mails s'est accru. Je lis : « Est-ce que Victor peut venir ce week-end ? », « La livraison du tapis aura du retard. Au moins une semaine. Toutes nos excuses ».

SMS : Nakache me dit qu'il me rappellera demain.

SMS de Toledano : Olivier te rappelle demain.

SMS de Sarah Guetta, ma coiffeuse : « Jeudi je ne suis pas là ou alors tôt le matin. »

SMS : « Une moto-taxi vient vous chercher demain. » Je dois présenter le film *Mille millièmes* au congrès d'un groupe d'immobilier, dans un cinéma sur les Champs… Petit signe amical à Rémi Waterhouse, le metteur en scène disparu. Adresse ? Heure ? Tac, tac. SMS…

Fin de la journée. Il est 23 heures. Non, ultime SMS d'Hélène Cases, productrice : Emmanuelle Bercot serait d'accord pour tourner un clip pour l'association. Ça dépend de son agenda.

Je ne réponds pas : je m'endors devant une série. Demain est un autre jour…

La souris sort de la cuisine et file devant moi.

Moi et les présidents

Mon premier contact avec un président de la République fut avec Alain Poher, vous voyez que j'ai commencé doucement. Il y était par intérim, mais quand même ; il se présenta pour obtenir définitivement le job : il fut écrasé par Georges Pompidou.

Il me reçut dans son bureau à l'Élysée, je venais solliciter une dispense, ou tout au moins un sursis, pour ne pas faire tout de suite mon service militaire, j'avais des engagements professionnels. À l'époque, j'ai pour petite amie la fille de Jean Lecanuet, homme politique majeur, qui avait fait 17 ou 18 % à l'élection présidentielle et qui était considéré dans l'opinion comme le Kennedy français. Lecanuet était le soutien numéro un d'Alain Poher. Il m'avait fait une lettre d'explication et de recommandation destinée à Poher, ce qui fait que j'ai été reçu et écouté dans le bureau du président avec tous les honneurs dus à son rang (celui de Lecanuet). Poher me laissa entre les mains de son chef d'état-major des armées, qui m'expliqua qu'il allait en parler au général Machin, qui lui-même interviendrait auprès du général Truc, etc. Un mois plus tard, Pompidou vainqueur déboula à l'Élysée. Michel Debré fut nommé à la Défense et tout ce qui venait de son principal rival à la présidentielle fut balayé sans ménagement. Donc même un président de la République – par intérim, soit – n'avait pu m'obtenir un sursis.

Je rencontrai Giscard bien des années plus tard, il vint en famille me voir dans *Le Souper* de Jean-Claude Brisville, que je jouais avec Niels Arestrup au théâtre de la Madeleine. En 2015. Après la représentation, il s'installa dans ma loge, refusa de s'asseoir, me fit un cours sur Fouché et Talleyrand, deux monstres politiques, envers qui on sentait qu'il avait, en plus d'une parfaite connaissance, une certaine admiration. Il était brillant, chaleureux, content de sa soirée, pour tout dire, charmant. Envie de continuer la conversation avec moi, mais il fallait rentrer, sa famille restée dans le couloir lui indiqua que c'était le moment.

Pour Mitterrand, ça s'est d'abord passé au théâtre de l'Atelier. Je montais sur scène pour faire mes exercices une heure et demie avant le spectacle, comme toujours, je fus surpris de constater qu'il y avait du monde dans la salle : « Quoi, ils ont déjà fait entrer le public ? » Le régisseur me révéla que c'était la sécurité du président, deux ou trois personnes très élégantes étaient assises aux places d'orchestre les plus chères, quelques couples disséminés au premier balcon, costards pas mal et, au second, cheveux longs, jeans et blousons.

Casting et mise en scène étudiés et parfaits.

Je jouais avec Nathalie Baye et Micheline Presle une pièce de Natalia Ginzburg, *Adriana Monti*, qui était le succès de la saison. Le président semblait avoir apprécié et vint nous saluer, mystérieux et silencieux, et puis il est allé se taper la cloche À la Cloche d'Or, un restau de nuit, connu des acteurs, à Pigalle, où il m'arrivait souvent de traîner tard dans la nuit. J'ai recroisé plusieurs fois Mitterrand aux fameuses garden-parties de l'Élysée, chaque 14 juillet, sorte de rendez-vous républicain mais aussi pipole. Qui a été abandonné, tout cela a un coût et l'époque est à la restriction. Les fêtes versaillaises ne sont plus dans l'air du temps.

Pour Chirac, la relation fut un peu plus établie. Cecilia Peck, ma partenaire dans un film d'André Farwagi, était la meilleure amie de Claude Chirac – Cecilia était la fille de Gregory Peck, qui était le meilleur ami de Jacques Chirac. La première fois que j'ai dîné avec Chirac, c'était à la mairie de Paris. On a bien ri, bien bu, bien photographié, bien déconné. Chirac était un déconneur. Une autre fois, c'était avec Gregory Peck, le parler anglais de Chirac était une occasion de rire supplémentaire. Un soir, je raccompagnai Gregory Peck dans ma voiture jusqu'au Ritz, où il résidait ; nous avions ri et sympathisé durant le dîner, on me traduisait, il me parlait théâtre, il me disait que c'était le plus important, et que d'ailleurs, avant de sombrer définitivement dans le cinéma, l'acteur oscarisé avait eu quelques succès à Broadway, et qu'il était toujours le président d'une troupe, à Los Angeles. Dans la voiture, nous restons incroyablement silencieux, j'étais impressionné et mon anglais était lamentable, lui semblait fatigué. Arrivé devant le Ritz, j'entendis qu'il disait, rompant le silence et relativement fort : *« Booooooota — Please ? — Booooooota. »* Il désignait me semble-t-il une voiture garée sur le trottoir, au loin, il me quitta en me serrant la main et m'envoya son grand sourire incroyablement lumineux, j'allai vérifier la voiture sur le trottoir. Oui, c'était bien ça, c'était bien une Bugatti.

Une autre fois, Chirac me confia qu'il avait arrêté de fumer du jour au lendemain sans effort particulier. Personne ne s'en était aperçu autour de lui. Après avoir dit ça à RTL (on lui avait posé la question), il reçut une bordée de lettres d'injures de fumeurs qui n'avaient pas réussi à s'arrêter ou avaient repris, etc., etc. Les hommes politiques de ce niveau ont parfois une force, un talent, un courage qui n'est pas toujours bien perçu par le plus grand nombre.

« Où est la force, monsieur ? demandait-on à Robespierre.

— Chez les médiocres, monsieur.
— Pourquoi ?
— Parce qu'ils sont le nombre, monsieur. »

Une autre fois, on avait voulu l'emmener aux Bains-Douches avec nous. Il avait fait semblant d'hésiter à venir, s'était même installé dans ma voiture, garée dans la cour de la mairie de Paris. Claude et Cecilia y étaient déjà, puis il s'était ravisé et en sortant m'avait lancé : « Prenez simplement soin de ma fille. »

Quand il m'est arrivé de dîner à l'Élysée, j'avais remarqué que Chirac ne parlait pas politique, jamais. Je me souviens qu'en sortant sur le perron, où il nous raccompagnait, je m'étais dit : *Ce type est sympa, et il est vraiment de droite.* Sa vision du monde, des gens, de l'art, etc.

Le jour de la mort de Ferdinand, une voiture venant de l'Élysée est venue déposer chez moi une lettre de Chirac, très ému et choqué.

On s'en souvient…

Nicolas Sarkozy m'avait invité à venir écouter son discours sur la culture, et à la présentation de la nouvelle équipe culturelle, composée de personnalités venant de tous les horizons, présidée par Marin Karmitz, patron de MK2 et résolument à gauche. J'étais debout, fatigué, mal réveillé, dans cette grande salle de l'Élysée, entouré de Jean-Michel Ribes, de ce cher Claude Rich, et d'une ribambelle de figures responsables et cultureuses. C'est alors qu'à la fin du cérémonial, Sarkozy traça directement vers moi, entouré de ses assistants.

— Qu'on ne dise pas que je ne fais rien pour la culture, quand même ?!

Il me posait la question à moi, il attendait une réponse. Rien ne vint. Encore engourdi par la nuit courte, cherchant à comprendre la question, essayant vaguement un semblant de réponse qui ne vint pas. Le président attendait. C'est à moi qu'il posait la question. J'avais été choisi, distingué, élu. Le silence s'installa, son œil était juché sur le mien. Aucun son, borborygme, souffle ne s'échappa de moi, une fixité extrême s'incrusta. Le président attendait au moins une réaction, même hostile, mais une réaction. L'attente se prolongea, au-delà de ce qui était normal ou humain, puis devant l'innocuité de la personne en face de lui, Sarkozy décrocha brusquement, sans un mot, et disparut dans un couloir là-bas, suivi de ses assistants.

Quant à Hollande, la première fois que je l'ai rencontré, c'était à un raout de printemps sur la terrasse du théâtre Édouard-VII. Je lui ai dit que je faisais partie de la liste de ses soutiens. C'était avant l'affaire DSK. Ça a eu l'air de lui faire plaisir. Il me présenta Valérie Trierweiler. On discuta un assez long moment de tout et de rien et, avant de partir, il me claqua trois bises comme si on était des potes de toujours. Je recroisai le président plus tard, aux Tuileries, entouré d'une armada de sécurité, il faisait un petit tour dominical, il signait quelques autographes, moi aussi, « Ah comment allez-vous », me dit-il. Il avait l'air content de me voir, il était au plus bas dans les sondages, et bashé de tous les côtés, c'était sa sale période.

— Victor, je te présente le président de la République.

Victor me répondit qu'il « savait, quand même ! ».

— On faisait une partie de foot, avec mon fils.

— Ah ! bravo ! me répondit le président.

(Voulait-il par là me féliciter de galoper encore à cet âge vénérable ?)

Puis, après un silence, j'eus cette parole malheureuse :

— Ça va ? lui dis-je.

Qu'on pouvait interpréter comme « Ça ne doit pas aller très fort, mon pauvre vieux. Je compatis ».

Il baissa les yeux sur l'autographe qu'il était en train de signer et répondit :

— Ça va, ça va.

J'ai été très con.

Les mots de Jean-Marie Le Clézio furent prononcés par l'équipe réunie par Daniel Benoin, sur la place Masséna, à Nice, devant Emmanuel Macron, une bonne partie du gouvernement et beaucoup d'élus de la région, pour commémorer un an après l'horrible attentat immonde et dégueulatoire, j'invente le mot, en direct à la télé. À mes côtés, Line Renaud, Berléand, Timsit, Michel Legrand, Michèle Laroque, Boujenah.

Chacun disait la prose sensible et bouleversée du grand écrivain. Quand vint mon tour, mon micro ne marchait pas. En d'autres circonstances, je m'en serais tiré par une pirouette, peut-être une vanne. Là, l'heure n'était pas à ça. J'essayai d'articuler en forçant un peu, j'étais perdu, Benoin vint à mon secours et me changea le micro. Le président et sa femme me scrutaient. Je recommençai. Cette fois, j'envoyai.

À la fin de la cérémonie, tout le monde se réunit.

Le moment était fort.

Des humains étaient capables de ça.

Nous, on était les vrais, les vivants et les morts.

J'entendis Brigitte Macron : « Il faut présenter M. Chesnais au président. » Je me fraye un chemin jusqu'à lui, lui attrape la main et lui balance : « Ça me fait très plaisir de vous voir. » Il me répondit dans la foulée : « Moi aussi, ça me fait très plaisir de vous voir. » Puis je lui tournai le dos direct et m'éloignai. Je ne voulais pas l'embêter plus longtemps, j'estimais que le moment n'était pas aux échanges de ce genre. Josiane, qui observait la scène un peu plus loin, me dit qu'il avait commencé une phrase et que mon départ l'avait stoppé net. En gros, je lui avais mis un vent.

Le soir, tous ensemble avec les acteurs et chanteurs, nous récitions, accompagnés d'un grand orchestre symphonique, des pages magnifiques sur la vie, l'espoir, devant les familles des victimes au cœur d'un immense parterre. Michel Legrand nous fit un gros malaise, j'ai eu peur, j'ai cru qu'on le perdait, les pompiers semblaient rassurants, du coup j'étais rassuré.

Je revis Emmanuel Macron à l'Élysée. J'étais accompagné de Fanny Ardant, Vianney, Diane Kurys et Josiane bien sûr. Il y avait des responsables de grandes chaînes, on présentait *Ma mère est folle* dans la salle de projection du palais.

Brigitte Macron nous fit patienter dans le salon d'honneur en nous racontant par le menu les travaux de déco en cours : le président était en retard, il était à Bruxelles avec tous les Européens, c'était assez chaud, de même que la veille les gilets jaunes, c'était assez chaud aussi. Je dînai à sa table, j'étais de bonne humeur, je déconnai un peu, il semblait m'écouter avec intérêt, en souriant, encore plus attentivement quand je lui parlai des pages splendides de Victor Hugo sur l'insurrection et l'émeute.

Brigitte Macron me glissa à l'oreille : « Quand il est un peu préoccupé, il boit un petit whisky et fume un petit cigare. » Je lui répondis : « Ce soir, il a le droit d'en prendre deux. »

Après le dîner, le président nous fit visiter les appartements, la salle du Conseil des ministres, les bureaux, où il y a des œuvres magnifiques, son bureau, très en désordre. J'osai, en ramassant une feuille par terre :

— C'est un peu le bordel, monsieur le président.

— Oui, c'est parce que j'y travaille beaucoup, me répondit-il.

— Vous voulez que je range un peu ?

— Non, je n'aime pas qu'on touche à mes affaires.

À la sortie, sur le perron, en lui serrant la main, je lui parlai du courage qu'il faudrait qu'il ait, il me répondit :

— Oh là là, ne vous inquiétez pas. Vous pouvez être tranquille.

Chroniques footballistiques

Seule la victoire est belle.

J'étais au Stade de France l'autre soir, pour le match d'ouverture de la Coupe d'Europe des nations : France-Roumanie. Seule la victoire est belle, je peux vous dire, vraiment belle. À 1-1 on est chafouin, grognon. Ils sont lents, poussifs. « Poussifs » est le mot qui revient souvent. À 2-1 tout change, rien ne se crée mais tout se transforme. À 2-1 on est contents. Pas encore vraiment heureux. Mais contents. Seule la victoire est belle.

À 1-1 l'équipe n'est qu'une bande de racailles analphabètes et surpayées, l'instant d'après, à 2-1, les dieux de la mythologie n'ont qu'à bien se tenir, ceux-là n'ont rien à leur envier.

Quatre-vingt mille personnes hurlent vers leurs nouveaux héros, leurs idoles. Leur exemple, leur religion, leur guide, leur amour, leur joie, leur dernier rempart contre le désordre et l'anarchie, leur brigade nationale internationale.

Plusieurs dizaines de millions, chez eux, leur emboîtent le cri.

Déroulons le fil des événements.

Échappé des bras de sa mère, dont le fantasme était l'explosion d'un avion au-dessus du Stade de France, mon fils court, j'essaie de le suivre, il connaît le chemin de la tribune (on a nos habitudes), il ne veut surtout pas rater le French Cancan inaugural.

Première mi-temps poussive, donc, on me propose une bière, que je refuse (j'aime bien voir les matches totalement clean), puis que j'accepte quand même, il fait tellement doux. Mon pote fait la gueule et dit : « Poussif. » Mon fils : « Non, pas mal quand même », pas complètement heureux.

Moi, je ne sais pas quoi en penser, je bois ma deuxième bière, je suis déçu par Pogba, j'en veux à Rami, j'ai de la peine pour Evra, j'ignore Griezmann que le ballon ignore. J'en suis à ma troisième bière quand Payet fait le show et marque, mon fils hurle, mon pote exulte, le stade étouffe de liesse, le bonheur est dans le pré, le plaisir vrai de la marche triomphale retrouvé.

Je dépose mon fils chez sa mère, apaisée. Pas d'avion, une victoire. On a gagné.

Je file avec mes potes boire une bonne bière au Flore. La dernière. Les clients sont tricolores et hilares. « On a été bons », me trinque un peinturluré bleu-blanc-rouge, il a raison.

Seule la victoire est bonne.

Mamischka

Alors je vous explique : il s'agit de ne pas savoir le résultat du match. Surtout pas. Je joue au théâtre à la même heure. J'enregistre. Je sais comment faire, je suis un pro. Au cours de plusieurs décennies, j'ai peaufiné l'affaire.

D'abord les écouteurs avec les Stones à fond à la sortie du théâtre.

S'allonger sur la banquette arrière de la voiture. (Ma femme conduit.)

Mettre un masque de sommeil comme dans les avions.

Aucun son (cris + klaxons en cas de victoire, absence de cris et de klaxons en cas de défaite), aucune image (drapeaux agités, bandes joyeuses en cas de victoire ou drapeaux éteints et têtes baissées en cas de défaite) ne doivent me parvenir.

Je suis un pro. J'ai tout prévu, tout calculé, tout anticipé.

J'arrive une demi-heure plus tard à la maison, à la campagne.

Tout est OK et sous contrôle.

L'affaire peut se corser. Une demi-finale...

J'enregistre. Sauf que... Dîner obligé, après le spectacle avec des producteurs. Impossible d'annuler (déjà deux fois reporté).

Au restaurant, j'ai donc passé la soirée à me boucher les oreilles tout en chantant, et ça a marché.

À la moindre allusion (bruits, sons) : oreilles bouchées, chant. Tout en regardant le fond de mon verre pour éviter la vision de visages souriants (en cas de victoire) ou au contraire de visages fermés (en cas de défaite).

Dernier verre dans un bar. Même combat : chant. Je varie les plaisirs, de « La Marseillaise » à « Summertime » en passant par « L'école est finie ». Le regard des producteurs a changé. Tout d'abord amusés, maintenant ils se taisent et me lorgnent étrangement. D'ailleurs, je ne sais même plus de quel film il s'agissait.

Retour à la maison. Banquette arrière. Écouteurs. Masque. Ma femme au volant. Les Doors à fond.

J'avais échappé au pire, j'avais joué avec le feu, à la roulette russe, à quitte ou double, je m'en tirais magnifiquement. J'en ressentais une espèce de fierté, d'ivresse, presque d'arrogance.

Sauf que...

Sauf que...

Le danger vient toujours de là où on ne l'attend pas...

3 h 30... Ma femme se couche. Le magnétoscope (eh oui, c'était il y a un certain temps) a fonctionné normalement. Pas d'incident technique. Je me prends une bière. Le match... Une bière... Le calme... Peut-être quelque chose à voir avec le bonheur.

C'est à ce moment que j'entends un petit pas mutin dans l'escalier. C'est Mamischka, honorable vieille dame de quatre-vingt-douze ans, raffinée, élégante, la grand-mère de ma femme, grande amatrice de théâtre venue exprès de Bruxelles, où elle habite, voir *Le Bourgeois gentilhomme* à la Comédie-Française, avec Jean Le Poulain. Je me souviens des moindres détails de cette nuit terrible.

Il est bientôt 4 heures du matin. Avec un grand sourire bienveillant et généreux, elle s'adresse à moi et à ma bière, je me souviens de la phrase au mot près :

— Ah, Patrick, vous regardez le match. L'Italie a ouvert le score à la trente et unième minute, Stopyra a égalisé sur penalty au début de la deuxième mi-temps et Jean-Pierre Papin a donné la victoire à la France dans les arrêts de jeu d'une tête croisée magnifique.

Fin de citation.

Là-dessus le petit pas mutin s'éloigne.

Exsangue, hébété, carbonisé, je reste en état de sidération devant ma bière que j'avale d'un trait.

(Le danger vient toujours de là où on ne l'attend pas…)

Je me souviens

Je me souviens, au café Le Chien qui fume, il y avait Michel Le Vacher, Gérard Perdriel et moi, trois petits mômes devant la télé : Didi, Vava, Pelé, trois grands Blacks en noir et blanc qui s'éclataient sur le gazon suédois en 58.

Je me souviens de Just Fontaine qui envoyait : treize buts marqués. (Just, toujours imité jamais égalé.)

Je me souviens de Kopa, de Piantoni et son pied gauche magique, de Vincent, de Di Stéfano, de Puskás et son pied gauche magique, de Gento, de Penverne, de Jonquet.

Je me souviens de Reims que j'avais traversé avec mes parents pour aller en Suisse. Je me souviens que j'avais aperçu Just Fontaine sur le trottoir. Je me souviens que mon cœur s'était arrêté, que ma sidération était telle que je n'ai pas décroché un mot jusqu'en Suisse.

Je me souviens de l'Angleterre gagnant la Coupe du monde dans les deux dernières minutes à la radio, entre mon père et ma mère dans la voiture pour l'Italie.

Je me souviens de Kiev à Saint-Étienne, avec l'Ange vert qui décoche le troisième but victorieux. Je me souviens des verts à Glasgow échouant sur les poteaux carrés du Bayern.

Je me souviens qu'à sept ans, avec mon père, j'étais allé au stade Robert-Diochon, à Rouen. Les maillots jaunes, les maillots rouges, le vert du gazon éclatant sous le soleil, les cris et les applaudissements de la foule. Je me souviens que je voulais faire ça plus tard.

Je me souviens de la demi-finale à Séville en 82.

Je me souviens de Battiston K.O., de Platini, de Schumacher.

Je me souviens des buts de Giresse et de Trésor en prolongations.

Je me souviens qu'à 3 à 1 j'ai eu peur.

Un monstre blond, les cheveux longs, la peau vérolée et craquelée, le regard translucide, sorte de Walkyrie remontée des flammes de l'enfer, est entré sur le terrain et a réglé l'affaire en moins d'un quart d'heure.

Je me souviens qu'à la fin c'est les Allemands qui gagnent.

Je me souviens de 1998 au Stade de France. Toi près de moi en bleu-blanc-rouge. Je me souviens de Lizarazu loupant son tir au but contre l'Italie en quart.

Je me souviens de Thuram en demie. De Zidane en finale.

Je me souviens de la liesse. Je me souviens de la chanson « Lalalalalala ».

Je me souviens de ton bonheur de petit garçon scandant « Et un, et deux, et trois zé-ro ».

Je me souviens qu'à la fin c'est les Français blacks-blancs-beurs qui gagnent.

Je me souviens du but en or de Trezeguet en finale contre l'Italie en 2000.

Je ne me souviens pas de 2002.

Je me souviens du coup de boule de Zidane à la finale de 2006. Je me souviens que je me suis dit qu'on allait perdre. Je me souviens qu'on a perdu.

Je me souviens du bus de Knysna, où vingt types se sont solidarisés avec un autre qui avait été viré. Je me souviens que la France a explosé de haine. Je me souviens de la bave aux lèvres des commentateurs. Je me souviens de n'avoir pas compris qu'on n'ait pas compris.

Je me souviens que je ne me souviens plus de 2012 ni de 2014 sauf que les Allemands ont gagné à la fin.

Je me souviens qu'à Lyon, où j'étais dans les tribunes pour France-Irlande en 2016, au premier but français tout le monde m'a pris dans ses bras en hurlant, des petits, des gros, des vieux, des très jeunes, des handicapés, des blondes, des François Hollande, des reines d'Angleterre. Tout le monde à la même enseigne. Le but libérateur libère. Sarabandes animales et fraternelles. Je me souviens avoir pensé que seul un but au football délivré à l'instant juste et décisif peut déclencher de telles transes collectives.

Ça sautille, ça éructe, ça s'empoigne, ça danse. Je me souviens avoir tellement dansé avec toi, je me souviens de ça tout le temps, à chaque moment.

Plus tard je me souviendrai qu'à la fin l'Allemagne a perdu.

(Écrit pour le journal de Patrick Cohen à France Inter en 2016.)

Une tournée, journal

Tant qu'il y a de l'amour part en tournée.

Nous sommes déjà en 2019, comme le temps passe.

Hier, départ en avion pour Toulouse, puis Toulouse-Albi en voiture. Bernardin, mon chauffeur, est silencieux, je dors un peu sur le siège arrière. Arrivée. Hôtel sympa. J'y mange un peu et y dors un peu. Grand théâtre. Public un peu lourd, mais j'ai la pêche. Dîner à notre hôtel, avec les notables, la maire, le conseil municipal, et le sous-préfet, jeune homme à qui je demande des tuyaux pour mon fils qui envisage de faire Sciences Po. La maire nous intronise citoyens d'honneur. Je bois quatre grands verres de gaillac, je suis un peu pété. Par la fenêtre de ma chambre, je dis à la maire, que je vois s'éloigner dans la rue, de faire attention en rentrant : « Les rues d'Albi ne sont pas sûres », elle se marre un peu et me répond quelque chose que je ne comprends pas.

Je regarde la télé sur un grand écran : gilets jaunes, bla-bla... Macron... Macron bashing... réchauffement climatique... La république de la parole, la même sur toutes les chaînes, le même ennui, l'Audimat, la pêche aux spectateurs, la chienlit, le vertige de la démocratie élevée à son point de rupture : les commentateurs commentent les commentaires. J'arrête tout et m'écoute « 'Round Midnight » de Thelonius Monk. La vie reprend des couleurs.

Le lendemain, visite privée de la cathédrale Sainte-Cécile d'Albi, moment privilégié : montée des 325 marches, senti l'ivresse des bâtisseurs.

Départ pour Montpellier, trois heures de voiture silencieuse, je dors un peu, un peu fatigué, gueule de bois, hôtel Pullmann, on va au théâtre à pied, les rails, le tramway, la ville un peu dans la brume, l'arrivée sur la place de la Comédie, les cafés rutilants, la douceur de vivre provinciale. C'est un magnifique opéra à l'italienne, je démarre fatigué, vidé, j'y suis pas, ça s'arrange après, j'y vais crescendo et termine assez fort.

Room-service, je regarde la télé : bla-bla gilets jaunes, loi anti-casseurs, LBD, bla-bla, les spécialistes spécialisent, les plaignants se plaignent, les accusateurs accusent, ça dure et ça n'en finit plus sur toutes les chaînes, la même litanie abrutissante.

J'arrête tout, me glisse dans le lit et, dans le noir, j'écoute « Olé » de John Coltrane. 1961. La vie redevient fréquentable. Je m'enveloppe dans le sommeil, je laisse les derniers lambeaux coltraniens s'évanouir, et je m'interroge : *Ça va être quoi, les dix prochaines années ?* Je pense à cette phrase de Woody Allen : « Tant que le problème de la mort n'aura pas été résolu, personnellement je ne serai jamais tout à fait tranquille », et je m'endors direct.

Pas fort

J'ai du mal au réveil. J'ai du mal avec le cou, les épaules, les genoux. Vite, suis remis d'aplomb par le breuvage magique, café, j'aime le café, le goût et l'effet qu'il produit, une sorte de bien-être. Aller vite faire du sport. Quoi faire comme sport ? Plusieurs options : marche rapide, jogging, piscine, vélo. En salle ou dehors ? L'offre est large, selon l'équipement des hôtels, et le choix va dépendre du temps (météo), du temps (qu'on a), d'une sensation qu'on va éprouver, dès que je ne me sens pas bien (rhumatismes, coup de froid, fièvre, fatigue, déprime) il faut tout de suite que j'aille vérifier, me rassurer en me défonçant dans l'effort.

Ouf, ça va, je ne suis pas si atteint, j'en ai encore sous le pied, la machine ronronne bien, et puis ce besoin de légère euphorie que donne la pratique sportive... J'ai un peu trop bu avant-hier, le vin était si bon, il faut dire que j'avais programmé de boire un peu.

Un besoin ? Un but ? Une fuite ? Un pansement ? Une aide ? Un refuge ? Je n'arrive pas à cocher la case inutile.

Ça va pas fort. Pourquoi ? Sais pas exactement. La marche du monde ? ou ma façon de marcher dans le monde ? Comme dit le poète : « *C'est bien la pire peine, de ne savoir pourquoi, sans amour et sans haine, mon cœur a tant de peine.* » Ode à la mélancolie, l'angoisse parfois m'étreint ; il faut qu'elle prenne un visage, d'abord l'hypocondrie, puis le sentiment du temps qui passe, les enfants, l'argent, l'avenir, la mort pour finir. Pas envie de grand-chose. Esquisse de burn-out ? Peut-être ?

Comme dirait Bette Davis : « La vieillesse, c'est pas pour les mauviettes. »

Van Gogh

Julian Schnabel me demande de doubler en français Willem Dafoe dans son film *Eternity's Gate* qui est, plus qu'un biopic, une plongée dans l'âme tourmentée de Van Gogh. Willem Dafoe est nommé aux Oscars. J'ai chopé une pharyngite, et puis j'ai fait très peu de doublages… Sauf me doubler moi-même, exercice dans lequel, il est vrai, j'étais plutôt très bon.

Bon, j'y vais, j'aime beaucoup Julian. Le film est admirable. Ces trois jours intenses de studio, où il s'agit de restituer l'esprit et l'histoire de Van Gogh, tels aussi que proposés par Willem Dafoe, sont une aventure électrisante. Je me coltine les mots de Van Gogh avec gourmandise et je m'abîme dedans. C'est une vraie traversée, tumultueuse et réjouissante. Les soupirs et les cris du grand créateur, revus par Schnabel, sont incomparables. Au terme de toutes ces heures d'exploration, Julian Schnabel me dit : « Tu n'as pas la voix de William Dafoe, mais tu as la voix de Van Gogh. »

Le temps

Je veux toujours être plus tard. J'ai du mal à me réveiller. Je voudrais avoir tapé au propre les feuilles de ce bouquin, celles que j'ai écrites hier soir, puis après la fin du jeu de Nagui distraitement regardé à la télé le midi, je voudrais être à table, et puis surtout je m'imagine déjà faisant la sieste voluptueusement en début d'après-midi. Je voudrais être au moment de faire du vélo, que j'ai programmé pour une durée d'au moins une heure et demie. Il fait beau, je voudrais vite être à l'heure du film que je vais sélectionner ce soir sur le VOD, ce qui me rapproche du moment où je glisserai paresseusement dans le lit et regarderai cinq ou dix minutes mon iPad, moment indispensable pour trouver le sommeil, hypnotisé par les pixels et, en m'endormant, je pense déjà au café que j'engloutirai avec ivresse le lendemain, vite, vite dormir, vite demain matin. Et demain, après le café, je prendrai vite le TGV qui m'emmènera rapidement à Bordeaux.

Pourtant le temps file, galope, se précipite, le temps m'abîme, m'entrave, le temps diminue. Ne pas gâcher le temps, ne pas le perdre, le bon temps, avoir encore du bon temps, penser surtout à prendre le temps, le temps qui reste, le ménager, le cajoler, le caresser, en prendre soin, comme d'une espèce en voie d'extinction.

Gilets jaunes

Je suis à Bordeaux, je fais mon jogging le matin, et aussi piscine, sauna.

L'après-midi, chambre, et puisque je n'ai que ça à faire, coup d'œil et même observation appliquée de la télé-réalité du samedi que se partagent les quatre chaînes d'info continue. France Info la joue un peu plus petit bras, du coup, j'ai un vieil accès de sympathie voire de reconnaissance pour cette chaîne dont j'ignorais vaguement l'existence jusqu'alors. Pour les autres, LCI, BFM, CNews, c'est branle-bas de combat. Le casting a été savamment entretenu et interrogé toute la semaine, il faut sortir les gilets jaunes de l'anonymat, les rendre populaires, et même faire en sorte que les castés se tirent la bourre entre eux, ils en font trop, mais bon, ils débutent, ils savent pas trop mais ils y prennent vite goût, ils savent que le rôle est beau à jouer, une fois par semaine. Tous les jours qui précèdent ce fameux samedi, les coaches, les entraîneurs, les metteurs en scène, les spécialistes les ont chauffés à blanc.

Le but est de fabriquer le maximum de tensions autour de leurs nouvelles stars pour que le prime-time du samedi soit au top. « Ma femme m'a quitté, c'est la faute au gouvernement. On m'a volé mon portable, c'est la faute à Macron. »

La production, la distribution, et la promotion sont assurées quasiment en débit permanent toute la semaine, avec les spécialistes en événementiel, les sociologues, les syndicats, les observateurs de mouvements protestataires (*sic*), les politologues, les sondeurs, les spécialistes Police-Justice, quelques politiques égarés, bon générique, bon film, ça tape dur, ça doit faire grimper les audiences, ça clive, ça bras-de-ferise, c'est porteur pour le prime-time.

7 heures du matin le samedi, notre envoyée spéciale Marinette Moulu rue Pierre-Charron : « Eh bien, vous pouvez apercevoir derrière moi deux gilets jaunes qui ont traversé la rue, rejoints à présent par un troisième. Vous pouvez les apercevoir maintenant rebroussant chemin et croisant un quatrième. Ils semblent discuter. À vous les studios. »

Que pensez-vous de cette discussion, Louis Petit-Legrand (observateur des spécificités de rassemblements aléatoires sur la voie publique) ? « Eh bien, ces discussions en disent long sur l'état de délabrement, etc. »

Comme toutes les bonnes séries, un thème central est décliné chaque semaine, découpé, introspecté, traqué, discuté jusqu'à plus soif, Finkielkraut, LBD, loi anti-casseurs, boxeur passerelle Solférino, blessures, on exhibe les meurtris, les sexagénaires renversés, il est 10 heures, ça commence à sentir bon : il y a un peu de casse, le film est prêt, il faut un titre (*Tension sur les Champs-Élysées*, *Face à face à la République*, *Échauffourées boulevard Saint-Germain*). On verra plus tard. Envoyez.

Comme disait Shakespeare : « Le monde est un théâtre, et la vie est une histoire pleine de bruit et de fureur, racontée par un idiot et qui ne signifie rien. »

24 heures au Mans

Arrivée au Mans ce mardi à 16 heures. Bernardin, le chauffeur, m'a conduit dans une Audi 6 jusqu'à l'hôtel Mercure. La chambre est froide, je règle à fond le chauffage, et petite. Elle donne sur la « chambre d'agriculture », vieux bâtiment en pierres moches avec des sirènes sur le toit. Ce soir, on joue *Tant qu'il y a de l'amour* au palais des Congrès, 1 400 places. L'administratrice m'a trouvé un restau ouvert jusqu'à 23 heures, place de la République. Il faudra se dépêcher après le spectacle, mes partenaires ne viendront pas, un peu fatigués, un peu malades, il y a un room-service à l'hôtel, où l'on peut même avoir des plats chauds si l'on commande à l'avance. Le Mans, à 16 heures, ce mardi, il bruine. The tournée *must go on.*

Immense salle, premier rang loin, mais gros succès. Au retour mon chauffeur se trompe, on cherche, on tourne, on trouve. Souper au restau de l'hôtel finalement, disposition spéciale pour nous. Ma partenaire, Valérie Bègue, ne veut pas me laisser seule, elle boit un verre de rouge avec moi.

Traverse un groupe de jeunes techniciens en séminaire. Silence de mort, on me dévisage, on n'en revient pas : « Que fait là cet acteur ? »

The show must go on.

Je rejoins ma chambre, un petit coup de télé, les gilets jaunes encore, j'en peux plus. Un début de film sur mon iPad, j'ouvre la fenêtre et je fume ma cigarette de la journée. Je m'emmerde un peu, trop hâte d'être à demain. Vais-je bien dormir ? Y en a marre des images, je suis dans mon lit et dans le noir, me sens plutôt pas trop mal, mon arthrose pousse un peu dans le cou, les épaules, mais je m'en sors. Vivement demain ! Vivement un autre jour !

Un jour à Poitiers

J'ai essayé en vain de me servir du tapis de course à l'hôtel, mais le machin est détraqué. J'ai absolument besoin de faire du sport, même un peu, c'est me semble-t-il un passeport pour une plus grande et meilleure longévité.

Restau étoilé le midi avec mes partenaires. Excellent et convivial. Départ pour Poitiers. Encore un Mercure. Grande chambre, en cercle, sous les toits. Pas mal. Spectacle et soirée triomphale. Standing ovation sans fin. Dîner au Seize avec le chauffeur et l'administrateur. Bu quatre verres : un blanc et trois rouges. Rentré à pied avec l'administrateur, seuls dans les rues de Poitiers. La ville endormie semble belle et bien éclairée. Le vin me fait dormir comme deux loirs.

Marche rapide et jogging le matin, décidément c'est une jolie ville. Et moi, je suis rassuré, j'ai fait mon sport, je vais vivre plus longtemps.

Départ pour Châteaudun, mon chauffeur est silencieux. Installé derrière, je m'endors, je téléphone, et regarde de vieilles interviews de moi sur YouTube, j'ai pas tellement changé.

Châteaudun.

On s'y arrête. On y joue. À la sortie de ma loge, l'adjointe à la culture me dit son bonheur de m'avoir reçu.

Je m'engouffre dans la voiture et on rentre très vite à Paris. Un peu plus de sept heures trente de voiture en tout. Le chauffeur ne dit rien, je regarde « L'Émission politique » sur mon iPhone et je m'endors.

6 février 2019, Lille

Hôtel Carlton. Belle et grande chambre. Rhinopharyngite. Beau théâtre. Tabac. Dîner dans un bon restau lillois. Le producteur est venu, il nous rince. Bu des grands Haut-Brion. On se régale. Bu pas mal et même beaucoup. La veille, étourdissement, vu en urgence un ophtalmo, il me fait tous les examens, tout va bien. Je rentre dans ma chambre fumer une cigarette sur le balcon, j'ai croisé dans le hall une cliente un peu alcoolisée qui s'est jetée à mon cou. Je regarde cinq minutes « Faites entrer l'accusé », je m'endors sur le canapé.

19 février 2019, Bruxelles

Ça va pas très fort. Je reste dans le noir, la chambre est double, grande suite, hauts plafonds, innombrables tableaux d'un autre âge, je tire les rideaux, je fais le noir, je distingue vaguement les œuvres, des natures mortes, qui semblent me fixer, je suis dans un autre temps, une autre époque, ta photo est sur la commode devant moi, le temps passe, je te regarde, j'attends.

23 février 2019, Genève

Ça va. Hôtel Kempiski à Genève. La suite est belle et déploie ses grandes baies le long du lac, le jet d'eau gicle haut, le soleil se reflète sur l'eau, les montagnes là-bas, ça euphorise, ça dope, ça contente, on a très envie.

De quoi ?

D'écrire, de jouer, d'aimer, de chanter, de boire, de courir, d'attendre avec confiance et sérénité.

Presque tranquillité.

Non, j'exagère.

Je barre tranquillité.

Mais ça va.

28 février 2019, les Césars

Aujourd'hui, c'est Césars. Je me souviens d'avoir été nommé trois fois, d'y être allé deux fois, et la fois où je n'ai pas pu y être, je l'ai eu.

Je me souviens d'avoir été maître de cérémonie, ça devait être vers le début des années 1990, nous étions trois à nous partager le tarmac, environ une heure chacun à faire le job ; il y avait Richard Bohringer, Richard était un acteur majeur du cinéma à l'époque, ainsi que Tchéky Karyo. Nous étions présentateurs, remettants, vanneurs, tout ça à la fois pendant ce laps de temps. Je me souviens que j'avais très peu répété, que j'avais pris tout ça un peu par-dessus la jambe – erreur, les Césars se préparent au millimètre, comme un show –, j'avais péché par manque de vraie implication, il me semblait que tout ça n'était qu'écume et paillettes télévisuelles et que la vie artistique était ailleurs, enfin bref, je ne réalisais pas. Ce ne fut pas une prestation inoubliable, j'étais vaguement renfrogné, comme cela m'arrive parfois.

Mais je reçus beaucoup de compliments sur mon physique, mon smoking prêté m'allait super bien (en fait, je l'ai gardé). J'étais bien coiffé, merci au coiffeur, et ce jour-là, j'avais bien accroché la lumière, comme quoi, y a pas que le talent, le physique aussi, c'est important au cinéma.

La photo

Sur la photo, je dois avoir seize ou dix-sept ans, je consulte une petite boîte métallique que j'ai dans la main, on pourrait croire à un portable, mais non, on est au début des années 1960, la photo est en noir et blanc, on distingue une caméra sur pied, il y a Jacques Lecarpentier et François-Xavier Huys, oui je me souviens des noms. De dos, on devine une jeune femme, il doit s'agir d'Anny Duperey, on tourne un petit court métrage, l'histoire d'une jeune fille handicapée jouée par Annie, je ne me souviens plus de ce que je jouais, c'est ma première expérience de cinéma, on parcourait les rues de Rouen en filmant, on était toute une bande, on avait la vie devant nous à dévorer.

À moins que ce ne soit la vie qui nous ait dévorés ?

J'ai aimé, j'ai été aimé et je le suis toujours.

Et puis toutes ces grandes secousses amoureuses…, toutes ces merveilleuses femmes, et puis ma femme, Josiane, mon amour.

Cette expérience, cette carrière, le monde, les gens, les partages, les aller-retours, l'euphorie de la création, l'âpreté de la création, la réussite, la vie surtout…

La vie belle ?

Un enfant gâté ?

La vie m'a pris mon enfant de vingt ans, mon grand fils disparu.

Et ce nom, « Ferdinand ».

Et parfois, quand je suis seul, il m'arrive de prononcer ce nom jusqu'à le gueuler parfois.

« Ferdinand, Ferdinand, Ferdinand ! »

Et ce nom « Ferdinand » est si rempli de joie, de grandeur, d'émotion qu'il me vient des larmes aux yeux rien qu'à le prononcer : « Ferdinand ».

« Quand on a vu vingt ans de cet autre soi-même,
Croître la grâce aimable et la douce raison,
Lorsqu'on a reconnu que cet enfant qu'on aime,
Fait la joie dans votre âme et dans votre maison,
Que c'est la seule joie ici-bas qui persiste
De tout ce qu'on rêva,
Considérez que c'est une chose bien triste
De le voir qui s'en va. »
(Victor Hugo)

Sur la photo, j'ai les cheveux assez courts, mais quand même suffisamment longs pour l'époque, les Beatles sont passés par là, seize ou dix-sept ans.

« On n'est pas sérieux, quand on a dix-sept ans.
– Un beau soir, foin des bocks et de la limonade,
Des cafés tapageurs aux lustres éclatants !
– On va sous les tilleuls verts de la promenade.

Les tilleuls sentent bon dans les bons soirs de juin !
L'air est parfois si doux, qu'on ferme la paupière ;
Le vent chargé de bruits – la ville n'est pas loin –
A des parfums de vigne et des parfums de bière… »
(Arthur Rimbaud)

Je pense aux dix-sept ans de Ferdinand bien sûr, mais aussi à ceux de Victor qui s'en rapproche, et aux miens, je me souviens de mes dix-sept ans, de mes envies, de mes amours, de ma chambre, de ma musique, de ma famille, de mes potes, des rues, de mon Solex, de mon avenir, de mes angoisses, de mon bonheur, je me souviens d'avoir été un jeune homme plutôt heureux et confiant, parfois impressionné et inquiet mais confiant. J'imaginais, j'imaginais beaucoup, j'imaginais que le monde était heureux, je glissais des palanquées de situations idéales, sublimes, rêvées, dans le moindre interstice laissé par le paysage, les gens, la vie.

Je regarde la Bourgogne ensoleillée défiler par la vitre du TGV. Le monde est beau, Notre-Dame a brûlé, et le monde devient plus beau, fraternel.

Un besoin.

2 mai 2019, en route pour le film

Je roule dans le train pour Quimper. Trois heures quarante de voyage. Demain, première journée du film de Vanessa Le Reste, *Ty Avaloù*. Je suis la poutre principale du film, avec Mylène Demongeot. Il s'agit d'amour et de sexe dans une maison de retraite. C'est quoi ce film ? À quelle sauce le film va-t-il me manger ou moi le manger ? Aucune idée. Ou plutôt je n'en ai qu'une idée extérieure. Le scénario m'a intéressé, et puis ça y est : je joue les vieux.

Pas très bon a priori, plein de choses m'échappent et ne sont pas ma came. On va voir. La metteuse en scène m'inquiète mais peut-être y aura-t-il une bonne surprise, premier film, veut tout contrôler, tout verrouiller, veut être rassurée. Mais sur quoi ? Et pourquoi ? Tout ça n'est pas rassurant, j'ai bien appris et travaillé mon texte, suis prêt, pas encore vraiment compris ce qu'il faut jouer, je fais confiance à mon instinct sur le plateau mais quand même bien préparé, quitte à faire le contraire de ce qu'on a préparé. Mais le contraire de quelque chose, c'est quelque chose.

Le voyage est long, il faut que l'hôtel soit bon, au téléphone j'ai demandé à visiter les chambres pour choisir, j'ai besoin de charme, de confort et de charme, presque de luxe, et le reste. Il y a room-service mais je vais faire restau, ça me distraira. Je sens que je vais pas beaucoup dormir, je spleene, j'ai hâte d'être dans l'action, c'est toujours les premiers jours que le film prend sa direction, bonne ou mauvaise, que le personnage va m'imposer une ligne, et que je vais me laisser faire.

L'instinct, je vous dis.

Deux options : le personnage est délirant, pittoresque, barré, ou alors sensible, amoureux, perdu, un peu charmant. Je sais pas, on va voir. Toutes les options sont ouvertes, ça, c'est pas rassurant, ça oscille. Il ne faut pas que la metteuse me fasse chier. Qu'elle me laisse faire ! On peut y arriver. Demain, on commence par une baston et duel à la canne. Maître d'armes et tout le bordel. Je relis la scène, c'est plaqué, artificiel mais j'en ai vu d'autres et tourné d'autres. Je me sens très légèrement en péril, il est vrai que tout me semble périlleux, en ce moment, là, dans la vie ; ça va passer. Ah ! Et puis Anémone est morte.

Théâtre des Arts

J'ai un coup d'adrénaline, ça fait remonter des trucs, je faisais un esclave dans le chœur d'*Aïda*, au théâtre des Arts de Rouen, j'avais seize ans, on me peignait tout le corps, y compris le visage, en foncé, à l'aide d'un pistolet, j'aimais bien le théâtre des Arts, c'est là que, spectateur, j'ai dévoré le théâtre, et ses sortilèges, ses acrobaties, ses errements, *Le Journal d'un fou* de Gogol avec Roger Coggio, *La Ménagerie de verre* de Tennessee Williams par le Centre dramatique du Nord, *Boulevard Durand*, encore par le CDN – je me souviens que le public attendait le méchant à la fin pour lui faire un mauvais parti –, *Le Fil à la patte* de Feydeau par la Comédie-Française, Robert Hirsch, superstar. Toute la petite bande du conservatoire de Rouen, on n'en ratait pas une : Guitry, Molière, Racine, Hugo, Roussin, Musset, toute la gamme, toute la bande, tout y passait. Je me disais : *Même le type, là, qui joue une petite scène ou deux dans la tournée Barret, tournée plutôt bas de gamme, eh bien être à sa place, plus tard, ça suffirait à me rendre heureux.* C'est ça que je voulais faire, même petit bras, même troisième ou quatrième couteau, laissez-moi au moins faire ça…

Un de mes souhaits aurait été de venir jouer dans ce beau et grand théâtre des Arts au moins une fois, mais depuis très longtemps il est consacré uniquement à l'opéra, je regrette qu'une ville comme Rouen, patrie de Corneille, n'ait plus un lieu comme celui-là pour accueillir l'art dramatique et tous ses aspects.

Mes débuts au théâtre des Arts

La Comédie-Française venait au théâtre des Arts jouer *Le Menteur* de Corneille. C'était un événement. Ils avaient besoin d'un petit rôle qu'ils prenaient sur place. Mais vraiment tout petit.

J'arrivais sur scène et donnais une lettre à Bernard Dhéran, qui jouait le Menteur, en disant « Monsieur ». C'est tout. J'avais été désigné par mon professeur au conservatoire, Jean Chevrin, comme celui qu'il fallait. J'avais le trac. J'avais dix-sept ans.

La Comédie-Française, vous vous rendez pas compte ! Et Bernard Dhéran qu'on voyait tout le temps à la télé et que ma mère adorait. Il était tellement distingué.

Je m'entraînai des heures entières tous les jours à propulser mon « Monsieur » du mieux que je pouvais. Les trois jours qui précédaient, j'ai eu une extinction de voix. Je passais le plus clair de mes journées à prendre des gargarismes entre deux « Monsieur ». La nuit, dans la rue, aux chiottes, on n'entendait que moi et mon « Monsieur ».

« Monsieur » et je tends la lettre. Ou alors je tends la lettre et je dis « Monsieur », ou les deux en même temps.

Interrogatif : « Est-ce bien ce monsieur-là ? » ou affirmatif : « Ce ne peut être que ce monsieur-là », ou hésitant : « Mon… Monsieur… ». Non je ne peux pas, c'est en vers, ça ferait un pied de trop. Essoufflé, « ben si, il a couru pour lui remettre la lettre dans les temps ».

De toute façon, je suis aphone, il me faudra simplement mimer « Monsieur » et articuler l'absence de sons.

J'allais entrer en scène, fallait pas déconner, c'était la Comédie-Française, ils étaient tous là, les pensionnaires, les sociétaires, toutes les stars qu'on voyait à la télé.

À moi, c'est à moi, c'est mon heure, c'est maintenant ou jamais, je traverse le plateau en courant, je tends la lettre à Bernard Dhéran et envoie comme je peux un tonitruant « ssieu ». Il en manque la moitié. Le « Mon » qui précède le « sieur » s'est mis aux abonnés absents. N'est sorti que « ssieu ».

Ça n'a pas l'air d'affecter beaucoup Bernard Dhéran, qui me dit « d'aller dire à mon maître, etc. ». Je retraverse le plateau en courant vers la sortie. Je n'ai dit que la moitié de mon texte. Déjà, je n'en avais pas beaucoup, je l'ai rabioté de la moitié. Quelle honte ! Comment me faire confiance après ça ? Ils me regardent tous avec une sorte de… Non, ils ont l'air de s'en foutre.

À la fin, Bernard Dhéran me serre la main avec un grand sourire et me dit « merci, c'était parfait ».

Seul, dans l'ascenseur du théâtre, je redis « Monsieur, Monsieur, Monsieur » sur tous les tons, entièrement cette fois en faisant bien sonner le « Mon ».

C'est pourtant pas difficile !

« On n'a pas très bien compris ce que tu as dit mais c'était rigolo », me dit mon père.

4 mai 2019, le plaisir

Finalement, tout s'est bien passé. Ce que j'avais prévu est arrivé, à force de faire et refaire les prises, un personnage s'est esquissé, a commencé à prendre forme, presque ses aises et presque à s'imposer. Enfin pas encore tout à fait… Et puis, vous voulez que je vous dise ? J'ai pris du plaisir.

Le soir, raout avec toute l'équipe : restau très bon et très breton, j'ai un peu appuyé sur le viognier, me suis bien marré, suis bien.

10 mai 2019 – Arte

L'aventure continue. C'est reparti. J'ai une équipe, je réalise un portrait pour Arte. J'ai choisi une femme formidable qui est commissionnaire divisionnaire, et maintenant contrôleur général, responsable de l'ordre public et de la sécurité routière en Île-de-France.

C'est justement à l'occasion d'une opération de sécurité routière, où elle m'avait demandé de venir travailler sur le terrain avec elle par le biais de mon association, qu'elle m'avait un peu tapé dans l'œil.

Arte demande à des créateurs, écrivains, metteurs en scène, etc., de faire le portrait de quelqu'un qui ne soit pas dans le show biz ou l'artistique, dans le cadre de l'émission « Square » et ce pendant une demi-heure. Une demi-heure, c'est long, mais on a le temps, les moyens.

On est en plongée dans la vie professionnelle et privée d'une personnalité choisie par moi. J'ai flashé sur cette femme, elle s'appelle Françoise Hardy, ses parents adoraient la chanteuse, ils s'appelaient Hardy, ils ont appelé leur fille Françoise. Ce qu'on filme dans les entrailles de la Sécurité publique, la préfecture de police, est passionnant. Elle est passionnante, je me prends à me passionner et à filmer au plus près cette femme qui dirige, organise, sourit, raconte, contrôle, projette. Sa responsabilité est énorme dans l'ordre public (manifs, gilets jaunes, circulation, suicides, fatigue des effectifs…).

C'est une aventure. Les gens qu'on croise là-bas, tous ces flics, sont calmes, déterminés, pour la plupart sympathiques et conscients de l'importance de leur mission. Le grand professionnalisme et l'implication de toute cette population dans ces grands couloirs, ces longues allées, ces bureaux, ces salles de contrôle, de conférence, d'écrans nous impressionne. J'essaie de le restituer à travers le visage si élégant et lumineux de Françoise Hardy.

Dominique

Dominique me prit la main et la mit sur son épaule, je l'entourai donc de mon bras. Un bout de temps que nous marchions côte à côte, dans ce chemin encore un peu boueux mais réchauffé par le soleil, je n'osais pas me décider, je n'arrêtais pas de me dire que je manquais d'audace, *Je ne suis pas audacieux, allez, sois audacieux, prends-lui la main, fais quelque chose, sois l'homme, bordel.* Elle me plaisait, et moi aussi, je lui plaisais un peu. Je le sentais, ça me plaisait de lui plaire. Depuis quarante-huit heures, on se caressait du regard, elle riait à tout ce que je disais ou éructais, puis soudain devenait très sérieuse et concentrée, éperdument éprise, c'est le message qu'elle me faisait passer, ça me plaisait bien qu'elle ait l'air éprise. Du coup, j'étais très épris moi aussi. On était dans un camp de vacances, l'été. On avait décidé de s'éloigner un peu, de se promener tous les deux, dans ce chemin boueux, je sentais que c'était là que ça allait se passer, j'avais peur, mais un peu d'expérience quand même des mains caressées, des poitrines légèrement pelotées au cinéma, des baisers échangés (la première fois, la langue intrusive de ma partenaire m'avait fait sursauter, *Ah d'accord, c'est comme ça qu'on fait*). Dominique s'arrête puis se blottit contre moi, nos langues s'affolent, j'étais terriblement excité, je savais que c'était la bonne, elle m'entraînait, m'encourageait.

Le soir, j'allai la rejoindre dans le dortoir des filles, qui était en forme de L, une des branches du L était vide, elle me rejoignit dans le lit de cette zone abandonnée et paisible, c'était pas le plus grand coït du monde, mais c'était fait, nous l'avions fait, nous l'avions perdue.

Notre virginité.

Fier, amoureux, grand expérimenté donc maintenant, je rejoignis mon lit dans le dortoir des garçons, j'étais le roi de la piste, tous les mecs avaient l'air au courant de mes exploits et voulaient en savoir plus. J'étais scruté, on était suspendu à mes lèvres, une certaine fierté mêlée de « celui qui savait maintenant » coulait dans mes veines dans ce dortoir de garçons chahuteurs. J'étais considéré, envié, félicité. Le roi de la piste, je vous dis.

On se revit un peu, avec Dominique, certains week-ends rouennais, quand mes parents n'étaient pas là, mais ses parents à elle veillaient. Nos peu de rencontres s'espacèrent. Elle partit en Amérique, fit carrière là-bas dans l'enseignement et m'envoya une carte postale.

Cabotins

Je me souviens, surgi du fond de ma mémoire aléatoire, d'un gros « boulevard », *Zozo*, joué à la Comédie Saint-Martin, qui n'existe plus, j'avais à peu près vingt-quatre ans, je remplaçais Claude Rollet, figure majeure du *Temps des copains*, feuilleton culte de l'époque de mes quatorze ans, dont je n'avais pas manqué un épisode. Je me souviens que mon partenaire Christian Alers nous projetait à l'entracte, dans sa loge, des films pornos dont il faisait collection, et qu'il avait constitué un arsenal, qui était, d'après la rumeur, le plus important de France et peut-être du monde. Je me souviens que la pièce durait vingt-cinq minutes de plus parce qu'avec Christian Alers, nous nous permettions quelques débordements aux confins du laisser-aller boulevardier. Je me souviens que j'improvisais à partir d'une question posée par Christian sur les chutes du Niagara, le mec en bateau qui résiste à la fureur du fleuve, le mec qui s'accroche, qui nage, qui est même attaqué par des Indiens, et ça débouchait sur la guerre du Vietnam. Je me souviens que l'auteur, Jacques Mauclair, qui assistait parfois, effaré, à cette démonstration de folie cabotine, nous disait : « Mais écrivez une pièce, mes enfants, écrivez une pièce, ce serait tellement plus simple. » Je me souviens aussi que j'avais une aventure avec la jeune première qui était très jolie et qui s'appelait Nicole.

Paroisse Saint-Roch

Je me souviens que, le 23 octobre 2006, le curé de la paroisse Saint-Roch me demanda sèchement d'enlever ma casquette à l'intérieur de l'église. J'avais oublié, j'avais la tête ailleurs, je m'excusai, et continuai à participer à l'organisation des obsèques de mon fils, qui avaient lieu une demi-heure plus tard. Je me souviens que l'église était bondée, nous étions trois à suivre le cercueil de Ferdinand, porté par les types des pompes funèbres, du seuil de l'église, à l'extérieur, jusqu'à l'autel où il fut déposé près de sa photo géante, très beau mec.

Coralie sa mère, Émilie sa sœur, et moi. Pendant les quelques dizaines de mètres que dura ce parcours innommable, j'étais traversé par des sanglots incoercibles. Donc je marchais derrière le cercueil de mon fils que j'accompagnais « à sa dernière demeure » comme on dit. Coralie et Émilie, à côté de moi, étaient exsangues, décomposées. Moi je dégoulinais toutes les larmes de mon corps, je le voyais, lui, allongé pour toujours, dans cette boîte, juste devant moi, porté par les costauds des pompes funèbres, calme, éteint, définitivement mort. Je l'imaginais dans la caisse, à quelques centimètres devant mon visage tordu par le chagrin, et qui m'appelait : « Ne me laisse pas, Papa, ne me laisse pas. » Je me disais que j'aurais dû mieux le protéger, et que c'était moi qui aurais dû être dans cette boîte, et je pensais à des choses comme l'écrivait Dostoïevski après la mort de sa fille (et que je jouerais plus tard), « Mais ma fille, où est-elle ? Où est ce petit être chéri, pour lequel, si je pouvais lui redonner la vie, je voudrais bien subir le supplice de la croix ».

Je n'ai pas été un bon père. Un bon père, ça empêche son fils de mourir à vingt ans.

Arte, suite

Ils sont marrants chez Arte, à Strasbourg, où je passe deux semaines pour le montage de l'émission « Square ». Ils ont des « têtes d'Arte », on ne les imagine pas travaillant ailleurs. L'atmosphère est bon enfant, comme on dit. Ils sont contents de voir un acteur de près. Contents de me croiser dans les couloirs, ils me le disent. Sympas je vous dis.

Ils sont à peu près cinq cents. Tout l'équipement humain d'une grande chaîne télé. Pas de crispation apparente, tout le monde a l'air content, voire fier d'être chez Arte. Certains parlent allemand. La bouffe le midi est somptueuse. Tout le monde est réuni autour de grandes tables en bois. La moitié à l'extérieur : on peut profiter du soleil strasbourgeois. Strasbourg est une petite merveille de ville de province, on s'y sent bien. Les gens d'Arte s'y sentent bien. Bien au travail dans ce grand immeuble à l'architecture moderne chaude, bien dans leur ville. Ils sont bien, je vous dis. Physiquement, Arte se ressent ainsi que la province. Les filles, pas toutes forcément belles, mais atypiques, parfois attirantes, assez belles finalement, pourraient aussi travailler à *Télérama*, en plus détendu, plus classe moyenne.

Côté travail, je suis seul. Le monteur me laisse tomber, c'est peut-être aussi bien. Il a commencé à me parler « d'enjeux structurels », je l'ai remis à sa place. Depuis il me fait la gueule. Il exécute plus ou moins de bonne grâce ce que je lui dis mais il n'en pense pas moins.

Le chef de projet a l'air content du résultat. Il me lance un « Chapeau ! » et que je suis un artiste et que eux (les journalistes) n'auraient jamais fait ça comme ça. Je ne sais pas comment je dois le prendre.

Ce haut responsable de la police, cette femme que je portraitise, me fascine de plus en plus à la vision des neuf heures de rushes qu'il a fallu organiser et raconter en à peine trente minutes.

Ma rue Géricault à Rouen

Je me souviens de la rue Géricault, au 17. C'est là où j'ai habité de neuf à dix-huit ans. La rue était située dans ce qui était considéré comme un bas quartier de la ville.

Je me souviens que la rue n'était pas goudronnée. Le sol était poussiéreux, je me souviens, on jouait au ballon dans la rue, on était blancs de poussière.

Les toilettes communes étaient au rez-de-chaussée, au pied de l'escalier en pierre. Elles étaient « à la turque », des journaux découpés en carrés (il s'agissait de *France-Soir,* le journal de mon père) nous servaient de papier hygiénique.

Dans l'appartement, on entrait directement dans la chambre de mes parents, elle n'avait pas de fenêtre. Le jour arrivait par le vasistas de la cuisine attenante, les parois vitrées à mi-hauteur laissaient passer un peu de lumière.

Le poêle à charbon de la cuisine chauffait suffisamment, me semblait-il, les pièces et ma chambre en enfilade, quand on laissait les portes ouvertes. Il y avait dans la cuisine un évier et de l'eau chaude, qui nous permettait une toilette succincte, « de chat » disait ma grand-mère. Le grand bain débarbouillant, c'était le samedi, lorsque j'allais avec mon père aux bains publics, nous étions accompagnés dans la cabine par un pensionné boiteux et rogue, et là une douche volumineuse appelée aussi « bain de pluie » (c'était gravé sur la devanture de l'établissement) nous enveloppait de ses bienfaits chauds et brumeux.

L'appartement était au premier étage, au-dessus d'un garage de la police, où les flics garaient leurs voitures et leurs paniers à salade. C'était devenu nos copains. Mon père revenait de l'usine où il était dessinateur industriel, vers 19 heures, s'installait dans le fauteuil dans le coin du salon, près de la fenêtre, pour lire *France-Soir* en buvant une bière, tout en fumant sa pipe. Je sentais que c'était un moment important qu'il fallait éviter de troubler.

Ma chambre donnait sur la rue. Il y avait deux lits. À quatorze ans, j'y avais construit une scène de théâtre, déjà Napoléon perçait sous Bonaparte, comme dira plus tard mon père, mon père qui était l'artisan principal de la mise en forme de la chose : lino à carreaux qui faisait office de plancher de scène, rideau en plastique vert ou jaune, éclairages plus ou moins savants composés de spots disposés en hauteur, plus une rampe à terre qui diffusait une lumière de contre-plongée qui faisait vraiment théâtre. La loge des acteurs était la cuisine. Dans un petit placard, au fond de la scène, j'avais installé un minuscule labo photo où je développais avec ardeur mes clichés en noir et blanc. J'avais un Teppaz sur ma table de nuit, on écoutait en boucle Johnny, Les Chaussettes noires, Eddy Mitchell, Les Chats sauvages… Je faisais aussi tourner le 45 tours de *Carmen* de Bizet, les marches napoléoniennes par la Garde républicaine, la *Danse macabre* de Saint-Saëns, *L'Apprenti sorcier* de Dukas et *L'Authentique Ray Charles.* Quand ma grand-mère Marguerite, qui avait Alzheimer (à l'époque on parlait de « démence sénile »), est venue s'installer chez nous, je lui laissai ma chambre et dormis dans le petit lit du salon, et quand mon frère, neuf ans de plus que moi, passait, il dormait sur un matelas pneumatique au pied de mon lit.

Parfois, j'épiais ma grand-mère qui, dans le grand miroir cloué au mur dans ma chambre, parlait indéfiniment à son reflet, rejouant l'accueil des clients : Marguerite avait dirigé en Normandie un endroit presque mythique, son hôtel des Tourelles.

« Mais bien sûr, monsieur Holmes, on va vous installer à la table numéro un en attendant que votre chambre soit prête… »

Par l'entrebâillement, j'assistais fasciné au dérèglement ô combien théâtral du délabrement de son esprit.

Au 17 rue Géricault, j'ai vu mon père pleurer parce que les flics ont déboulé et giflé violemment mon frère en disant « T'as encore fait des conneries » avant de l'embarquer. Ils l'ont relâché un peu plus tard, totalement innocenté. Mais les flics y allaient à l'esbroufe. Les larmes dans les yeux de mon père, la seule fois… La fois qui marque.

Devant le 17 rue Géricault, dans la voiture de Françoise, ma petite amie, qui me raccompagnait, on s'est fait attaquer par une bande de barbares de tous âges, armés de couteaux et de barres de fer. La vitre du côté de Françoise a volé en éclats sous le coup d'une barre destinée à faire mal au moment où, après être sorti pour discuter et m'être aperçu du danger et de l'inutilité de la chose, j'étais remonté précipitamment dans la voiture et avais crié « Démarre ! » et où la 2CV s'éloignait, poursuivie par ces suppôts d'*Orange mécanique* en moins élégants.

Au 17 rue Géricault, ma mère et moi, on a averti les flics du garage que ça tirait place de l'Hôtel-de-Ville, c'était l'attentat FLN du commissariat central, deux morts et trois blessés, plus l'un des deux membres de l'attentat. Nous venions de la place, où nous nous étions plaqués à terre pour nous mettre à l'abri des coups de feu, je me souviens de l'odeur terrible de la poudre et nous arrivions en courant. Je devais avoir quatorze ans. « Non, pensez-vous, c'est peut-être des pétarades de camion. »

Sonnerie d'alarme.

Alerte générale.

Les flics enfilent leur gilet pare-balle, « Ah ! nom de Dieu ! », prennent leurs pistolets-mitrailleurs et se postent de chaque côté de la rue.

Au 17 rue Géricault, est venu le moment où ils ont déménagé. Les flics sont partis. Dans l'un de leurs locaux, resté vacant, nous nous retrouvions toute une petite bande pour écouter Europe numéro un et vaguement danser au rythme de « Salut les copains » sur notre transistor. Elvis, Ray, Nougaro, Hardy, Eddie, Johnny, Danny Boy et les Pénitents, et bientôt les stars : les Beatles, les Stones, « Apache », « What'd I Say », « Tous les garçons et les filles », « Le Jazz et la Java »...

Devant le 17 rue Géricault, de l'autre côté de la rue, l'ouvrier, casquette raccord, échappé de chez Zola ou Eugène Sue, rentre chez lui, musette sur le côté, après sa journée de travail. Commence sa litanie alcoolisée (absinthe ? non... peut-être mauvais vin rouge ?) adressée directement à sa femme accoudée au balcon, l'œil fixe, sans expression particulière. « Enculée... enculée... enculée », toujours sur le même rythme, sans la moindre nuance, psalmodiée pendant deux bonnes heures. « Enculée... enculée... » Léger ralentissement vers la fin, l'excès de vin rouge attaque même la mémoire, pourtant très sélective. « Encu... lée... Enc... » Puis arrêt total et brusque. L'homme roupille. La femme est toujours immobile au balcon.

On venait me chercher comme d'habitude au 17 rue Géricault, il y avait Jean-Pierre Hermier-Leblond, mon meilleur copain, Delahaye... et un autre dont j'ai oublié le nom, pour qu'on aille ensemble à l'école privée de radioélectricité où j'étais élève, viré de l'institut Bellefonds où j'avais retriplé ma quatrième. En réalité, je séchais les cours depuis la moitié du premier trimestre, j'allais au conservatoire d'art dramatique, ou dans les bistrots fumer la pipe, ou encore dans une salle de sport.

Le petit groupe continuait à venir me chercher tous les matins pour ne pas éveiller les soupçons de mes parents.

J'avais intercepté les divers courriers de l'école demandant des explications sur mon absence. Un copain qui avait la voix grave avait téléphoné, s'était fait passer pour mon père et avait informé que je m'étais cassé la jambe au football et que je serai indisponible pour un bout de temps. Combien de temps ? On ne savait pas, ça dépendait des différentes opérations que je devais subir.

Le moment viendrait où il faudrait que je mette cartes sur table et que je sois à visage découvert, je le savais ; en gros, que j'arrête mes études classiques, me consacre pleinement à l'art dramatique, tout en faisant des petits boulots pour gagner un peu d'argent et apprendre le monde du travail.

Pourquoi je sèche ? Pourquoi l'école buissonnière ? Je vous explique. Je me suis fait gauler en plein cours de mathématiques en train de lire les fables de La Fontaine, dans le bouquin posé sur mes genoux sous le pupitre. Dans cette école, sur les trente heures de cours hebdomadaires, seule une heure était consacrée au français et à l'orthographe, l'idée c'était d'éviter de faire quarante fautes si on écrivait à sa fiancée ou à son employeur. Le reste se répartissait entre maths, physique-chimie, électricité, sciences, etc., autant dire que j'étais comme un poisson dans l'eau.

Je fus condamné à venir le samedi suivant entre 14 heures et 19 heures, écrire mille fois : « Je ne lirai pas les fables de La Fontaine pendant les cours de mathématiques. » Il y avait du taf !

Mille lignes ça fait beaucoup… À 19 h 05, j'en étais à six cent soixante-dix lignes et une tendinite au poignet. Manquaient trois cent trente lignes que le surveillant s'empressa de multiplier par sept, à rendre le lundi matin à la première heure, c'était paraît-il le tarif. Je compris à ce moment-là que je ne serais pas là le lundi matin. Cette décision fut prise en deux secondes. Un sentiment à la fois d'angoisse et de triomphe m'envahit. C'était la fin de ma scolarité, donc. Je regardais une dernière fois les pupitres, les encriers, le tableau noir et le poêle, mon environnement familier depuis la maternelle. J'étais déjà nostalgique et en même temps euphorique. La fin d'un monde. Le monde nouveau me tendait les bras.

Je réussis à tenir plusieurs mois dans cette école buissonnière mais mes parents continuaient à payer les trimestres pour rien, ce qui était un déchirement pour moi, ils ne roulaient vraiment pas sur l'or. Je crachai donc le morceau et leur avouai la combine. Je craignais le pire, ils ne réagirent pas si mal : il fut décidé que parallèlement au conservatoire, je ferais des petits boulots, ce que je fis. Je me rendis compte que ces petits boulots étaient à la frange du spectacle ou du divertissement. Par exemple, je fus assistant des fameux clowns les Bario sous un chapiteau, je préparais les accessoires en coulisses et un jour j'eus à en apporter un en scène en costume d'Indien. Je fus aussi « L'Homme de la quinzaine », les gens devaient me reconnaître dans la rue après que mon apparence avait été décrite à la radio locale, ou dans le journal, et j'offrais aux « reconnaisseurs » des bons d'achat valables à la quinzaine commerciale.

Ou bien je participai au son et lumière pour le millénaire de la cathédrale de Rouen et sa reconstruction, ou alors je fus figurant dans un film hollywoodien, *Le Train,* de John Frankenheimer, avec Burt Lancaster, à qui ma mère a vendu des poupées pour sa fille, elle était alors vendeuse en renfort pendant les fêtes de Noël et seule dans la boutique à parler vaguement l'anglais. Le nombre de mes cachets (je faisais dans ce film de guerre américain un résistant français) augmenta considérablement quand John Frankenheimer décida de couper les branches des arbres qui longeaient la voie ferrée parce qu'il considérait que le travelling fait à partir du train serait plus spectaculaire (et cela prit trois bons jours), puis décida de les recoller, considérant que c'était mieux avant. Encore trois ou quatre jours de cachets supplémentaires à attendre. Le cinéma hollywoodien à son âge d'or, où le temps ne comptait pas, où tout était possible.

Sinon, je fumais la pipe et buvais quelques bières au Petit Bouvreuil, café qui était le quartier général de mes nouveaux copains, des intellos, fils de bourgeois, orchestres de jazz, musiciens, journalistes en herbe, avec un journal plus ou moins gauchiste, pour l'indépendance de l'Algérie, *L'Œuf*, et groupes politisés tendance PSU. J'étais impressionné par la dialectique, les discussions intellectuelles, l'ironie, les vannes, rien à voir avec les milieux populaires comme celui d'où je venais, j'étais « les jeunes élites », j'étais à la fois bluffé et complexé, je me disais que j'avais beaucoup à apprendre mais j'apprenais vite, ça m'intéressait, j'admirais mes nouveaux copains, je découvrais l'art dramatique, les milieux artistiques et intellectuels.

Le père avocat d'un de mes nouveaux copains, un jour qu'il me raccompagnait avec sa voiture, employa les termes « C'est extrêmement mystérieux » à propos d'un papier qu'il ne retrouvait pas dans la boîte à gants. Cet « extrêmement mystérieux » m'est apparu comme le nouveau langage sophistiqué qu'il me faudrait apprendre à décoder, avec cette connotation un poil humoristique, avant de pouvoir peut-être moi-même le parler.

Au 17 rue Géricault, je me suis réveillé un matin, perclus de douleur, l'œil gauche fermé, des plaies sur mon bras, des bosses sur mes genoux, des égratignures partout, un mal de tête épouvantable. Mon lit, ce matin-là, était vraiment de douleur. « Qu'est-ce qui m'arrive ? Qu'est-ce qui m'est arrivé ? Un accident ? » Ma mémoire engourdie essaie de faire le raccord. « On est quel jour ? Où j'étais hier ? Qu'est-ce que j'ai fait ? » La thèse de l'accident revenait systématiquement dans mon cerveau un peu meurtri. Je me souvenais quand même que j'avais rendez-vous avec mon père la veille au soir (était-ce la veille ?) dans un magasin pour m'acheter un Solex. Je me souvenais que je comptais les jours qui me séparaient de cette acquisition tant attendue. Je me souvenais que je ne me souvenais plus de rien. En tout cas, pas trace dans ma mémoire de ce rendez-vous avec mon père, du magasin, du Solex. Qu'est-ce qui m'est arrivé ? Deux neurones moins atrophiés que les autres font apparaître dans mon cortex une image de moi buvant dans un appartement où des copains avaient débouché du cognac et autres alcools forts. Il devait être un peu plus de 13 heures puisque je me souvenais avoir fait une blague sur l'heure, un verre de cognac à la main « 13 heures, l'heure du crime », puis plus rien. J'entendis dans la cuisine mon père dire à ma mère – il devait être 7 heures, il partait travailler – « Considérons ça comme un accident ». Entre 13 heures la veille et 7 heures ce matin, rien. Pas trace du moindre petit souvenir ou même d'une toute petite image. Je toussai fort pour signaler ma présence réveillée. Ma mère, théâtralement, déboule, ouvre la porte de ma chambre, et balance : « Patrick, je ne te dis rien, rien, non rien », et referme la porte. Quand on a un trou dans sa vie de dix-huit heures où rien ne s'inscrit ni ne surgit, on commence à flipper.

On m'a tout raconté. On m'a raconté la bagarre avec les ouvriers dont je saccageais le travail, le ciment frais dans lequel je m'ébrouais, l'arrivée au Petit Bouvreuil où j'avais foutu un gros bordel, les vomissements, les coups, qu'on m'avait plongé dans un baquet d'eau froide pour me dessoûler comme dans les westerns, l'entrée de mon père au Petit Bouvreuil, inquiet de ne pas me voir à notre rendez-vous, la gêne des jeunes consommateurs et du patron. « Ben non, on l'a pas vu… », « Ben non, on ne sait pas ».

Jean-Pierre fut dépêché par mes parents, qui avaient détecté un comportement étrange parmi les consommateurs… Quand il arriva au Petit Bouvreuil, il fut accueilli par une tempête de rires et de gueulantes, et on lui désigna l'arrière-cour, où il me découvrit, grelottant, bleu, raide, dans le baquet où on m'avait carrément balancé. La panique de Jean-Pierre, qui avait tout de suite alerté mes parents, lesquels attendaient dans la rue : « Venez vite ! J'ai peur ! J'ai peur ! » Mon père au patron du bistrot : « S'il est arrivé quelque chose à mon fils, je vous tue. » Le médecin appelé d'urgence au 17 rue Géricault, qui me flanqua des piqûres stimulantes pour le cœur, qui avait tendance à s'endormir grave pour cause de coma éthylique. Mon immense gueule de bois de plusieurs mois, je ne pouvais plus passer devant un bistrot et sentir les effluves d'alcool même minimes sans vouloir vomir.

Au 17 rue Géricault, je me reconstituai une santé et jurai de ne plus jamais toucher une goutte d'alcool. C'est ainsi qu'à seize ans, au 17 rue Géricault, je devins parjure. Dans la rue Géricault et aux alentours, il y avait mes copains, toute la bande, Marc Baron, le frère de Didier, qui brutalisait et injuriait un peu tout le monde. Fils de flic, il devint flic lui aussi. Il y avait Patrick Levasseur, qui voulait se consacrer à Dieu, qui était vaguement prosélyte, d'ailleurs son frère aîné était déjà au séminaire, Didier Lechevalier, le fils de riches, son père fabriquait en gros des roulements à billes, son appart' était neuf et impec', grand, avec une salle de bains et tout… C'était donc un fils de riches. Gérard Perdriel, le fils du café-tabac Au chien qui fume, qui avait fabriqué dans un petit réduit un labo photo assez sophistiqué, tellement fou de photo qu'il m'installa le même en beaucoup plus petit et rudimentaire dans le petit placard au fond de ma chambre. Et vous savez quoi ? Plus tard, il devint photographe. Et Michel Le Vacher, qu'on appelait quand on n'était pas contents Abdallah Ouichek, le nom de son père, et on savait que ça allait le rendre fou de rage. Chez lui, on était vraiment chez les pauvres, mais beaucoup de tenue et de dignité circulaient. Et Serge Fonsolet dit « Nounours », l'aîné, au moins deux ans de plus que nous, et qui se la pétait en nous racontant ses exploits féminins, et que l'on écoutait avec envie et considération.

Et les filles dans tout ça ? Me souviens d'une petite brune maligne et jolie qui me faisait rêver et fantasmer. Et surtout Madeleine Duval, très jolie jeune fille blonde aux yeux bleus avec laquelle je devais me marier plus tard. On se tenait la main, on s'embrassait vaguement sur la bouche. Sa mère était allemande et son père garagiste. Quand ils décidèrent d'aller s'installer à Lyon, ce fut un véritable déchirement, un gouffre de chagrin. On s'écrivait et on se promettait le mariage, des enfants, et d'aller se visiter ou moi à Lyon, ou elle rue Géricault. On souffrait. Je ne l'ai jamais revue. Si, une fois, plus de vingt ans plus tard, dans le hall du théâtre où je jouais à Lyon, le TNP, avant la représentation, elle avait un peu grossi, s'était mariée.

On devait boire un verre après le spectacle, j'ai attendu en vain.

Cette fois, je ne l'ai jamais revue.

Au 17 rue Géricault, j'allais à l'école, à l'école Géricault, ma communale, toute proche. J'étais le chouchou de monsieur Chardon, l'instituteur, qui m'interrogeait souvent, entreprenait des conversations avec moi, je sentais qu'il considérait que j'étais différent, plus drôle, plus tourné vers les choses artistiques et littéraires, il aimait bien. Monsieur Chardon fumait en classe.

Le docteur Farge, médecin communiste, proche du peuple donc, estimait que j'étais pâle et fatigué, et qu'il fallait m'envoyer à la campagne pour me requinquer.

Je m'installais donc à Saint-Martin-de-Boscherville, village très rural, à trente kilomètres de Rouen, sous la garde de ma grand-mère et, pendant deux mois, je glandais, marchais seul dans la forêt, répondais aux questions des paysans croisés qui me demandaient pourquoi je n'étais pas à l'école : « Parce que je suis anémié, c'est le docteur qui m'envoie ici. » Perplexité maugréante de mes interlocuteurs. Le week-end, mes parents venaient me voir, je repris l'école courant novembre après plus de deux mois d'absence, ce qui me valut de redoubler royalement ma classe de CM2 avec monsieur Chardon.

Puis, l'année d'après, suis relégué dans la classe dite « poubelle » où tous les laissés-pour-compte de la scolarité venaient attendre l'âge légal de la fin des études, quatorze ans. Monsieur Laîné m'avait aussi à la bonne. Lui, féru de littérature, de lettres françaises, amoureux de la grammaire, avait remarqué que je ne faisais que deux ou trois fautes maximum dans les dictées, et que j'apprenais par cœur et que je récitais « avec le ton » un poème de quatre strophes qui faisait seize vers en tout. Non seulement cela me conférait une attention partisane et bienveillante de la part de monsieur Laîné, mais aussi, curieusement, une forme de respect des membres de la classe, composés pour la plupart de petits voyous, de cas sociaux et de futurs repris de justice, capables d'un semblant d'admiration pour un des leurs, amoureux des belles-lettres. Tout n'était peut-être pas perdu.

Au 17 rue Géricault, j'ai grandi, aimé, compris, découvert, vibré, vu le putsch d'Alger, en noir et blanc à la télé balbutiante, Jean Nohain, « Âge tendre et tête de bois », Aimée Mortimer, Poiret et Serrault, Roger-Pierre et Jean-Marc Thibault, Henri Salvador, Léo Ferré, Les Chaussettes noires, Ray Charles, l'attentat du Petit-Clamart, les Beatles, Kennedy assassiné, le hold-up du siècle, « I have a dream », *Les Tontons flingueurs, Mélodie en sous-sol,* Anquetil, les maisons de la culture, l'alunissage, Louis de Funès, Pelé, « Cinq colonnes à la une », *Hello, Dolly !,* « Mon amie la rose », Pierre Repp, le Spoutnik, Diên Biên Phu, « Le 22 à Asnières », « Je vous ai compris », la Maison de la Radio, la Caméra invisible, « La Tête et les Jambes », Denise Glaser, Jacqueline Maillan, « La Caméra explore le temps », « Et maintenant, que vais-je faire ? », la DS 19, « Bon Dieu, mais c'est bien sûr ! », Claude Darget, Joseph Pasteur, le FNL, Guy Mollet, l'OAS, le Mur de Berlin, Grace Kelly, « Salut les copains », *Les Oiseaux,* Jacques Angelvin, Jacqueline Huet, Bahamontes l'Aigle de Tolède, Just Fontaine, *À bout de souffle.*

Mai 2019, un bilan

Tout le bilan sanguin est bon et même bien meilleur que la dernière fois, pourtant je m'attendais au pire, en tournée on se lâche : desserts, fromages, charcuteries même et bibine. Eh ben non, tout va pour le mieux, le corps a ses raisons que la raison ignore, peut-être que j'ai fait pas mal de sport, et jouer *Tant qu'il y a de l'amour* est un sport en soi.

Seule ombre au tableau : le PSA a légèrement augmenté. Personne n'a l'air d'y prêter vraiment attention, sauf mon urologue qui veut me faire passer une IRM de la prostate. Du coup, je flippe : « Comme ça, on en aura le cœur net », « On va prendre les devants au cas où... ». Mon hypocondrie repart dans les tours. Du coup, déprime. « Les choses de la vie » sont traversées par l'ombre de la maladie possible. Comme d'hab', je m'étourdis dans le travail et les activités. Et les voyages sur Internet sont rassurants quand même. Ma phobie dépressive s'installe à nouveau par à-coups. Mon médecin à l'Hôpital américain, le docteur Khayat, me rassure et me dit : « Même si c'est ça, à ce stade, on n'y touche pas. On laisse, on surveille. Tout le monde a ça ou va avoir ça plus ou moins. » Rassuré. « Si tout le monde a ça... »

Et puis, l'IRM est clean.

Juillet 2019, alunissage

Je lis dans *Le Parisien* : « Que faisiez-vous à 2 h 56, la nuit du 21 juillet 1969 ? »

L'heure de l'alunissage d'Armstrong.

« Étiez-vous devant votre télé ? »

Non.

Moi, je suis passé complètement au travers. Pourtant, à 2 h 56, ce 21 juillet, j'étais dehors et très actif. Je finissais de mettre en place les projecteurs pour le spectacle que je mettais en scène, et dont la première était le lendemain ou plutôt le soir même, donc, pour le festival du Castellet, où Musset était au programme : j'avais monté entre autres *Barberine.*

Jacques Weber, cette nuit-là, m'aidait dans cette installation très tardive, très à l'arrache.

Quelques heures plus tôt, une mutinerie s'était organisée contre mes méthodes de travail et je ne l'avais pas vue venir. Trop de répètes, trop de précarité, trop d'un peu de tout et peut-être de fatigue.

Dans un silence de mort, alors que j'étais seul contre tous, Jacques Weber s'était détaché du groupe de mutins et avait sentencé : « Moi, je suis avec Chesnais. » On avait donc, dans l'urgence, dans un silence viril et fraternel, implanté tant bien que mal l'indispensable jeu de projecteurs jusqu'au petit matin, quand pendant ce temps-là Armstrong gambadait sur la Lune.

Réaliser un film

À cinquante ans passés, je pris conscience que si je voulais réaliser un film, il fallait y aller assez vite. On m'appelait « le metteur en scène » quand j'étais gamin, puisque j'avais toujours une petite caméra 8 mm avec moi, et que j'organisais des projections avec ma fameuse « cinette ». Mais les circonstances, le destin, et il faut bien le dire, un peu mon talent m'avaient fait me consacrer entièrement à l'expression dramatique comme interprète, au théâtre et au cinéma ainsi qu'à la télé. Ce cahier des charges très bien rempli ne laissait que peu de place pour réaliser un film.

Enfin, un matin, j'ai plongé.

Y avait urgence.

Mais quoi ?

J'ai toujours su que réaliser un film devait correspondre à une nécessité, à une impossibilité de ne pas le faire. Je suis parti d'un personnage que j'ai inventé à partir de mes propres expériences théâtrales. Un vrai personnage doit être unique, impossible à décupler, et en même temps, on sait qu'on le connaît, on le reconnaît même. Un vrai personnage est une somme, il doit être complexe, contradictoire, surprenant mais toujours sur un terrain de connaissance.

Je commençai donc à écrire *Charmant garçon,* qui est tout sauf charmant comme vous pouvez vous en douter, mais à l'arrivée plus que charmant. J'ai toujours aimé, dans la panoplie de mes interprétations au théâtre et au cinéma, les personnages agaçants, ou antipathiques ou dérangeants, voire monstrueux, qui peu à peu révèlent leur vraie nature, font tomber doucement et avec précaution le masque, où des sentiments comme une certaine fragilité, une générosité, une grande pudeur affleurent.

Octave, ce « charmant garçon », était de cette trempe.

Je rencontrai un certain nombre d'actrices dont aucune ne semblait faire l'affaire. Certaines ne comprenaient pas le style du scénario. Alexandra Vandernoot me sembla intéressante. Elle est belle, sexy. J'appréciais vraiment son jeu et elle était relativement inconnue au cinéma. Tous ces critères m'embarquèrent, mais c'est la production qu'il fallut convaincre : les prod' n'aiment pas beaucoup les inconnus au bataillon du cinéma. Après quelques bras de fer, ils acceptèrent d'être convaincus. Je téléphonai à Alexandra Vandernoot pour déjeuner et parler du film et des personnages, enfin, faire connaissance. Elle me répondit que non, elle ne pourrait pas : « Que dirait mon mari s'il apprenait que je dîne avec Patrick Chesnais ? » Une fois, un metteur en scène lui avait déjà « fait le coup » dans le simple but de la draguer. Une sueur glacée me dégoulina dans le bas du dos. Je téléphonai immédiatement au producteur pour lui dire que j'allais changer le casting féminin. Il refusa, arguant qu'elle était déjà engagée : « Pas possible. Hors de question. Je vais l'appeler. » Vandernoot me téléphona un peu plus tard, s'excusant et me conjurant de ne pas tenir compte de ce qu'elle avait dit précédemment.

Tout rentra dans l'ordre.

Le deuxième front s'ouvrit avec le chef op'. Pendant les repérages, son attitude et ses propos me firent figer le sang peu à peu dans les veines et mon dos se glaça à nouveau. Je décidai d'une façon impulsive et définitive de m'en séparer. Son credo : « Ce mec fait son premier film. Il n'y connaît rien ou pas grand-chose. C'est moi qui vais mener la barque. C'est moi le chef op', peut-être même le chef tout court. »

Mon premier assistant, le merveilleux Pierre Sénélas, me dit : « Je crois que vous faites bien, Patrick. » On se vouvoyait et on se vouvoie toujours : on est restés « très chic ».

Le producteur, furieusement, me dit : « Impossible. Il a signé et il arrive avec son staff, assistant, scripte, etc., et eux aussi ont signé. »

Mais je tiens bon.

Le chef op' m'appelle en m'implorant de prendre un verre avec moi « pour qu'on s'explique ». J'ai la faiblesse d'accepter. Pendant deux heures, il monte au créneau de la séduction. Il me raconte sa détermination à m'aider, à tout faire pour le film, et me demande de lui faire confiance. J'ai encore la faiblesse de le croire et d'accepter qu'il reparte avec moi. « Tu verras, tu ne le regretteras pas. »

Je le regrettai.

Mettre six heures pour éclairer un cendrier, ce qui faisait que la mise en scène et les acteurs se démobilisaient et que les 20 % du temps qui restait à la réalisation étaient utilisés dans l'urgence, ne le gênait pas. Il y avait une confiscation du temps, si précieux au cinéma, et un esprit de clan que je détestais s'installa.

Le clash bien sûr ne tarda pas.

Après plusieurs explications, demandes, mises en garde, ou chacun avançait ses arguments, « Mais Patrick, on ne fait pas un téléfilm », sans véritable résultat, je partis dans les tours, j'explosai sur le plateau devant toutes les équipes. Secoué, le chef op' quitta le plateau. Mon assistant Pierre me dit : « Qu'est-ce qu'on fait, Patrick ? » « Appelez-en un autre, demandez-lui de venir tout de suite ou au pire, demain. » Mon chef op' revint et me dit avec chaleur et une sorte de respect que j'étais une tête de lard et reprit le job.

Le film, sans distributeur (on en trouva un au petit pied et même disons-le au très petit bras), ne rencontra pas le gros du public, malgré des critiques très élogieuses, trois quarts de page dans *Le Monde*, une demie dans *Libé*, et de l'autre côté de l'échiquier *Paris-Match*, *Le Parisien*... au sommet.

Le lancement a été nul, les affiches ridicules.

Malgré tout, ce film mal catégorisé déclencha un enthousiasme de chapelle.

Ce charmant garçon mal embouché et amoureux, imperméable à la lutte des classes, choqua et enchanta, agaça et charma donc.

Pascal Mérigeau, grand critique de cinéma au *Nouvel Observateur*, me dit dans un ascenseur, à Cannes, qu'il « venait de voir mon film » (confusion, je crus qu'il me parlait de celui que je venais présenter comme acteur au festival), qu'il « fallait absolument que je continue, que le cinéma français avait besoin de quelqu'un comme moi ».

Un petit groupe constitua un fan-club du film quelque temps après sa sortie. On m'invita à assister à une projection : ils étaient environ une quinzaine. Leur jeu consistait à dire les répliques en même temps que les protagonistes, voire à les devancer. Je m'aperçus avec stupeur et tremblements qu'ils connaissaient presque tous les dialogues du film par cœur.

Saint-Jean-de-Luz

Le film obtint la Chistera d'or ou le prix Alain-Poiré, patron de la Gaumont à l'époque, au festival de Saint-Jean-de-Luz. Le film secoua le public et les professionnels. Au moment où je m'apprêtais à prendre l'avion le samedi, Dominique Besnehard me demanda de rester, je compris que j'allais être récompensé le soir à la cérémonie mais à quel titre ? Interprétation ? scénario ? prix spécial ?

C'était la deuxième fois que Dominique Besnehard me demandait de rester au moment où j'allais partir, la première fois c'était au festival de Chamrousse, l'ancêtre de celui de L'Alpe-d'Huez, bien des années auparavant, festival de comédie où je reçus le prix d'interprétation pour le *Cœur de marbre,* de Stéphane Kurc.

Cette fois, à Saint-Jean-de-Luz, c'était donc pour la récompense suprême, le meilleur film. Je fus très surpris, le film avait percuté comme je l'espérais, je montai sur scène, j'étais content, j'étais en forme. J'avais envie de m'amuser, je fis un truc que j'avais expérimenté un certain nombre de fois qui consistait, au moment où je recevais la récompense, à me faire appeler par une complice : je décroche et lui explique que je la rappelle un peu plus tard, dans cinq minutes, que là je reçois une récompense, que je suis sur scène et, faisant semblant d'entendre l'incrédulité de ma correspondante qui me soupçonnerait de l'embrouiller, je lui passais le président du jury, ce soir-là Jean-Marie Poiré, ou l'un de ses membres éminents, pour prouver ma bonne foi. Le succès est relativement assuré avec plus ou moins de force à chaque fois.

Là, ce fut un délire.

Bien agités

Je reçus après un certain nombre de propositions et de scénarios, non pas à jouer mais à mettre en scène. On me proposa aussi de reprendre trois personnages de mon film, les trois flics, pour les infiltrer dans un autre film. Finalement la proposition la plus crédible et qui me convainquit fut un film pour la télévision que, après moult hésitations et revisitages et réécritures du scénario, j'acceptai. Ce fut encore une aventure où, là, j'appris à patauger dans le marécage malodorant d'une production de télévision privée qui travaillait pour une grande chaîne : le cynisme, le calcul, l'intérêt, la muflerie étaient tellement éloignés des projets créatifs et artistiques que ça donnait une idée de l'infini.

D'abord ils réfutèrent Julie Gayet, que je voulais pour le rôle (et qui le fit après un premier bras de fer), sous prétexte que le cafetier du coin, auquel ils avaient posé la question, ne la connaissait pas.

Ça démarrait très fort.

Puis, le deuxième jour de tournage, le producteur déboula sur le plateau, fermé, mécontent, hostile, alors que tout se passait magnifiquement bien.

— Je peux te parler ? me dit-il.

On alla au bistrot, il était de plus en plus mécontent, puis il me lâcha brusquement :

— Julie Gayet est à chier. Qu'est-ce que tu comptes faire ?

Le film se tournait en vingt jours et quarante-six décors. Le challenge était de mettre tout en boîte sans dépasser d'une minute. Mon premier assistant, le génial Pierre Sénélas, me dit la veille du premier jour de tournage :

— Demain, c'est la guerre.
Il ne croyait pas si bien dire.

Ça s'appelait *Bien agités.*
Scénario amusant.
Casting génial avec Julie excellente, et Diefenthal qui sortait, totalement starisé, de la série des *Taxi I, II, III* et *IV.* Plus Darry Cowl, Brigitte Roüan, Balmer, Josiane Stoléru, ma fille Émilie. Ferdinand faisait une courte apparition remarquée et je m'étais réservé un second rôle de flic décalé.
— Je peux te parler ?
À mi-tournage, le prod' remet ça.
— Oui, répondis-je. D'abord, on termine tranquillement la journée et après on se voit.
Il avait l'air fulmineux, la face froncée, l'œil égaré. Il attaque direct :
— C'est à chier. On voit tous les jours les rushes, la mise en scène est à chier, la photo est à chier, le cadre est à chier. Je ne parle même pas du jeu, la direction d'acteurs est à chier, il faut refaire la scène du commissariat, c'est quoi ce décor ? c'est n'importe quoi. Je mets trente patates pour la refaire. Tout est à chier, tu es en train de couler ma boîte.
Le décor de mon commissariat était inspiré d'un film des années 1950 avec Jean Gabin où le flic qu'il jouait avait transformé son bureau en studio, un peu comme à la maison. J'avais donc fait installer un frigo, des tapis, des meubles, des photos, on était loin des décors clichés et aseptisés des *Julie Lescaut* ou *Navarro*, ça n'avait pas plu là-haut. Je refusai de retourner la scène, bien sûr, et dorénavant, je pris tout mon temps, je dépassai allègrement les horaires presque tous les jours. C'était un peu la réponse du berger à la bergère.
— N'importe quel metteur en scène se serait tiré une balle, me confia ce cher Pierre Sénélas.

Je n'étais pas n'importe quel metteur en scène, on est venu me chercher, je suis acteur, je fais ce que je veux, arrêtez de m'emmerder, j'irai jusqu'au bout.

Ce pour quoi on était venu me chercher, peut-être un regard différent, une originalité, une sorte de décalage, on me le reprochait.

Faut pas me chercher.

On vira ma monteuse, l'excellente Sophie Imbert.

L'incroyable bras de fer continua.

— Si j'étais tout seul à penser que c'est mauvais…, mais tout le bureau est d'accord avec moi, tu es en train de couler ma boîte.

Ils m'avaient fait signer un truc comme quoi ils avaient le « final cut », celui qui décide de l'achèvement du montage. Or, la loi française stipule le contraire, c'est le créateur qui a le dernier mot : la loi est plus forte qu'un truc signé, ils l'ont découvert à leurs dépens.

Ça n'a pas fait avancer le montage, qui dura à peu près six mois. Je ne voulais pas changer d'un iota ce que j'avais décidé, et puis je prenais mon temps, je faisais ma mauvaise tête.

À la fin d'une projection devant les responsables de prod' et la chaîne, j'entendis derrière moi, après un grand silence : « C'est moins mauvais que je ne le pensais. »

À sa sortie, le film eut des critiques exceptionnelles dans les journaux spécialisés, mais aussi les autres, où l'accent était mis sur l'excellence de la mise en scène, sa force, son originalité, etc.

Des trois étoiles dégoulinaient partout… et le film cassa la baraque à l'Audimat. Il fut rediffusé toujours avec succès. Je reçus le lendemain un coup de fil de la chaîne me demandant si j'avais d'autres projets, et eux en avaient pour moi… « Voulez-vous qu'on en discute ? » Je répondis calmement que l'expérience m'avait suffi, qu'on n'a qu'une vie et qu'il faut la remplir le moins mal possible, que donc ma vie et mes projets étaient ailleurs.

Et je raccrochai presque sèchement.

Cannes : Mick

26 mai 2019.

Aujourd'hui c'est Cannes,

Le court métrage *Face ou Pile*, que j'avais écrit et réalisé dans le cadre de l'Adami et pour mettre en orbite de jeunes acteurs débutants, était présenté à Cannes. Pendant la montée des marches, j'entendis les jeunes acteurs derrière moi, plutôt issus de banlieue, « C'est un truc de ouf ». Après un dîner hollywoodien sur la plage avec toutes les autres équipes, où les « un truc de ouf » fleurissaient après chaque plat délicieux apporté ou verre somptueux servi, je décidai d'en emmener quelques-uns à la boîte privée de Canal+, endroit très sélectif, où ils croisèrent Chabat, Bacri, des stars, des mannequins…

Les « C'est un truc de ouf » écarquillèrent ma petite bande.

Quand Mélita, la femme de Toscan du Plantier, m'invita à la table de Mick Jagger, et que je les enjoignis de m'accompagner, ils me suivirent dans un silence de mort. On échangea quelques idées générales avec l'immense Mick et son charmant français. Autour de moi, plus de « C'est un truc de ouf ». Plus rien. Pas un son. Rien. C'est à peine si on percevait une respiration : des statues, les yeux définitivement vrillés, presque sans expression sur Mick Jagger. J'éclatai de rire. Mick, à l'intelligence remarquable, comprit la situation et rit à son tour. Là, je dis à mes nouveaux copains : « Eh les mecs ! C'est pas "un truc de ouf" ça ? »

Cannes « finalement… »

Je devais monter les marches pour faire la promotion d'un film, pas du tout présenté à Cannes, mais qui sortait la semaine d'après, et dont les actrices avaient dû partir la veille. On me proposa une comédienne ou animatrice ou mannequin ou quelque chose comme ça « en Russie », pour m'accompagner et faire une montée un peu glamour, flanqué de cette beauté slave au sourire ravageur. Le premier contact au bar du Martinez ne fut pas un total coup de foudre… Je sentis qu'elle me considérait comme un acteur un peu laissé-pour-compte, qui n'avait même pas réussi à trouver quelqu'un pour faire la montée des marches avec lui… On avait dû faire appel à une agence ou à des réseaux pour régler le problème. Elle me regarda à peine à mon arrivée, ne me salua même pas et claironna d'un magnifique accent russe : « Je vous préviens, je suis une star en Russie, et puis je présente aussi l'émission qui est la plus regardée du pays. Vous m'accompagnez autant que je vous accompagne et peut-être même plus. » Les choses étaient dites, j'étais un escort-boy un peu ringard qu'elle allait mettre dans la lumière. Elle m'accorda une moue dubitative qui exprimait tout son dédain. Il fallait que ce soit clair : c'était elle la reine de la soirée.

Je sentis que les choses s'arrangeaient un peu pour moi quand, à la sortie du Martinez, la foule massée derrière les barrières cria mon nom, applaudit, réclamant des autographes sur des tas de clichés me représentant dans tous les films. Je sentis chez elle, tandis qu'elle montait dans la voiture en silence, une véritable tempête sous un crâne. Je croisai son regard : elle me considérait, je l'entendis penser *Ce mec n'est peut-être pas si ringard que ça, et même il a l'air plutôt populaire.* Le silence s'amplifia quand pendant la montée les photographes me mobilisèrent aux cris de « Patrick, par là ! », « Monsieur Chesnais, par ici ! ». Elle en faisait des tonnes, souriait, posait, offrait ses atours aux objectifs, en très jolie femme.

L'intérêt des photographes acheva de la convaincre que j'étais peut-être quelqu'un d'assez important, finalement… Elle ravala sa morgue et me considéra maintenant avec gentillesse, et presque admiration, surtout après que j'eus répondu en haut des marches aux questions de Canal+ : elle évalua mes réponses, qu'elle jugea sensibles et appropriées, je le vis.

Au sortir de la projection, dans la voiture qui nous emmenait à la fête, je débriefai le film. Elle se dit : *Ce mec n'est peut-être pas si con.*

Quant à la soirée, j'étais très en forme et faisais un peu rire autour de moi. Elle se tut définitivement, je perçus dans son regard un peu d'abandon. *Ce mec est intelligent, et gentil. En plus, il est drôle. Je sens aussi qu'il peut m'être utile finalement.* Il y avait beaucoup de célébrités à cette soirée. Je compris plus tard en la revoyant que ce « peut m'être utile » était une donnée importante. Je la sentis me prendre la main.

Comme dans toute bonne comédie, cet antagonisme de la première bobine se transforma, au cours de la traversée de la nuit, en une idylle parfaite de cinéma.

Cannes, épilogue

Avec toute l'équipe du Schnabel, *Le Scaphandre et le Papillon*, qui obtint le prix de la mise en scène, on avait grimpé le tapis rouge. Il y avait Almaric, Seigner, Consigny, etc. Derrière moi, les marches étaient vides. Ma fille était restée au pied de l'escalier avec ce qu'on appelait les « escorts », les gens qui accompagnent les acteurs mais ne doivent pas gravir les marches avec eux. Dans un grand silence, je redescendis la chercher, remontai les marches avec elle, doucement, on était tous les deux, que tous les deux, on entendait le cliquetis des photos, les appels comme assourdis, presque chuchotés, le film était dédicacé : « À la mémoire de Ferdinand Chesnais, vingt ans. »

Six mois après sa mort, sa pauvre sœur et son père désolé gravissaient dans une sorte de recueillement ces marches qui les soudaient.

Émilie

Émilie a du caractère.

Parfois, elle est renfrognée, sombre, ailleurs, comme détachée des choses et du monde.

D'autres fois, le monde est fait pour elle, ses éclats de rire et de regard éclaboussent, enveloppent, deviennent le centre caressant et affectueux de ce monde.

Émilie aime rire et ne s'en prive pas. Elle rit en cascade, ça se calme puis ça reprend, c'est à répétitions parce qu'Émilie a de l'humour. Beaucoup d'humour. Émilie ne laisse rien passer des choses drôles de ce monde, elle les désigne, les adopte, en fait une belle histoire forte.

Émilie est belle, sexy, bienveillante et généreuse, et puis j'oubliais, Émilie a du talent, et même des talents. Elle en a beaucoup au singulier et beaucoup au pluriel. C'est une superbe actrice. Son court métrage *Tristan et Sarah* est admirable, un véritable petit chef-d'œuvre.

Émilie est triste parfois, la marche du monde et des autres ne l'épargne pas. Émilie est fragile, mais Émilie est forte aussi : Émilie fait face. Ce dosage merveilleux forme un cocktail irremplaçable.

Les gens aiment Émilie. Émilie aime aussi les gens mais Émilie, telle Alceste, ne laisse passer aucun travers.

Elle peut en souffrir mais Émilie est belle.

Ah au fait j'oubliais, Émilie est ma fille… mais ça, vous le saviez déjà… Et la fille de Josiane, et ça, vous ne le saviez peut-être pas.

Je ne suis pas là pour être aimé

Stéphane Brizé nous réunissait de temps à autre, avec Anne Consigny, pour travailler sur le scénario de *Je ne suis pas là pour être aimé*, ou tout au moins pour qu'on se rencontre ponctuellement pour discuter du film, des personnages, enfin pour ces sortes de réunions préliminaires qui peuvent se pratiquer avant le tournage proprement dit. On avait à l'unanimité, c'est-à-dire lui et moi, désigné haut et fort Anne comme la bonne partenaire après un casting assez rapide, elle était la troisième auditionnée dans l'une des scènes phares du film.

Sauf que pendant ces réunions, on n'ouvrait pas le script, on parlait de nous, de la vie, de la marche du monde, des films qu'on avait vus, bref on se dévoilait, on faisait connaissance. On travaillait de la bonne manière, comme disait Brizé, enfin c'était la sienne, il se trouve que c'était aussi la mienne, donc ça tombait bien.

Dans une scène, où je m'écroule en pleurs dans la voiture après la mort de mon père, la caméra de Brizé ne me filme pas de face, ne capte pas les sanglots dégoulinants, les soubresauts du corps, non, la caméra est placée discrètement, loin, derrière la lunette arrière, et me filme de dos, enregistre un léger mouvement de l'épaule, on entend un bref hoquet, un petit sanglot vite étouffé, elle s'attarde aussi dans le silence ; le chagrin est capté avec parcimonie, par effraction, ça affleure, ça ne veut pas déranger, c'est bouleversant, c'est beau, c'est le cinéma de Stéphane Brizé.

Claude Lelouch

Claude Lelouch vous dit que vous êtes un acteur génial, peut-être le meilleur en France, peut-être l'un des meilleurs au monde. Et rien à faire, vous avez tendance à le croire.

Le souci, c'est qu'il le dit aussi aux autres. À vos partenaires. Si bien qu'on se retrouve sur le plateau à être cinq ou six meilleurs acteurs au monde.

Lelouch dit aussi qu'il aime les acteurs parce qu'ils sont malheureux, ce qui n'est pas complètement faux mais pas totalement vrai non plus. Les acteurs peuvent avoir de grandes bouffées de bonheur, peuvent même être assez doués pour ça : créer les ingrédients du bonheur, l'espace d'un amour, d'un film, d'une rencontre, d'une naissance, être traversés par des accès qui ressembleraient au bonheur.

Lelouch vous applaudit, vous encourage, hurle « Magnifique, c'est la plus belle séquence du monde ! », « Génial, c'est génial ! », « Wouaahh ! Regarde, j'ai des frissons ».

Il y a des jours… et des lunes, que j'ai tourné avec, entre autres, Gérard Lanvin, est un film remarquable, sorte de psalmodie sur la vie, la mort, les faits divers. Avec un chœur antique, animé par Pierre Barouh.

L'autre film tourné avec lui, *La Belle Histoire*, est une fable très compliquée. Il est question de réincarnation, du Christ, d'abeilles, de guerre en Israël, de gitans, de marionnettes, de faux tableaux, et d'une multitude d'autres choses, trop longues à répertorier.

À sa sortie, je me suis quasiment fait insulter par des journalistes fous de rage : « Comment avez-vous pu participer à une telle mascarade ? ». Les spécialistes, l'intelligentsia, les élites, qualifièrent le film de « plus grande daube au monde » en oubliant qu'il était aussi le film le plus populaire au monde.

« Merci, merci, je l'ai vu six fois déjà, je ne m'en lasse pas. »

« Quelle merveille ! Jamais vu un film comme ça. »

« Même si c'est cher, ça vaut le coup d'aller au cinéma pour voir ça. »

À travers ce film, le clivage était déjà patent entre les élites et les gilets jaunes de l'époque…

Mariage

On s'est mariés, avec Josiane.

J'avais mis un beau costume, elle un tailleur pantalon blanc. La mairie du VIIe était « open bar » pour nous, c'était le 4 août 2015, on a dansé dans les jardins, il y avait un orchestre avec un violon dont Émilie nous avait fait la surprise.

Le soir on a dîné sur la terrasse de l'hôtel Raphaël, qui domine tout Paris.

On est partis en voyage de noces dans les îles Éoliennes, en Sicile, j'ai loué un bateau pour parcourir toutes les îles. Là-bas, ils ne demandent pas le permis. Ils devraient. En rentrant le dernier jour dans le port de Salina, j'ai voulu faire le malin mais, surpris, fausse manœuvre, mauvaise pioche sur les pédales, le bateau s'arrache, vole, hurle, et s'éclate sur d'autres bateaux garés.

Émoi.

Scandale dans le port.

Inquiétude.

Non, pas de blessés.

Mais une grosse ardoise à régler, pas mal de dégâts. Non, pas d'assurance. Là-bas, le touriste paie cash.

« *I am sorry* », balbutiai-je à l'envi.

Folie de jeune marié.

Ségolène Royal

C'est le soir du deuxième tour de l'élection présidentielle de 2007.

Sarkozy est le nouveau président. On dîne avec Ségolène Royal dans une petite salle très simple, attenante aux cuisines de la Maison de l'Amérique latine.

On est quelques-uns autour d'elle : Besnehard, Bénabar, François Ozon, ma fille et moi, sa conseillère et chargée de communication, Aurélie Filippetti. Vincent Peillon, Patrick Menucci viendront la saluer chacun trente secondes.

Ils restent debout.

Puis s'en vont.

On est en plein dans la solitude du vaincu. Ségolène a l'air bien, elle picole un peu, on rigole, je remarque qu'elle a un teint de jeune fille…

Elle rit beaucoup et pétille.

Elle est battue. Mais c'est une star.

On débriefe à peine, elle me demande simplement « ce qu'ils ont dit à la télé », surtout dans son camp.

Je lui dis :

— Et DSK ?

J'ajoute même :

— Il n'a pas été très gentil avec vous.

Elle ne dit rien et se ressert un verre.

Puis dit :

— Oui, je sais.

On parle d'autre chose. Elle se lève et me prend à part :

— J'ai beaucoup pensé à vous. Beaucoup. Et à Ferdinand.

Je veux la prendre dans mes bras, je me retiens.

Ma nuit avec Jacques Brel

On est aux environs de 1 h 30.

Plus personne dans le restaurant. Raymond le patron va fermer. La Sellerie est un rendez-vous de gens de théâtre et de music-hall. L'Olympia n'est pas loin. L'établissement appartient aux Compagnons de la chanson, avec qui je joue souvent au poker, et à Poiret et Serrault.

Déboule Jacques Brel. Il demande un whisky ; on ne refuse pas un whisky à Jacques Brel, même à la fermeture. II s'installe, je lui demande s'il va bien. Il me répond oui, on échange quelques mots banals. Et quelques instants plus tard, il m'invite à m'asseoir. Jusqu'à 5 h 30 du matin, on a vidé tout le whisky du bar. Raymond, le taulier, nous écoutait dans son coin et attendait.

On ne demande pas à Jacques Brel de partir, même à 5 h 30 du matin.

Après avoir fait le tour, refait le monde de la politique, des poètes, du music-hall, des femmes, du cul, du monde, on s'est séparés sur le trottoir, bien raides, on s'est embrassés vigoureusement, on s'est promis-juré de se revoir.

On s'est jamais revus.

Le Sherwood

Il y a le Sherwood.

Tous les jeunes acteurs s'éternisaient là-bas. C'était ouvert toute la nuit, c'était un ancien bar à putes derrière l'Opéra, on y mangeait et buvait jusqu'au petit jour.

Georges, le patron, qui avait des accointances avec le Milieu et la police, régnait sur les lieux. On y faisait des ardoises, « Quand tu peux, mon grand, quand tu peux. T'emmerde pas », et même, il nous prêtait de l'argent. Il nous faisait confiance, il pouvait, tout a été remboursé, pas un franc ne lui a manqué. Georges inspirait le respect. Sous un aspect rude de mafieux corse, Georges avait du cœur.

Au Sherwood on tuait le temps, l'attente, l'ennui, l'isolement. On s'y bourrait la gueule, on draguait, on y repeignait le monde. Certains y dormaient. Villeret y avait sa banquette quand il était trop destroy pour rentrer. C'était une cave. On parlait d'avenir et de la veille. Dussollier et Huster partaient tôt et ne buvaient pas. On appelait Weber « la grosse vache », Arestrup se faisait draguer par tout ce qui portait minijupe. Maxime Le Forestier, Patrick Dewaere et Miou-Miou prenaient la table du fond. Auteuil était rare et se mettait au bar. Isabelle Huppert me demandait des conseils pour sa carrière. Anconina, mutique et souriant, guettait les arrivées par l'escalier.

À 5 heures du matin, avec Khorsand, on jouait au plus près du mur sur le trottoir d'en face. (Il faut envoyer une pièce au plus près du mur sans le toucher et on gagne.)

À La Coupole

À La Coupole, j'invitais des tables entières avec mes premiers cachets. Ça me plaisait.

J'aimais bien permettre à toute une petite bande de faire la fête. Monsieur Laffont, le patron, nous trouvait toujours rapidement une table de six, de huit, ou même de douze. J'étais content d'inviter, de rincer, que l'argent de mes premiers cachets gagnés au théâtre serve à ça : rassembler, nourrir et étancher de joyeuses tables jusqu'à la fermeture. Monsieur Laffont me voyait arriver de loin, il mimiquait pour me dire que c'était bon. Quand j'arrivais à sa hauteur, il me demandait : « Combien ? » Qu'on soit deux ou quinze, il me disait : « Bouge pas. » Deux minutes après, tout le monde était assis.

La Coupole à l'époque fermait à 2 heures. Il y avait plein d'acteurs qui venaient après le spectacle, les peintres du coin qui dessinaient, et des écrivains qui écrivaient. Les serveurs parfois buvaient des coups avec nous, on jouait au foot de temps en temps contre leur équipe le dimanche. Vers 1 heure du matin, ça bruissait. Les Américains venaient voir les artistes parisiens de près, il y avait plein de jolies filles, parfois sexy, parfois bourrées, parfois les deux, qui allumaient le feu sous les vieilles colonnes Art déco classées.

II y avait Jean-Christophe Maucorps que je raccompagnais chez lui avec ma voiture après nos ripailles alcoolisées. Maucorps, acteur débutant, ressemblait à Paul Newman, il rêvait de westerns et de tourner dans des westerns. Il était fauché, je l'invitais presque tous les soirs, et le raccompagnais. Même pas un ticket de métro. Son rêve était d'avoir un ranch dans lequel il aurait élevé des chevaux. Un soir où je le déposai, il me demanda si je voulais bien venir avec lui et quelques autres sur la côte Ouest, en Californie. C'est là où ça se passe, disait-il.

— On reste six mois, on loue des voitures là-bas, une grande baraque, les billets d'avion et le reste, tout sera payé.

— Mais je…

— T'inquiète, je suis le petit-fils Gervais, je viens d'hériter, je suis milliardaire, tu es le premier sur la liste.

Avec regret, je déclinai, j'avais signé au théâtre pour plusieurs mois.

— Le théâtre, le théâtre, me singea-t-il, mais c'est là-bas que ça se passe, putain !

Ils partirent sans moi à L. A. Ils étaient au moins six, tous frais payés, pendant presque un an. Maucorps entretenait l'idée secrète que son argent l'aiderait peut-être à tourner un western.

Par la suite, il acheta un ranch dans le sud de la France, avec beaucoup de chevaux.

Il se tua en voiture quelque temps plus tard.

Il ne tourna jamais de western.

Mon frère ce héros

Mon frère, de repris de justice ou de jeune délinquant, s'est, au contact de l'amour, rangé des voitures et a décidé d'y arriver.

À n'importe quelle heure de la nuit, malgré nos injonctions à venir dîner avec nous, ou de se faire une toile, mon frère restait penché sur ses cahiers, ses équations, arc-bouté sur tous ses problèmes à résoudre.

Mon frère y est arrivé.

À force de détermination, de courage, de sacrifices, de renoncements, il est devenu responsable IBM, le Apple de l'époque, pour tout le Pacifique. Parfois, il m'arrive d'avoir admiration et respect pour les élites.

Mon service

Je voulais me faire réformer du service militaire : je répétais une pièce d'Anouilh, *Cher Antoine*, à la Comédie des Champs-Élysées. J'étais considéré comme insoumis, les gendarmes étaient venus me chercher chez moi et étaient tombés sur ma mère qui passait par là, et qui a improvisé sur le thème maman éplorée, « mon fils ne va pas bien », etc.

Un peu apitoyés, les gendarmes se contentèrent de me convoquer à un conseil de réforme à l'hôpital militaire du Val-de-Grâce, où j'arrivai chargé de trois jours d'amphétamines (la Corydrane, en vente libre à l'époque), plus une dizaine au moins de cafés-calva avalés dans les bistrots autour du Val-de-Grâce. Les mecs là-bas simulaient la folie pour se faire réformer, se laissaient tomber de tout leur long en arrière, geignaient, grimaçaient, bavaient, tout était surjoué, on n'y croyait pas une seconde. Moi, je me contentais de rester silencieux et prostré dans mon coin et, bien sûr, c'est moi que ai été réformé.

Le psy me demanda à quel âge j'avais eu mon premier rapport sexuel.

Silence.

Si j'avais des tendances homosexuelles.

Silence.

Des tendances suicidaires.

Silence.

De quoi je vivais.

« Mes parents m'aident un peu et je fais des romans-photos. »

Je sentis qu'il me considérait comme un gros baltringue. Il me tendit un papier que je tendis aux mecs du bureau de l'accueil ; ils poussèrent des cris de triomphe : « Wooooah ! Ça a marché, t'es réformé ! », devant le regard dépité des mecs qui continuaient à baver et à tomber en arrière.

Je ne fis pas la pièce d'Anouilh, trop atteint par les amphètes. Je fus aussi viré, à la télé, de la pièce *L'Illusion comique*, dont ils faisaient le film avec Roger Blin, Roland Dubillard, Danièle Lebrun. C'est Pierre Arditi qui me remplaça.

Les Buttes-Chaumont

C'est à cette époque que je passai un casting pour Stellio Lorenzi, stalinien hors pair, qui était la star des Buttes-Chaumont (grand studio de télévision où régnait la SFP, immense entreprise audiovisuelle et kafkaïenne).

J'entrai dans un silence de mort au milieu de tables disposées en U, autour desquelles s'articulait le Politburo, composé d'assistants, de dramaturges, de casteurs avec, au centre, Stellio Lorenzi.

Quand, sur ma fiche, il lut « Premier prix du Conservatoire », il me dit : « D'où ? » Je lui répondis : « De Paris. » Il me répondit : « Mon œil ! Pas à moi », il ne me crut pas…

J'auditionnai donc Raskolnikov, ils allaient tourner *Crime et Châtiment*, j'étais très bien, je parcourais toutes les nuances, la menace, l'innocence, le désarroi, j'étais bien. Je le sentais.

Une fille à sa droite, une assistante, écarquillait les yeux de plaisir et me dressa un pouce de compliment.

C'est à ce moment que l'autre connard dit : « C'est pas du tout ça. » La fille sursauta mais n'osa pas intervenir, de peur d'être déportée en Sibérie.

Saint-Tropez

J'ai accompagné pendant quelques années Daniel, mon meilleur ami de l'époque, à Saint-Tropez. Il roulait en Porsche, il m'entraînait au Byblos ou au Papagayo, je m'adaptais comme je pouvais.

Une année, nous fûmes invités au château Camarat, qui dominait la ville, chez Mme Volterra, propriétaire de chevaux de courses et de théâtres, à qui il fallait faire le baisemain, qui à son âge vénérable se baignait nue sur sa plage privée, et du coup, nous aussi, obligés. Et dans le salon, où les invités étaient réunis pour l'apéritif, à 12 h 30 et à 19 h 30 pétantes, le majordome déboulait, accompagné d'une myriade de petites serveuses, et proclamait le rituel : « Madame est servie. » Chaque soir, au dîner, étaient invités des acteurs célèbres, des politiques, des hommes d'affaires. Mme Volterra nous surveillait de près, Daniel et moi, pour voir si nous ne commettions aucun impair dans notre façon de nous tenir à table : on était jeunes… on n'avait pas l'habitude.

Un soir où je m'étais laissé aller à une conversation animée avec mon voisin de table, et que j'avais eu le malencontreux réflexe de porter à ma bouche un morceau de fromage avec mon couteau, je l'entendis, claironnante et jupitérienne : « Plus jamais ça, Patrick !… » Elle en rajoutait un peu, ça l'amusait beaucoup.

À la fin du séjour, Mme Volterra me convoqua dans son bureau et me demanda une participation aux frais de bouche.

Milan Kundera

Je bouffais tous les soirs avec Milan Kundera et sa femme Véra au Petit Jaune, petit restau modeste, près de la place Gambetta et du TEP, devenu depuis le théâtre de la Colline. On répétait une pièce, avec Josiane, adaptée d'un de ses recueils de nouvelles : *Risibles amours.*

Kundera n'était pas d'accord avec la mise en scène de Jacques Lassalle, ni sur le décor, sur rien. Sauf sur les acteurs.

Jacques Lassalle s'était éclipsé et nous avait laissés entre les mains de Kundera, qui était plus proche de la vie que du théâtre, ce qui était bien.

Au restau, Kundera buvait beaucoup, parlait beaucoup, de ses douleurs physiques, de sa paranoïa, et son souffle, son charme, sa souffrance nous en disaient beaucoup plus que toutes les mises en scène du monde. On s'éclatait tous les soirs au Petit Jaune où sa présence puissante nous embobinait et j'en profitais pour essayer de séduire Josiane que je venais de rencontrer.

Guet-apens

« On se croirait dans un film néo réaliste italien. » On est perdus dans les faubourgs d'Ostie, ville surréaliste, la plage de Rome… Je conduis, il fait chaud. Il y a des terrains vagues, je pense au *Voleur de bicyclette* de De Sica. Il fait chaud, il fait très chaud. Les vitres sont ouvertes. Josiane, à mes côtés, tient sur ses genoux mon blouson avec, dans les poches, l'argent, les passeports, les traveler's checks, à l'époque, dans les années 1980, ça existe encore, cartes de crédit, etc. La moto freine devant moi, s'arrête et bloque le passage. Je m'apprête à reculer, une autre moto empêche la manœuvre. Je ne réalise pas encore tout à fait qu'il s'agit d'un guet-apens. Un homme surgit sur le côté, œil unique, balafre, gueule cassée, le casting a été fait pour impressionner, il passe sa trogne et ses mains par la fenêtre ouverte, arrache le blouson et saute sur la moto.

On y va ou on n'y va pas. C'est la pulsion, l'impulsion, ou la tétanisation qui décide. Mon cerveau, mon esprit n'y sont pour rien. Josiane a beau scander : « Arrête, il est peut-être armé », je poursuis pied au plancher la moto dans les rues géométriques ; le public au balcon suit ça de très près, c'est *Fast and Furious* version néoréaliste. Quand la moto dérape, et que le type poursuit à pied en courant, le blouson à la main, je sors de la voiture et me lance à sa poursuite, malgré les cris de Josiane : « Arrête, il a peut-être un couteau ! Ça vaut pas le coup ! » Ce qu'il ne sait pas, le malfrat, c'est que je cours dix fois, vingt fois plus vite que lui. En quelques secondes j'arrive à sa hauteur, il se retourne et balance le blouson vers moi. Je vérifie : tout est là. Les gens au balcon applaudissent. C'est bon d'être un héros de fait divers, je me retiens de saluer.

Une baston

Avec *Par-delà les marronniers*, la pièce de Jean-Michel Ribes, que nous tournions en Amérique centrale et du Sud, et qui était violemment antimilitariste, ça n'a pas toujours été simple, beaucoup de pays traversés étant tenus par une junte militaire. La pièce racontait l'histoire de trois poètes surréalistes totalement déjantés, Arthur Cravan, Jacques Vaché et Jacques Rigaut, interprétés par Gérard Lartigau, moi-même et ce type dont je vais vous parler et qui depuis longtemps a disparu des écrans radars, ce type sorti tout frais du Conservatoire et qui jouait le boxeur-poète Cravan, un rôle prémonitoire… Il était tellement arrogant qu'il s'était attiré la sympathie de tous, à tel point que toute la troupe, Ribes en tête, l'avait mis en quarantaine.

Ce qui est compliqué, voire violent, dans une tournée où, en bus, en avion, en hôtel, en représentation, en p'tit déj', dans des pays parfois en guerre ou en grands troubles sociaux, le partage est de mise et l'esprit de troupe prévaut.

Ignoré.

Exclu.

Je restais le seul à lui adresser des « Bonjour », ou des « Ça va ? » ou des « Il fait chaud ce matin ».

Ça se passa juste avant la représentation au Venezuela.

J'arrivai un peu en retard et même beaucoup, je m'étais perdu, j'avais une gueule de bois terrible, la veille on avait un peu appuyé sur le whisky, avec Michel Berto, dans une boîte de go-go girls.

Des filles magnifiquement gaulées avaient voulu nous faire notre fête, nous régler notre affaire et y étaient parvenues non sans mal.

Encore étourdi par cette folie et le whisky, je n'avais pas retrouvé le chemin du théâtre, et je ne retrouvais plus mes affaires de maquillage, indispensables pour jouer ce spectacle, il y avait urgence. Je demandai avec précaution à mon partenaire s'il pouvait me prêter les siennes. Sa réaction fut immédiate et presque sans surprise, j'avais devant moi, à quelques centimètres de mon visage, cette face de clown blanc, les dents apparaissant donc jaunies, bouffon grotesque et vociférant : « C'est mes affaires, pourquoi faudrait que je les prête, espèce de… », film muet, je n'écoute plus. Je ne sais pas comment répliquer, si, je sais : le coup de poing que je lui envoie de toutes mes forces le frappe de telle sorte que le joker s'écroule de tout son long. Je vois le sang gicler, malgré tout il se relève et me fonce dessus, je pense *Il est courageux, quand même.* La baston est sérieuse, les poings mais aussi les pieds, on a envie d'en découdre, deux animaux. Ribes déboule. Le régisseur aussi. On nous sépare ou on essaie de le faire. Difficile.

Maintenu, encerclé par la troupe, j'arrive quand même à lui en envoyer un dernier pleine face. Il s'écroule encore.

Fin de la séquence.

Essoufflés, hématomés, la bagarre a été rude, je lui adresse cette réplique de fin de partie, imbécile, vulgaire, du fin fond de je ne sais où, mais c'est tout ce qui me vint : « T'en veux encore ? »

Yra – Juillet 2019

J'aime bien Yra et Yra m'aime beaucoup. Yra est un banquier suisse, il a une grosse banque à Genève. Yra a de la thune, comme on dit. Yra veut me produire au théâtre ou au cinéma. Il considère que je suis le meilleur acteur français et peut-être d'Europe et que je suis au niveau des meilleurs Américains.

Bon.

J'écoute.

Je ne peux pas m'empêcher de penser qu'il y a un fond de vérité. Il a vu tous mes films.

Ou presque.

Et toutes mes pièces.

Ou presque.

Mais Yra est un homme d'affaires, il ne connaît rien à la production. Même s'il dit apprendre vite. Il hésite. Il a très envie. Mais c'est risqué, il faut s'y connaître un peu quand même. Il m'invite toujours à déjeuner ou à dîner dans des trois-étoiles à Paris. On se raconte, on parle d'avenir mais je sens qu'il a du mal à se décider, il est devenu riche dans la banque, il ne va pas tout foutre en l'air mais il est tellement tenté…

Un soir du mois de juillet, il m'invite à la terrasse de l'hôtel Hyatt à Paris, il fait 40 °C, je pense déjà à ma bière… Il me dit : « Ça y est j'ai créé ma maison de production. »

Chevreuse – 1980

Je cherche une maison à la campagne près de Paris, c'est bientôt les beaux jours, pour y passer six mois. J'y suis resté plus de vingt ans.

C'est à Chevreuse, dans la vallée de Milon-la-Chapelle, la plus belle du coin. C'est une grande maison moderne, des années 1970, il y a un grand jardin et une piscine. La déco n'est pas terrible mais d'abord je n'y touchai pas, puisque je devais partir le mois d'après, du moins l'année suivante.

Au bout de vingt ans, elle avait subi quelques modifications quand même, un ami déco était passé par là, et aussi de grands délabrements.

Je ne suis pas le roi de la bricole.

La fête de naissance d'Émilie a été un grand moment de réjouissance avec orchestres divers, rituels ludiques, grande bouffe, monceaux de pivoines, guignol pour les enfants, jetages tout habillés dans la piscine, comme dans les films à Hollywood.

J'ai joué dans le grand jardin des parties de foot acharnées, des trois contre trois, des quatre contre quatre, avec Ferdinand toujours aux commandes et qui s'expliquait de sa voix parfois tonitruante.

Au moment de sa naissance, pas loin, j'avais loué une autre maison où Coralie, sa maman, s'était installée avec lui. Je voulais avoir mes deux enfants à proximité. Une histoire de fous. Un scénario de mauvais film. Ça n'a pas marché. « Qui a deux femmes perd son âme, qui a deux maisons perd la raison », dit le proverbe.

Les gesticulations, les acrobaties dérisoires, et les mensonges ont eu raison de ma raison.

Ça n'a pas marché, ça a explosé en vol.

Chevreuse sera à jamais ce lieu idyllique où j'ai grandi dans ma carrière, dans mes amours, dans ma paternité, dans mes amitiés. Quelque chose au cours de ces vingt et un ans s'est affirmé, accompli, envolé.

Les grandes tables déconnantes et discutantes, les raps ensoleillés sur la terrasse quand Ferdinand se lâchait, ou quand tout petit, il disait, me brandissant un pétale, en chagrin, « C'est pour ma mère », les patinages sur la piscine gelée l'hiver avec Émilie, les fêtes, les Noëls, la messe de minuit à Saint-Lambert-des-Bois, ma voiture volée dans le jardin, les quatre-vingt-dix ans de ma mère, grande soirée où elle a dansé jusqu'à 4 heures du matin, les parties de « Fugitif » à travers le jardin et la maison, où Émilie et Ferdinand étaient des héros récurrents, les œufs de Pâques dans les arbres et buissons, les parties de water-polo dans la piscine, où l'équipe de femmes emmenée par Brigitte Roüan criait « à la bite, à la bite, les filles ! », cri de guerre signifiant que c'était une bonne façon de neutraliser l'équipe des garçons, cet entretien quasi journalier de la piscine où j'étais le maître de l'eau et de ses dérives, le PH, les skimmers, l'acidité, le chlore, les filtres, l'épuisette, tous ces nouveaux compagnons que j'appris à connaître, à comprendre et finalement à aimer même s'ils ne m'ont pas toujours rendu la vie facile.

Dîner avec Alain Juppé

À la Cité du Vin, à Bordeaux, on a pas mal picolé et c'était pas de la piquette. Les plus grandes marques de vin nous offraient leurs meilleurs crus. Il est sympa, Alain Juppé, il tient bien. J'ai dit un truc sur la scène, où j'ai obtenu un certain succès, mais... incapable de me rappeler de quoi il s'agissait.

Le lendemain, pas de gueule de bois. Rien ou presque. C'est dire la qualité des breuvages servis. On s'est un peu marrés, avec Alain, on a bien trinqué et puis il tient drôlement bien. Je lui ai raconté que j'ai joué le maire de Bordeaux pendant plusieurs mois dans cette excellente série, *Duel en ville*. J'ai senti qu'il n'en avait rien à foutre.

J'aime bien les gens du vin.

Je me souviens qu'une fois, à l'inauguration d'un nouveau chai Cheval Blanc où j'étais convié, le régisseur des lieux est parti à la fin du repas sur une ode au vin aux accents grandiosement lyriques, et quasiment shakespeariens. Je m'en souviens comme d'un grand moment de théâtre.

Les treize dernières années

Je crois en fait que c'est aussi une longue lettre qui t'est adressée, pour te raconter mes tours et mes détours depuis ta mort, en octobre 2006.

Avant ta date de naissance, je ne savais pas qui tu étais. Difficile d'écrire ou de raconter à quelqu'un qu'on ne connaît pas. Pendant, ben c'était pendant, t'étais là.

Non, te parler de l'après est le chemin normal qui s'impose. Donc, je te raconte, je te détaille, j'en sais rien mais je fais comme si t'avais besoin de savoir, j'ai besoin de te parler, oh je te parle souvent mais là, ça se déploie, ça reste, ça se partage, ça te touchera je le sais.

Quand je dis que Ferdinand nous a quittés, je préférerais parler de son départ ailleurs, parce qu'il ne nous a jamais quittés.

Tout de suite après, c'était un peu compliqué, j'en ai déjà parlé, on va reprendre à cet article de *Paris-Match,* je voulais absolument qu'on parle de toi et Dieu sait que je ne suis pas le roi des articles dans *Paris-Match* ou ailleurs, mais j'y suis allé quand même. Comme je l'ai expliqué, je voulais te faire vivre quelques années de plus, d'une autre façon, et puis qu'on te connaisse, que ton existence se prolonge, que ta courte vie continue un peu.

Écrire

Donc article de *Paris-Match*... les photos, les journalistes, l'écriture dans les chambres d'hôtel ou dans le train, j'étais en tournée de la pièce *Une heure et demie de retard* avec Évelyne Buyle.

Le chagrin... la peur... et la soif que les premiers écrits sur toi soient à la hauteur, reconstituer un peu et avec tout l'amour dont j'étais capable, le jeune homme splendide que tu étais, entreprise au bout de la douleur, tout seul, non, aidé, incroyablement accompagné et entouré mais seul quand le chagrin prend ton allure, ta forme, ton visage.

Puis on me propose d'écrire un livre sur toi, ou nous.

J'hésitai, je soupçonnai un coup de librairie, mais le besoin de prolonger ta vie différemment et que tu sois un peu connu du public l'emporta.

Je me mis à la table, ce fut rude mais je m'aperçus assez vite que c'était un besoin, besoin de te raconter, de te décrire, de te détailler, de te scruter, assouvir par écrit le lien que j'avais avec toi, et décrire mon errement dans cette souffrance incommensurable.

Le soir du jour de ta mort

Le soir de ta mort, je jouais à Enghien *Une heure et demie de retard*, c'était la première de la tournée, je n'ai pas voulu annuler, « *The show must go on* », c'est notre table, notre commandement, notre vie, mon hommage désespéré, moi acteur, moi cabotin, moi clown, à mon pauvre fils disparu dans la nuit.

Je me souviens que j'étais en lévitation à un mètre au-dessus du sol, que je percevais les rires, tamisés, lointains, perdus…

Je l'ai fait.

Je n'étais pas moi, je le sentais mais j'ai fait le boulot.

La situation était au bord, au bord de tout, de la détresse, de la mort, de la vie qui continue.

Dans ma loge, Bernard Murat ne peut empêcher ses larmes, il me prend dans ses bras et éclate en sanglots.

La tournée continue. Le public, les gens pour la plupart savent. C'est un drôle de truc pour les spectateurs d'aller applaudir un type qui fait rire dans une comédie de boulevard et dont il se dit qu'il doit pleurer en coulisse. Ils viennent me voir, compatissent, avec leurs mots parfois maladroits mais solidaires, et ça compte…

Je pleure, c'est vrai, maintenant c'est comme manger, pisser, dormir, à un moment ou à un autre, ça vient, ça dégouline.

À Aix-les-Bains, à un restau après le spectacle, ça vient, ça éclate. Je me lève, je laisse Évelyne et l'administratrice, je ne veux pas de ce moment dérangeant, même si j'ai le droit, j'ai même tous les droits de pleurer mon fils ; je vais me laisser aller dans le jardin d'à côté, il y a la lune, je pleure, pleure toutes les larmes de mon corps, il m'appelle pour me passer la balle, il plonge de ce rocher bizarre en Italie, il chante du rap avec sa capuche, il remue étrangement des mains, parce que Raï a égalisé pour le PSG, son sourire est éclatant, quand il lève son verre en chantant Piaf autour de la table. Ça dégouline, ça hoquette, ça soubresaute. L'insondable chagrin.

« Ces heures où nous avons pleuré comme des bêtes, vautrés, ravalés au rang de l'inhumain, ces heures où, ayant cessé de pleurer, nous restions prostrés, ces accès où les larmes reprennent, nous assaillent comme les démons de l'Apocalypse. »

Bernard Chambaz, *Martin cet été*, après la mort de son fils en été.

Stratégie

Le premier jour de tournage de *La Jeune Fille et les Loups* de Gilles Legrand – on est à peine six mois après ta mort –, la première séquence met en scène un père devant la tombe de son fils qui vient de mourir à la guerre. Hasard pathétique du plan de travail, mais je m'en fous, je suis loin, je ne ressens rien, aucune émotion. Ailleurs, le chagrin est permanent mais pas là, je me contente de ne pas me servir de ça pour jouer ça.

Cette affreuse collusion où l'acteur doit évoquer la mort de son fils pour jouer dans un film la mort de son fils…

Je n'irai pas.

Même si c'est le fondement même de l'art de l'acteur, se servir de ses émotions pour reconstituer les émotions… je regarde ailleurs, je trouve Laetitia Casta, qui joue ma fille, jolie. Je guette le metteur en scène pour voir comment il s'y prend, je pense à ma mèche, je suis en lévitation, loin.

À aucun moment, l'image de Ferdinand ou de sa tombe ou de son enterrement ne m'apparaît.

Je suis un acteur qui regarde fixement une tombe et qui s'arrête là. Qui n'ira pas plus loin.

Coupez.

« Coupure déjeuner ! », crie le premier assistant.

Allez, on va bouffer.

Cannes 2007

Sur le tournage, il y avait J.-P. Rouve, que j'aime beaucoup, et ce cher Michel Galabru.

Je m'en échappai trois jours pour aller à Cannes rejoindre toute l'équipe du Schnabel, qui présente *Le Scaphandre et le Papillon* ; il obtiendra le prix de la mise en scène.

Sur place, Amalric me prend dans ses bras. Delon, que je ne connais pas, traverse la rue pour venir m'embrasser affectueusement. Auparavant, à Londres, Juliette Binoche m'avait elle aussi serré longuement et Vincent Lindon m'avait appelé à 23 heures dans un hôtel en province pour me dire simplement : « Je t'aime. » Ilaria Borrelli, une amie, qui habitait l'Italie, hurle sur la Croisette quand elle apprend la nouvelle. Le film de Schnabel est dédicacé à « Ferdinand Chesnais, vingt ans ».

Au Liban

Je pars au Liban tourner *Une chanson dans la tête*, de Hany Tamba. J'aime beaucoup tourner ce film au Liban, d'abord à cause du Liban, de Beyrouth, de ma partenaire, de ta présence permanente, et de toi partout avec ton chapeau, de l'aventure qui continue malgré tout, de l'attaque au-dessus de Tripoli, de ma plongée dans les quartiers du Hezbollah où les femmes en burka côtoient et sympathisent avec d'autres en mini-jupe, à la poitrine saillante et au maquillage appuyé.

Attentat à la plage du Sporting où on allait le dimanche : neuf morts.

« Non, refuse d'aller au Liban. C'est pas sûr. »

« C'est encore la guerre là-bas. »

« Ça peut exploser à tout moment. »

« Ils enlèvent les Européens. »

Je repense à tout ce qu'on m'a dit avant de partir et que je n'ai pas voulu écouter.

Je m'immerge, je me noie je vous dis dans la vie culturelle qui est riche là-bas, beaucoup de Libanais tournent dans le film, des acteurs, des chanteurs, des animateurs de télé, et la vie politique, scabreuse, menaçante et menacée, qui est l'ADN du pays.

Le nègre

À la rentrée, tournage dans un trou perdu au centre de la France de *Home Sweet Home* de Didier Le Pêcheur, film sans grand intérêt, avec Judith Godrèche, Daniel Prévost, et Alexandre Astier que je retrouverai plus tard dans *Kaamelott*. Je copine avec Judith. La plupart du temps, quand je ne tourne pas, je reste un peu prostré dans ma chambre à écrire le bouquin sur nous : *Il est où Ferdinand ?*

La maison d'édition m'avait proposé un « nègre » pour me suppléer dans l'écriture de ce livre et m'accompagner dans cette tâche déraisonnable et si personnelle. Je refusai évidemment, arguant que le sujet était si intime et douloureux que même si le résultat devait être maladroit, c'était ma détresse, et que personne ne pouvait ni surtout ne devait m'aider dans cette entreprise.

Je reçus pourtant le « nègre » chez moi par curiosité, pour lancer la machine, pour lui parler et qu'il m'écoute, peut-être avoir un public pour que mes pensées s'organisent. Très vite, je lui posai des questions sur lui, sur sa vie. Ce laissé-pour-compte de la littérature qui cachetonnait dans les maisons d'édition travaillait sur les chantiers pour joindre les deux bouts et aider un peu sa famille qui, de toute façon, le laissait tomber. Mais, petit soldat de l'écrit, il continuait, par amour, par besoin, par erreur, on ne sait pas.

Je compris très vite qu'il avait besoin de ce travail avec moi pour vivre, sinon retour sur les chantiers, où il devait porter des sacs beaucoup trop lourds pour lui. Il ne se plaignait pas, jamais. Aucune acrimonie ou amertume mais une description précise et parfois amusée de ses conditions de vie qu'on pouvait considérer comme étant romanesques. Il me réclama les premières pages que j'avais écrites pour, simplement, me dit-il, me donner son avis.

Il sembla étonné.

— C'est vraiment bien, me dit-il.

Le lendemain, la lecture éberluée de ses suggestions me donna suffisamment de cran pour appeler l'éditeur, que je sentais n'avoir aucune considération pour cette petite main de la littérature, voire du mépris, et lui dire que je voulais définitivement être seul. Et il le renvoya sans état d'âme à son néant.

Road-movie

En même temps que ce film, au bout du dédale des fins fonds de la campagne française, je tournai à Bordeaux une série très réussie de Pascal Chaumeil, *Duel en ville*, avec ma fille Émilie.

Le maire de Bordeaux que je jouais, tueur par accident, était aux prises avec un flic dépressif et alcoolique joué par l'excellent Xavier Beauvois. Les multiples allers et retours entre la région de Nevers et Bordeaux créaient un entre-deux-mondes habité et nostalgique.

Je sympathisai avec mon chauffeur, stagiaire sur le film, qui s'intéressait plus aux instituts de sondage, dont il m'expliquait les mécanismes et dans lesquels il envisageait de faire une carrière ambitieuse. Ces cinq heures de route de jour comme de nuit entre les deux pôles des tournages étaient un road-movie éclairé, surprenant, avec le déroulé du bitume, la musique, la converse, les vannes, le texte à se rafraîchir pour le lendemain, la routine, les arrêts, toujours à la même « Arche » pour bouffer, les châteaux au loin « toujours aussi forts ».

Pascal Chaumeil était un excellent metteur en scène. Homme très doué, il réalisa plus tard *L'Arnacœur*, énorme succès au cinéma, puis mourut d'un cancer.

Je retrouvai mon chauffeur il y a deux mois par hasard dans les couloirs d'Arte à Strasbourg, genre responsable de la communication, loin des sondages. Quoique…

Catalogue

Début 2008, j'attaque le tournage de *Le code a changé* de Danièle Thompson, avec une distribution haut de gamme : Karine Viard, la femme la plus drôle du monde mais pas que…, Dany Boon, Patrick Bruel, Marina Foïs, Emmanuelle Seigner, Marina Hands, Laurent Stocker. Réunir tout ce monde autour d'une table ronde pendant un mois ne fut pas triste. On se souvient aussi d'un rock endiablé que je dansais avec Pierre Arditi et qui fit date. Le film fut un grand succès commercial. Je me souviens que Dany Boon nous communiquait presque chaque jour les entrées de son film *Bienvenue chez les Ch'tis*, qui était sorti un mois auparavant avec le succès qu'on connaît, qu'il était le premier surpris et n'en revenait pas.

Le film que je tournai dans la foulée, *Quelque chose à te dire*, de Cécile Telerman, s'appelait à l'origine *La Faute des mères*, joli titre qui était le sens du film. Il fut remplacé par *Quelque chose à te dire*, titre imbécile, fourre-tout, qu'on ne retient pas mais qui avait été choisi par les décideurs frileux, par peur de heurter les mères, considérées comme le public potentiel. Erreur fatale : le film n'obtint qu'un succès relatif à l'époque. Outre Mathilde Seigner, qui jouait ma fille, il y avait aussi Charlotte Rampling avec qui je formais le couple des parents, actrice étrange, attachante, complexe, un peu à l'ouest, mais séduisante.

Il est temps de parler de *Kaamelott*, d'Alexandre Astier, que je tournai genre printemps été 2008. Le talent d'Alexandre, la qualité des dialogues, la force des situations, la précision et l'inventivité de la mise en scène en ont fait une série culte et incroyablement populaire, qui restera comme une des grandes réussites de la télévision française. Surdoué, Alexandre Astier jouait sur tous les terrains, l'écriture, les dialogues, l'interprétation, la réalisation, la musique. Comme toutes les réussites en comédie, surtout en burlesque, le travail exige un sérieux, une précision, une concentration, ce qui m'allait bien, ce qui n'empêchait pas des fous rires mémorables et salutaires.

Fin juillet, je finis le montage avec l'excellente et charmante Sophie Imbert du film que je prépare sur toi, une heure trente-cinq d'images, et un vrai film. Ce qui a été tourné sur toi, qui a été une partie infime de ton existence mais qui a été enregistré.

On installe une salle de montage dans ta chambre à Ré, c'est un endroit inspirant.

À la rentrée, on fait à la date de ton anniversaire deux projections à la SACD. Il y a une sorte de fête, beaucoup de gens voient le film deux fois. Après, on mange et on boit. Tout le monde a vu le film de ta courte vie. On en reprendrait bien une petite lichette, de ta vie. Pour la route.

À la rentrée 2008, je crée *Cochon d'Inde* en tournée avant la reprise à Hébertot.

Le livre sur toi, *Il est où, Ferdinand ?*, est sorti en octobre et s'annonce comme un gros succès de librairie. Les gens ont envie de te connaître, tu vois.

Le procès

La juge connaît le dossier en profondeur. L'accusé (il avait plus de deux grammes d'alcool dans le sang) est là, tremblant, falot, pleurnichard. J'ai peur de passer dans cette séance de correctionnelle entre une bagarre et un vol à la tire.

Non, on prend le temps.

La juge est formidable ; elle semble connaître tous les arcanes du dossier, elle a bossé, ça lui tient à cœur, on le sent. Elle est sans pitié avec le prévenu, elle le somme brutalement de s'expliquer, l'autre est pathétique et insignifiant. Pas de quartier avec lui. Elle ne l'aide pas, lui maintient même la tête sous l'eau, il est vrai qu'il faut peu d'efforts pour qu'il se noie. Gilbert Collard, mon avocat, n'a rien branlé, il expédie les affaires courantes.

La juge me donne la parole si je le veux bien.

Je le veux bien.

Elle m'écoute, m'approuve, me laisse le temps. Je défends la mémoire de mon fils. Collard me félicite. J'en ai vraiment rien à branler. Le prévenu est condamné à six mois de prison ferme plus des dommages et intérêts. (Sommes qui vont directement ainsi que les droits du bouquin à l'association que j'ai créée pour lutter contre la conduite alcoolisée chez les jeunes.)

À la sortie du tribunal, les journaux, les caméras posent des questions sur l'équité du jugement. Je réponds aux questions, évanescent. J'en ai rien à branler.

Lucian Pintilie

« Non, les enfants, arrivez à l'heure, sinon je ne peux pas travailler », nous accueillit antipathiquement Lucian Pintilie. Il était 10 h 02, l'heure de la première répétition des *Trois Sœurs* de Tchekhov, au Théâtre de la Ville, avait été fixée à 10 heures. Avec Marthe Keller, on avait erré dans les couloirs et les escaliers du théâtre avant de trouver enfin le bon ascenseur. L'accueil du metteur en scène roumain était tellement ridicule que je décidai de quitter le navire. Ça m'a pris cinq jours avant de partir définitivement, juste pour vérifier que ma première impression était décidément la bonne. Et ça, malgré les injonctions à rester de ma partenaire, Nathalie Baye.

René Simon

René Simon était un drôle de type. Son cours était le cours de théâtre-star d'où toutes les stars de l'époque sortaient. René Simon était une star. Colérique, cabotin, égotique, il gueulait, félicitait, démontait, surprenait. Je l'ai eu comme prof au Conservatoire, il me défonçait régulièrement, me disait que je n'étais pas un prince et qu'il n'aimait que les princes, m'imitait, avec mes cheveux longs, et surtout ma mèche imposante, en disant que j'étais « Hitler », il mimait une moustache avec son doigt, et se réfugiait sous la table en poussant des petits cris effrayés, disant que j'en voulais à sa vie : « Salaud, moi qui aime tant la jeunesse... ! », et que je ferais mieux « d'aller enculer des vaches à la campagne », « Fous le camp rue Rougemont ! » (la rue voisine), « il y a un coiffeur, tiens je te file trois francs cinquante, salaud ! ». Bref, j'étais à la fois le benjamin du Conservatoire, atypique, différent, du coup un peu sa tête de Turc.

À mon concours de deuxième année, j'obtins un deuxième prix (j'obtiendrai le Premier prix l'année suivante) et un grand succès critique, puis un engagement pour jouer un rôle très important auprès des vedettes de l'époque, où les critiques encore me sortirent du lot.

À la rentrée, en troisième année, René Simon ne m'adressa plus la parole, il n'osait plus rien me dire, semblait déstabilisé par mon nouveau statut de jeune acteur prodige salué par tous les observateurs.

J'en rajoutais, j'arrivais en retard.

Rien. Pas un mot. Pas une remarque.

Alors que le moindre petit écart d'horaire me valait les foudres beuglantes du prof culte l'année précédente.

Je mettais les pieds sur les fauteuils... Rien.

Sortais et rentrais de la classe bruyamment… Rien.

Bavardais, bâillais… Rien.

Les pôles s'étaient inversés que je le veuille ou non. Je représentais un pouvoir qui m'avait été octroyé et du même coup lui enlevais le sien, en tout cas, c'est comme ça qu'il le vivait.

C'est à ce moment-là que j'ai décidé de le quitter.

Harold Pinter

Le grand succès de la saison 1994 a été *Le Retour*, de Harold Pinter, mis en scène par Bernard Murat au théâtre de l'Atelier.

Le casting était « grave » : Marielle, Guillaume Depardieu, Marie Trintignant, Berléand, Roger Dumas et moi. La distrib' a été décimée. Seuls subsistent Berléand et Chesnais. C'était une belle aventure, un triomphe, je vous dis. Le spectacle où il faut être et qu'il faut voir.

Harold Pinter, invité par le théâtre, et au cours du cocktail qui suivit, se montra plutôt désagréable avec tout le monde, sauf avec moi puisqu'il m'accapara pendant tout le pot malgré mon mauvais anglais et me dit que j'étais le meilleur Lenny (nom de mon personnage) qu'il ait jamais vu. Je comprends un peu mais pas sûr, je me fais traduire, il répète, oui c'est bien ça.

— Merci Harold, ça fait plaisir. Mais vous êtes sûr ?

— *Yes, you are the best.*

Pouce levé *now.* Il s'en va avec encore un pouce levé et *« Thank you »*.

— Pas très sympathique, ce monsieur Pinter, me dit le cher et regretté Pierre Franck, le directeur du théâtre.

— Il gagne à être connu, répondis-je, faux cul.

Marielle

« Mets ton casque, mon grand. C'est la guerre. » C'est ce que nous disait le cher Jean-Pierre Marielle après chaque disparition. Son énorme casque, qui en avait vu beaucoup, cette fois ne l'a pas suffisamment protégé.

Cremer, Cassel, Noiret, Rich, Rochefort, Marielle… Toute une génération envolée.

Belmondo, handicapé, s'amuse encore un peu. Delon s'accroche.

Comme disait Woody Allen, « Shakespeare est mort, Molière est mort, Tolstoï est mort, et moi-même, je ne me sens pas très bien ».

Le jeu

« Ah ! Qu'est-ce que vous jouez bien ! »

Les gens sont toujours redevables aux acteurs du plaisir qu'ils leur apportent. Cette phrase simple, souvent entendue, « Ah ! Qu'est-ce qu'il joue bien ! », où se mélangent le plaisir, l'admiration et la gratitude…

Alors c'est quoi ? la performance, l'incarnation parfaite ou le plaisir partagé du jeu ? Ce plaisir universel, tout le monde a joué au docteur, à la poupée, au pompier, aux soldats de plomb… Ce plaisir et ce grand mystère du jeu où chacun endosse des personnages, dans des situations, avec des mots, est toujours une émotion infinie pour le spectateur. La représentation de la condition humaine par ses porte-paroles, ses interprètes donne du bonheur, de la consolation, de la jouissance.

Quand le plus grand acteur du monde joue un boucher, avec une telle vérité, conviction, réalisme qu'on croirait un vrai boucher, les gens ne s'y trompent pas, ils savent qu'il joue, ils sentent qu'ils assistent à une représentation, à la maîtrise parfaite d'un art, à la fabrication virtuose d'un personnage.

Ma vie politique

J'ai essayé d'être à gauche. J'ai eu du mal à y arriver. Il faut une détermination, un aveuglement, presque une mauvaise foi que je n'ai pas suffisamment. Pourtant j'avais bien démarré : le PSU, c'était pas mal quand même, mais j'avais seize ans. Des conneries on en fait à cet âge. Puis, par amour, ou désir, ou suivisme amoureux, j'accompagnai une fille à l'OCI, organisation à tendance trotskyste. Je me suis trop fait chier, si on peut mourir d'ennui j'ai vraiment failli y rester, j'ai entendu que le rire était bourgeois. Là, je me suis barré.

Beuh sur Rabat

Au Maroc, les pétards, c'est pas de la gnognotte, surtout fournis par le régisseur du théâtre Mohammed-V où on jouait, avec Nicole Garcia, un Molière : *Les Précieuses ridicules*. Après avoir bien picolé au dîner qui suivit, l'idée était de faire voir à mon entourage, la troupe, comment fumer la beuh, bande de béotiens. « C'est comme ça qu'il faut s'y prendre. Et pas autrement. » La démonstration dure, moi-même je ne suis pas le roi de la fumette, je n'aime pas beaucoup l'état dans lequel on se retrouve quand on fait tourner. Mais là, ayant pas mal picolé déjà, je fais le cador. L'attaque se déclencha sans prévenir, brutale, inattendue. Je sentis ma poitrine exploser, le cœur s'emballer, la langue s'agiter, la respiration prendre légèrement congé. Et puis la sueur, je suai tout ce que je pouvais, je transpirais, je dégoulinais, je n'étais plus qu'un corps démantelé et mouillé. Le régisseur, qui me transporta à l'hôpital avec Jean-Loup Wolf, lequel prit les choses en main dans cette nuit démente, faisait semblant de se tromper et de ne pas retrouver l'hosto (la crise va passer, se disait-il), il craignait d'être emmerdé… Moi, je me disais que j'allais mourir (encore). L'herbe, contrairement à l'alcool, décuple la lucidité.

« Y a quelqu'un, Y a quelqu'un ? »

Les urgences à Rabat. Personne.

Au bout d'un long moment de « Y a quelqu'un ? », un type hirsute et de mauvais poil surgit mal réveillé derrière le bureau de l'accueil, où il avait installé un matelas pneumatique. « C'est un drogué. Ils ont tous cette gueule-là », grogna-t-il en m'apercevant. Moi, ça n'allait pas, les jambes me manquaient, je me disais que j'étais mal barré, quand un interne qui passait par là n'en revint pas de voir devant lui Mascarille, qu'il avait admiré pétaradant le soir en scène en chair et en os... Il prit les choses en main longuement, scientifiquement, scrupuleusement et me tira de ce mauvais pas.

Je fis un vœu et je m'y tins : « Si je m'en sors, plus jamais je ne retoucherai à une substance. »

Généalogie

Mon père était dessinateur industriel, ma mère petit-boulotière, caissière, vendeuse, etc., ma grand-mère paternelle petite main dans la couture, mon grand-père contrôleur dans les trains. Mon père était breton, ma mère normande, moi je suis né à La Garenne-Colombes, mon frère à Paris quinzième.

Mon père et ma mère se sont connus à Veules-les-Roses, dans le pays de Caux, en Normandie où mon père était venu disputer un match de foot. Mon autre grand-mère tenait et dirigeait, fermement paraît-il, un grand hôtel à Veules-les-Roses, l'hôtel des Tourelles qui, après la guerre, fut occupé par une multitude de touristes anglais et pendant la guerre par une multitude de soldats allemands.

Ma grand-mère paternelle a connu son mari dans le train, ça se faisait beaucoup à l'époque… Elle se fait spécialement contrôler par lui à chaque aller et retour, ça crée des liens. Il est mort jeune, des suites de la Grande Guerre. Quelles suites ? A contracté un rhumatisme cardiaque dans les tranchées ou a reçu une balle dont il réchappa mais qui déclencha des conséquences irréversibles. La deuxième hypothèse était plus gouleyante mais on ne le saura jamais.

Mon père était presque fils unique, une petite sœur était morte à cinq ans d'une méningite. Blessure terrible de ma grand-mère qui n'en parlait jamais. Mon grand-père maternel lui aussi est mort jeune, mais d'une cirrhose du foie. Ma mère a décrété une bonne fois pour toutes et le répétait dès que la conversation s'en rapprochait qu'on peut mourir d'une cirrhose du foie sans être alcoolique, sauf que comme mon grand-père tenait un bistrot et qu'il était paraît-il un joyeux animateur, la suspicion est toujours avérée.

Ma grand-mère paternelle était la cadette (ou l'aînée ?) d'une famille de neuf enfants. Son père, charpentier, mourut en tombant d'un toit. Elle travaillait à domicile pour un grand couturier, elle cousait, ravaudait, retouchait et œuvrait près de la fenêtre, qui lui apportait un peu de clarté jusqu'à la nuit noire tombée, refusant d'allumer l'électricité, c'était une enfant élevée à la lampe à pétrole, cette nouveauté si pratique avait un coût et « n'était pas dans sa manière ».

Marie, c'était son nom, chantonnait tout le temps, le jour, la nuit, en voiture, en cousant, elle chantait des chansons de marins, des chansons pathétiques et mélodramatiques :

« La mer aujourd'hui
a l'air de lui dire
j'amène celui
Que ton cœur désire… »

« Le jeune marin revint trouver son capitaine :
Bonjour mon capitaine, me voici de retour
Et puisqu'Adèle est morte, je servirai toujours. »

Le dernier plan rapproché que j'ai d'elle, dans sa maison de retraite, elle avait un peu perdu la boule, agitait ses deux mains comme des marionnettes et chantait :

« Sur l'oreiller, quand je m'endors, je fais un joli rêve d'or, je rêve d'un joli pantin qui fait comme ci, qui fait comme ça. Il fait comme ci, il fait comme ça, c'est un joli petit pantin. »

Je m'éloignai, le plan devint plus large, le lit, la silhouette qui se découpait vaguement et les deux mains qui s'activaient dans tous les sens, peut-être un adieu désespéré. Dans les couloirs qui me dirigeaient vers la sortie, j'entendais là-bas la chanson qui s'éloignait mais qui entêtait : *« Il fait comme ci, il fait comme ça, c'est un joli petit pantin. »*

Je n'ai plus revu Mémé, elle mourut très vite.

La liste

Voilà, j'ai fini.

Il faut bien faire une fin.

J'ai écrit presque au hasard, comme ça venait.

Des trucs ont surgi que j'avais oubliés, d'autres n'y sont pas. Des trucs majeurs n'y sont pas. D'autres considérés comme mineurs sont apparus.

Où est l'exact équilibre ? Le stylo a glissé. Il y eut des rappels à l'ordre. Les femmes par exemple : pas trop envie d'en parler. Pourtant elles ont tenu une place considérable, mais j'y arrivais pas bien, et puis les ménager, leur pardonner pour certaines. Et peut-être le chapitre des femmes mériterait un bouquin à lui tout seul ou j'essaierais d'en parler mieux, prendre le temps, l'attention nécessaire. Je me souviens que pendant les représentations du *Souper*, où j'arrivais toujours en avance dans ma loge, il me vint pour tuer le temps l'idée saugrenue de faire une liste des aventures, liaisons, histoires, rencontres que j'avais eues, occupation dérisoire et un peu ridicule, nécessaire finalement. Le critère était d'avoir couché au moins une fois, ou alors la relation avait vraiment existé mais était restée platonique, ce qui était assez rare et même exceptionnel et même unique mais quand même, il y eut des relations amoureuses, vraiment amoureuses qui ont fait abstraction de cet aspect pourtant majeur. Après avoir dressé les noms qui semblaient le socle solide, tous les jours me venait un nom, une silhouette, un visage. Si le nom ne me venait pas, j'écrivais une petite vignette descriptive et qui m'avait marqué, la petite rousse qui m'avait dépanné quand ma voiture avait rendu l'âme en Normandie, la muette quasiment mais somptueuse, revenue de boîte de nuit à mon hôtel dans la banlieue de Douai où je tournais un film. Il s'agissait de *Monsieur Albert,* avec Philippe Noiret. Ou cette petite blonde sexy à Bordeaux, qui me dévorait des yeux au premier rang du théâtre, et qui m'attendait à la fin pour me glisser une carte : « Je vous donne mon téléphone, vous me faites craquer. » Ses arguments physiques étaient tels – elle était magnifique et équipée pour mettre le tout en valeur – que je la rappelai deux jours plus tard. S'installa avec elle une liaison qui compta et qui dura. Ah ça y est, ça me revient : *Elle s'appelait Élisabeth.* Tous les jours je rajoutai un nom ou deux ou une vignette, et même encore maintenant, pas plus tard qu'avant-hier, *Ah tiens, je l'avais oubliée celle-là,* je fais le compte, en fait pas tant que ça, enfin pas mal quand même, mais les grandes histoires d'amour avaient pris toute leur place, et maintenant ?

Scènes de la vie conjugale

L'amant éconduit, Yann, appelait toutes les nuits, de Hollande, Françoise avec qui je vivais désormais. Réveillé en pleine nuit toutes les nuits, j'entendais les lambeaux de conversation avec Françoise, qui tenait à l'écouter, le consoler, l'accompagner dans le deuil de son amour déçu. Je percevais le fort accent batave :

— Tu ne peux pas me faire ça, je t'aime, tu m'entends ? Je... ne sais pas... parce que je t'aime... tu m'entends ?

— Écoute, Yann, je comprends mais tu as bu là, tu n'es pas dans ton état normal...

— Oui, j'ai bu parce que je ne peux pas vivre sans toi *(Pleurs, pleurs, sanglots, hoquets...)*

— Yann, calme-toi, calme-toi, il faut que tu te reprennes en main, que tu arrêtes de boire d'abord, et après je veux bien qu'on en discute, mais je vis avec quelqu'un, tu sais.

— Oui, je sais mais tu vas revenir avec moi s'il te plaît, c'est trop dur.

Une nuit, après plusieurs semaines de ce régime de réveils nocturnes, je m'emparai du combiné. Son infortune me touchait, on est tous potentiellement des amoureux éconduits ou on l'a été, c'est l'éternelle histoire, faite de larmes, de cris, d'étouffements, de douleur, mais j'étais à bout moi aussi.

— Yann, il faut nous laisser dormir maintenant, on n'en peut plus, là.

Après un grand silence et avec un grand accent :

— Oh pardon monsieur, excusez-moi, c'est parce que je souffre.

Noël au Pérou

Maruschka Detmers me dit :

— Il te fait la gueule.

Je tournais avec Manuel Poirier au Pérou *Te quiero,* un film totalement raté.

— Non. Pourquoi ? Il n'y a aucune raison.

Les soupçons de Maruschka se confirmèrent lorsqu'à Noël je ne fus pas invité dans la grande maison de Lima que la production avait louée pour Manuel Poirier, grande maison où tout le monde avait été convié, les acteurs, l'équipe technique, tous les aidants péruviens… Sauf moi.

Ce jour du 24 décembre, j'appelle donc les meilleures tables de Lima pour réserver. On me dit que ce soir tous les restaurants sont fermés. Je décidai donc d'aller faire des courses au supermarché pour acheter quelques produits et boissons de luxe et passer au mieux la soirée, accompagné par Maruschka, qui refusa de m'abandonner dans cette affaire.

— Je reste avec toi.

— Mais…

— Non, je reste avec toi, je te dis.

Le rideau de fer du magasin descendait doucement, on s'est précipités dans les rayons, on a dû négocier et même un peu corrompre tous azimuts pour acheter de quoi passer un réveillon jouable.

Ce jour-là, les magasins ferment à 17 heures. Dans le taxi qui nous ramenait, Maruschka m'agrippa et me roula une pelle de grande importance. Ce réveillon ne s'annonçait pas si mal finalement. On commençait à s'installer quand le producteur m'appela pour me dire qu'il me conviait personnellement à la soirée de Noël chez Manuel et que c'était lui qui décidait.

Je résolus d'apporter mes courses à la fameuse soirée.

Que s'était-il passé ?

Pourquoi cette mise à l'écart ? Ce bannissement ?

Les écouteurs… Se méfier des écouteurs… On est en voiture, on tourne une séquence de nuit, on est branchés : le metteur en scène, à l'extérieur, écoute. L'acteur sur la banquette arrière me fatigue grandement, il la ramène, fait le malin, logorrhe, fait chier. Une fois seuls, je dis à Maruschka ce que je pense de lui et de sa façon d'être. Manuel Poirier, toujours branché, le prend directement pour lui. Terriblement blessé, il décide de l'ostracisme.

On s'est expliqués. Le malentendu a été levé, enfin me sembla-t-il.

Trop tard, le mal était fait. On est restés lui et moi définitivement froids et distants. La présence de Maruschka me « distraya » suffisamment pour oublier Manuel et ses vicissitudes, Manuel qui avait été somme toute un très bon copain et qui ne l'était plus.

Poison

Sylvie Orcier me faisait la gueule, un matin du tournage du *Génie du faux*, de Stéphane Kurc, à Amsterdam. Je la trouvais incertaine, fermée, presque tremblante, pas bien. J'envoyais quelques plaisanteries pour détendre l'atmosphère. Silence de mort. Pas l'esquisse d'un sourire. Même un peu poli.

Nous jouions un couple infernal, passionné, passionnel, destructeur, romantique et charnel, de cette magnifique série écrite par Philippe Madral. Nous nous aimions, battions, jalousions, nous couchions... Toute la panoplie de la relation amoureuse incandescente était explorée et superbement écrite. Ça crée des liens.

Aurais-je mal agi ? N'aurais-je pas suffisamment renvoyé la balle comme elle l'espérait ?

À la fin d'une prise, elle me dit, presque en pleurs :

— Je sais que je ne joue pas toujours très bien.

Éberluement de ma part. Je rassure, conforte, exprime au contraire mon contentement.

Nos rapports, qui avaient été très chaleureux (on se séduisait, on se caressait du regard, du rire, du jeu, on était à deux doigts), étaient devenus lointains, indifférents avec un zeste d'hostilité.

Quand, à Juan-les-Pins, tous les jeunes de l'équipe, dont j'étais, acteurs, assistants, stagiaires, organisèrent une petite fête où je ne fus pas convié, je sentis qu'il se passait quelque chose.

Dans le mauvais restaurant où je dînai seul, de la blessure, de la vexation je passai assez vite à l'énervement, puis à la colère.

Quand on a le rôle phare d'une longue série tournée aux quatre coins de France et d'Europe, et qu'on est écarté, laissé-pour-compte à ce point, au-delà des questions, c'est l'exaspération, presque la rage qui l'emportent.

Le lendemain, sur le plateau, je durcis les rapports avec tout le monde. Sylvie craqua la première et s'excusa, elle faisait « ce qu'elle pouvait », elle sait que « je ne la trouve pas bonne », « et que tu ne m'aimes pas mais dans quinze jours, tout ça sera fini, encore un peu de patience ». J'ai beau ne rien comprendre et jurer que pas du tout, au contraire, trop tard, le mal est fait.

Les explications, je les ai eues plus tard. La deuxième assistante, qui nourrissait secrètement des sentiments à mon égard et qui ne voulait surtout pas que Sylvie Orcier et moi nous devenions un peu plus que partenaires de plateau (elle ne l'aurait pas supporté), sentant le danger, avait élevé la calomnie, le dénigrement et l'infamie au rang de grand art majeur.

J'étais « un monstre infréquentable qui détestait tout le monde, en particulier ma partenaire, habité par les pires sentiments à l'égard de l'équipe, et qui se répandait en abjections, et faux cul en plus, ne pas s'y fier, j'avais l'air si sympa », inoculait-elle tous les matins et tous les soirs à Sylvie Orcier.

Proust

On était à La Coupole, j'étais amoureux, elle deviendra plus tard une vedette dans le cinéma, elle monopolisait la parole, je l'écoutais avidement, amoureusement, admirativement. Elle monologuait, elle soliloquait.

Il s'agissait de l'œuvre de Marcel Proust... Elle expliquait, elle démontrait, parfois même s'interrogeait sur la dimension de son style, sa profondeur, c'était un show étincelant, une actrice en liberté, totalement habitée par son sujet. J'étais bluffé, écarquillé, je buvais ses paroles, éberlué par sa beauté, tant elle incarnait à elle seule, dans ce petit coin de Coupole, la magnificence de l'œuvre monumentale de Marcel. Mon amour n'était pas digne d'elle, j'étais incroyablement subjugué, je me sentais petit, dépassé, pieds et poings liés par l'intensité de la démonstration, le charme inouï qui s'en dégageait. Je restais muet, sidéré : elle était trop forte, je n'étais pas digne d'elle, de sa culture, de la connaissance incroyable des arcanes de l'œuvre du grand écrivain (et en plus à son âge, la force avec laquelle elle en parlait, cette sensibilité...). Je n'étais pas à la hauteur, brinquebalé d'amour décuplé, elle m'avait ensiréné, définitivement ligoté dans ses filets ensorcelants.

Chacun partait en vacances dans sa famille, elle était mariée.

J'achetai donc tout *À la recherche du temps perdu.*

J'y suis pas arrivé. Trop occupé, trop distrait, trop paresseux, trop con...

Elle allait me trouver trop con. Ce que j'étais. Même pas capable de lire au moins un épisode de *Du côté de chez Swann*... ou quelque chose.

Honteux, plus que honteux, désemparé, avec une idée catastrophique de moi-même.

Je décidai de jouer cartes sur table, de ne pas tourner autour du pot, d'avouer tout, quitte à prendre le risque de la rupture qui devenait maintenant inévitable, d'un abandon désormais programmé mais je le méritais, je n'étais décidément pas digne d'elle, de son talent, de sa beauté.

Je balançai tout dans ce petit coin de Coupole, où nous nous étions donné rendez-vous après l'été.

— J'ai essayé, je n'y suis pas arrivé, je suis désolé, j'essaierai peut-être à nouveau cet hiver, je crois que je n'étais pas prêt, bien incapable de…, etc.

Elle me regarde interloquée, allait-elle me quitter tout de suite ? Mon Dieu, qu'elle est belle et quel charme !

— Mais de quoi tu parles ?

— Ben de Proust, j'ai acheté la *Recherche* et j'y suis pas arrivé.

Un temps.

Va-t-elle se lever et disparaître ?

Elle me répondit, en buvant son Coca :

— Ah oui, tiens, faudrait que je le lise, un jour…

Dominique Laffin

Dominique, qui s'escrimait sauvagement sur le flipper, se retourna et me gifla violemment. C'était sa façon de montrer qu'elle n'était pas insensible à ma présence, je le compris un peu plus tard. Je lui, instantanément, rendis. Et cette échauffourée nous unit l'espace du film, et même pas mal après, comme deux amoureux infernaux.

Beaucoup plus tard, Dominique m'appelait régulièrement quand ça n'allait pas pour me dire que ça n'allait pas.

Anne Wiazemsky

J'ai beaucoup flirté avec Anne Wiazemsky en la raccompagnant d'un tournage mais elle ne m'a jamais proposé de monter. On se disait probablement qu'on aurait tout le temps une fois le film terminé. Le flirt assez poussé dans la voiture ouvrait des perspectives d'avenir, mais ça s'est arrêté en même temps que le film.

Bien des années plus tard, je croisais régulièrement Anne Wiazemsky boulevard Saint-Germain :

— Salut !

— Ça va ?

— Et toi ?

— Bien.

Je comprenais pourquoi elle m'avait plu et que je lui avais plu ; elle était devenue quelqu'un qui compte dans la littérature et puis elle est morte d'un cancer.

Nicole Garcia

L'histoire d'amour avec Nicole Garcia s'étira relativement longuement dans le temps et mourut tranquillement, sans à-coups, de sa belle mort. Quelque chose ne fonctionnait plus ou pas.

Nicole déployait tous ses sortilèges, arrivait en retard, jouait remarquablement la comédie, riait beaucoup. Son humour lui était consubstantiel, pour employer un mot au-dessus de ma condition. Je venais la chercher régulièrement à la sortie de *Adieu Berthe,* gros boulevard avec Francis Blanche et Jean Carmet, au théâtre des Bouffes-Parisiens. Quand elle crut abandonner le métier, je pensai à elle pour remplacer une actrice pendant la tournée de *La Cerisaie.* Ce qui la remit en selle.

Dans le sillage s'est constituée une troupe permanente au théâtre des Amandiers à Nanterre, dirigée par Pierre Debauche. On y joua différentes œuvres comme *Les Misérables* adaptés de Hugo ou *Le Jeune Homme* de Jean Audureau, œuvre pathétique d'obscurité mais on s'est bien marrés. Pierre Arditi et Jean-Luc Moreau faisaient aussi partie de l'équipage.

Puis on s'est retrouvés à l'île de Ré, où on a loué une maison ensemble, les histoires d'amour ont la vie dure.

Puis chacun a édifié sa propre maison, elle était la marraine de Ferdinand, elle est devenue l'une des réalisatrices majeures du cinéma français, on est amis maintenant depuis presque cinquante ans.

Est-ce possible ?

Est-ce bien raisonnable ?

Coralie

Je disais à Coralie qu'elle était la plus belle femme du monde. Nièce de Delphine Seyrig, elle est issue d'une famille intellectuelle protestante et descend du linguiste Ferdinand de Saussure. Elle arrivait de New York, où elle habitait, quand je l'ai connue. Je la fis rire, ça commence souvent comme ça.

Notre fils s'appelle donc Ferdinand, prénom adoubé sans difficulté.

Après avoir galéré pendant trois jours après l'accouchement pour trouver le bon petit nom, après quelques discussions orageuses sur le thème, les Octave, Antoine et Florian furent écartés, Nicole Garcia me susurra au téléphone : « Et Ferdinand ? » Je fis passer à Coralie : « Et Ferdinand ? » Le silence qui s'ensuivit me fit comprendre que le monde allait dorénavant pouvoir compter avec Ferdinand Chesnais.

Quand Coralie entrait dans un restaurant, les conversations ralentissaient ou diminuaient tant on était soufflé par sa beauté, un peu comme Ferdinand plus tard.

« Elle était tellement belle que la regarder était une souffrance », faisait dire François Truffaut dans son film *Le Dernier Métro* en parlant de Catherine Deneuve.

Ça pouvait être aussi un beau voyage…

Coralie a perdu son père jeune, d'un accident de ski (je l'ai rencontrée durant cette période douloureuse), Delphine, la tante vénérée, est morte d'un cancer, Ferdinand, son fils unique, d'un accident de voiture, et son frère s'est suicidé. Elle vit maintenant seule. Notre Ferdinand nous a scellés à jamais, qu'on le veuille ou non.

Odile

Je trouvais Odile parfois belle et sexy, et parfois non.

Son caractère ! On m'avait averti à propos de son caractère, pourtant… mais je n'ai pas fait gaffe. Pas toujours simple, mais son intelligence et son humour emportaient la mise.

Victor, notre fils, cadeau superbe de cet amour brûlant, est arrivé dans des conditions particulières, elle vivait avec quelqu'un, je l'appris quelques jours avant l'accouchement – il est vrai que j'étais très absent et puis fidèle à Josiane d'une certaine façon. Moment douloureux et rocambolesque. Vivre avec Odile relevait d'un challenge dont je ne me sentais pas capable. Et puis je revenais toujours à Josiane, comme un papillon éternellement hypnotisé par la lumière.

Josiane

Ce qui me frappa tout de suite, quand je rencontrai Josiane, au-delà de sa beauté et de son incroyable sex-appeal, c'était son extrême « normalité », son absence totale de ouestsitude, terme que j'invente pour désigner certaines actrices, plutôt, un peu ou carrément « à l'ouest ».

Son attention portée aux autres, constamment sans que cela soit à aucun moment intrusif ou « sœuremmanuellesque ». Son énorme réceptivité aux choses drôles et décalées, d'où l'intérêt qu'elle me porta assez vite, qui avec les années ne s'est pas « peaudechagriné » (j'aime inventer des mots), bien au contraire.

Bref, sa force.

Josiane est forte, intègre, les deux pieds bien droits dans ses bottes ou ses escarpins. Son mystère, ses secrets, ses envoûtements, et puis sa fantaisie, avec laquelle elle passe d'une analyse juste et profonde de la situation ou du texte à une réaction énorme et totalement imprévisible sur la marche du monde.

Les gens aiment Josiane. Ce mélange de sagesse et de fantaisie n'y est pas pour rien. Ils lui en sont fortement reconnaissants.

Je la pris d'abord pour une Italienne, ce qui n'était pas le cas du tout, bien qu'elle aime par-dessus tout l'Italie et les Italiens. Dans notre rapprochement, au cours de ces répétitions de *Risibles amours* de Kundera, elle me confia, un soir que nous délirions dans la voiture, qu'on lui avait dit souvent qu'elle avait « des yeux à faire bander un pape ». Josiane m'a toujours récupéré, toujours attendu, toujours pardonné, et même réconforté quand il le fallait. Josiane a toujours su qu'à la fin, ce serait elle qui compterait. Sa force, son éblouissante certitude, ponctuée d'endroits incertains, de regrets, de souffrances, et puis surtout son amour sans faille, constant, inatteignable, m'avaient définitivement élu au milieu des bourrasques comme l'homme de son destin et de sa vie.

Sa force tranquille savait que c'était ça qui allait être.

Ré, 8 septembre

C'est septembre. Je suis seul à Ré. Il fait très beau. Problèmes d'estomac. Je suis normalement inquiet. Je suis revenu pour écrire, finir ce putain de bouquin une bonne fois pour toutes, Josiane n'est pas là, restée à Paris, sa mère ça va pas, elle est à l'hôpital, elle souffre, la souffrance du corps des vieux, j'espère, j'aime Jacqueline.

L'été est passé différemment, plein d'invités charmants, les chambres pleines, des dîners chouettes, les enfants qui passent, s'en vont, repassent et maintenant, la recherche d'émotions que procure la nostalgie des rires, des échanges, des plaisirs. Non, ça ne vient pas, je me sens indifférent, je m'en fous un peu, ça m'inquiète. Moins sensible aux saisons. La douce langueur grisante à l'arrivée de l'automne, c'est fini.

Ré, 9 septembre

Ce matin, ça va. Je me suis levé déjà en forme, léger. La preuve : je siffle. Je savoure même la nature, le soleil qui grimpe, la beauté de la maison, tout ça… Je me régale déjà de la journée qui s'avance et même des courses à faire, c'est vous dire à quel point je me sens en forme, et puis je ne sais pas, du goût du café, tout ça…

Bientôt, demain, je rentre à Paris, j'ai hâte d'en découdre, le cirque commence dès vendredi : film, répètes, etc. Être étourdi, être diverti, comme dit mon camarade Pascal.

En découdre… c'est bon signe, excellent signe… Je siffle.

La chambre du fils

En 2003, j'ai vu *La Chambre du fils*, le magnifique film de Nanni Moretti, Palme d'or à Cannes.

Je n'allais jamais voir jusqu'à ce film des histoires qui racontent la mort d'un enfant. Je m'y refusais.

Une peur, un refus. (Une prémonition ?)

Rien à faire. Je ne voulais pas.

J'ai vu le film de Moretti presque par erreur, on m'avait affirmé qu'il ne s'agissait pas du tout de ce que je craignais de voir, ou alors à la périphérie, la mort d'un enfant et la crucifixion des parents.

Et pourtant le film n'explore que tout ça.

Le dernier plan où la famille, les parents et la sœur divaguent sur la plage en silence, anéantis, est un des plus beaux plans que j'aie vus au cinéma. Ne serait-ce que m'en souvenir me donne les larmes aux yeux.

Ré, 13 octobre

C'est le vendredi 13. J'installe des bougies tout autour du petit monument au fond du jardin.

J'ai mis un blues : « I Am With Mood » de John Lee Hooker.

J'ai veillé jusqu'à 3 h 19, heure officielle et supposée de ta mort.

On est tous les deux sur la plage de la Conche. Ton dernier bain avec moi, il y a treize ans. Il faisait froid. On était tout seuls, tous les deux.

Là, il fait chaud. On est encore seuls.

Tu m'entoures de tes grands bras et tu me dis : « Je t'aime, Papa. »

À mon tour, je le prends par les épaules, et je lui dis : « Moi aussi, je t'aime, mon grand. »

Je l'entoure de ma grande carcasse et je lui dis.

On se blottit l'un contre l'autre et je lui dis.

Cet ouvrage a été composé
par Atlant'Communication
au Bernard (Vendée)

Impression réalisée par

PRÉSENCE GRAPHIQUE

en février 2020
pour le compte des Éditions de l'Archipel
département éditorial de la S.A.S. Écriture-Communication

IMPRIM'VERT
Votre imprimeur agit pour l'environnement

Certifié PEFC
Ce produit est issu
de forêts gérées
durablement et de
sources contrôlées.
PEFC
10-31-2677
pefc-france.org

Imprimé en France
N° d'impression : 022065463
Dépôt légal : janvier 2020